Medjugorje

Ética y Religión

Biografía

José María Zavala es periodista, historiador, cineasta y autor de referencia de la divulgación histórica en nuestro país. Miembro de la Real Academia de las Artes y las Ciencias Cinematográficas de España, es Caballero de la Orden de Calatrava La Vieja y está en posesión de la Cruz de Plata con distintivo rojo. Colabora desde hace doce años con Iker Jiménez en *Cuarto Milenio* y en el diario *La Razón*, donde publica un artículo todos los domingos. Como resultado de sus investigaciones en los archivos y la documentación de la Casa de Borbón, ha publicado libros tan importantes como *Dos infantes y un destino*, *La maldición de los Borbones*, *Bastardos y Borbones* o *Infantas*. Otras obras de referencia son *Últimas noticias de Jesús*, *Medjugorje*, *El enigma Wojtyla*, *El cuarto vidente de Fátima*, *El Santo, la biografía del Padre Pío* o *El secreto mejor guardado de Fátima*, publicadas en esta misma editorial y que han merecido numerosas reimpresiones. Ahora, con *Los Doce*, culmina su biología sobre el Jesús histórico y sus Apóstoles, iniciada con *Últimas noticias de Jesús*. También ha escrito y dirigido siete películas estrenadas con gran éxito en más de veinte países: *El misterio del Padre Pío*, *Renacidos*, *Wojtyla. La investigación*, *Amanece en Calcuta*, *El Cielo no puede esperar*, *El latido del Cielo* y *Un ángel llamado Rebeca*.

Refugio Zavala TV

josemariazavala.com

josemariazavalagasset

@JMZavalaOficial

José María Zavala

Medjugorje

El misterio que rodea a uno de los fenómenos más sorprendentes del catolicismo

mr · ediciones

PEFC Certificado

Este libro procede de bosques gestionados de forma sostenible

PEFC

PEFC/14-38-00305 www.pefc.es

Ediciones Martínez Roca, un sello editorial de Editorial Planeta, S. A.
Avda. Diagonal, 662-664, 08034 Barcelona (España)
www.mrediciones.com
www.planetadelibros.com

Imágenes del interior: © Archivio / A3 / contrasto; © Archive PL / Alamy Stock Photo / ACI; © Manuel Romano / ZUMA Press / EFE; Cortesía de © Sva prava pridržana Večernji list d.o.o.; © Thomas Dworzak / Magnum Photos / Contacto; © NikolaR / Shutterstock y archivo personal del autor
Iconografía: Grupo Planeta
Adaptación de la cubierta: Booket / Área Editorial Grupo Planeta a partir de la idea original de Agustín Escudero
Ilustración de la cubierta: Agustín Escudero
Primera edición en Colección Booket: febrero de 2024
Segunda impresión: agosto de 2024
Tercera impresión: marzo de 2025

Depósito legal: B. 20.435-2023
ISBN: 978-84-270-5225-3
Impreso en España

A Pedro Moreno, sacerdote santo que sembró en mí
la simiente literaria de Medjugorje.

No podemos impedir que Dios hable a nuestro tiempo a través de personas sencillas y valiéndose de signos extraordinarios que denuncian la insuficiencia de las culturas que nos dominan, contaminadas de racionalismo y positivismo.

JOSEPH RATZINGER (1985)

Índice

Introducción
Objetivo: Medjugorje

Si algo he aprendido desde mi conversión tumbativa por intercesión del Padre Pío, el 5 de agosto de 2009, es que nada en absoluto sucede por casualidad. ¿Acaso es fortuito que aquel mismo 5 de agosto, pero de 1918, el santo de los estigmas experimentase el fenómeno místico de la transverberación, durante la cual su corazón fue traspasado por una lanza de fuego arrojada por el mismo Jesús? ¿O que el 5 de agosto también se celebre el cumpleaños de la Virgen María, como al parecer reveló Ella misma a los videntes en Medjugorje?

Desde mi conversión —aunque la conversión es de todos los días pues «solo el que persevera se salvará», nos advierte Jesús—, he suprimido así de mi vocabulario particular palabras que contradicen el hecho de volver a nacer a la gracia de Dios, como «suerte», «casualidad», «fortuna» o «ventura». Y el hecho de que me viese involucrado en un largo, intenso y fascinante viaje a Medjugorje tampoco ha sido casual, sino causal, que es muy distinto.

Acercarme al fenómeno de Medjugorje, cuarenta años después de la primera aparición, acontecida el 24 de junio de 1981, ha supuesto antes de nada un ejercicio de honestidad y rigor profesional para intentar despojarme de cualquier prejuicio que pudiera albergar y poner los pies en aquel remoto pueblo de Bosnia-Herzegovina sin prejuzgar nada ni a nadie, dispuesto a averiguar por mí mismo lo que allí sucede en realidad.

Fuentes bibliográficas

Para ello tuve que devorar primero la bibliografía fundamental sobre Medjugorje y localizar ensayos con ayuda de algún amigo librero, incluidas algunas obras en francés e italiano que hoy están ya descatalogadas. Consulté así la edición francesa *Les apparitions de Medjugorje,* de Svetozar Kraljevic (París, 1984); *Maria Regina della pace,* de Rooney y Faricy (Milán, 1983), y *Notre-Dame de la Paix en Yougoslavie,* de Triclot (Ronchin, Francia, 1984).

Pero de entre todas ellas sobresale, sin ningún género de dudas, la enciclopédica obra del ilustre mariólogo francés René Laurentin, autor de *Dernieres nouvelles de Medjugorje,* una interesantísima serie de diecisiete volúmenes publicada por Éditions FX de Guibert entre 1984 y 1998. Amén de otras raras piezas bibliográficas de primer nivel, como *La Vierge apparaît-Elle à Medjugorje?,* junto con Ljudevit Rupcic (Éditions O.E.I.L., 1984); *Etudes médicales et scientifiques sur les apparitions de Medjugorje* (Éditions O.E.I.L., 1985); *Medjugorje. Récit et chronologie des apparitions* (1986), o *Apparitions de la Vierge à Medjugorje, où est la vérité* (Éditions du Berger, 1987).

No puedo pasar por alto tampoco otros títulos importantes debidos a la pluma precisa y brillante en muchos pasajes de autores italianos como Saverio Gaeta *(Medjugorje, segreti e messaggi, Medjugorje, la vera storia y Dossier Medjugorje),* Diego Manetti (*Hipótesis sobre Medjugorje,* en su edición española) y Paolo Brosio *(A un paso dal baratro, Profumo di lavanda, Nella terra delle meraviglie e Il Papa e Medjugorje).* A Brosio, por cierto, agradeceré siempre el detalle de prologar la edición italiana de mi libro *Madre Speranza* (Piemme, Mondadori, 2017).

Hay dos obras también esenciales: la de Sor Emmanuel Maillard *(Medjugorje, les années 90. Le triomphe du coeur)* y la escrita al alimón por Sean Bloomfield y Miljenko *Miki* Musa *(My Heart Will Triumph),* cuya traducción española ha corrido a cargo de Helena Faccia Serrano, publicada por LibrosLibres en 2016.

He dejado para el final, y no por considerarlo menos relevante, la ingente labor para dar a conocer el fenómeno de Medjugorje en España desempeñada por el periodista Jesús García desde 2009 con su meritorio libro *Medjugorje,* de interminable subtítulo, editado por LibrosLibres y actualizado recientemente con el sello Gospa Arts.

El fenómeno de Medjugorje tampoco sería hoy tan conocido en España sin el impactante testimonio de conversión de la escritora María Vallejo-Nágera, ni por supuesto sin el estreno en 2013 de la película *Mary's Land (Tierra de María),* de Juan Manuel Cotelo.

Sería injusto no resaltar también el gran trabajo de difusión del fenómeno Medjugorje a cargo de portales y canales de internet como *Cari Filii News, Religión en Libertad* y Mater Mundi TV, además de las páginas web Centromedjugorje.org y BrujulaCotidiana.com, donde se brindan abundantes noticias y testimonios sobre las apariciones, algunas de las cuales se recogen de modo extractado en uno de los anexos de este libro.

Tampoco podría comprenderse hoy el fenómeno de Medjugorje en toda su dimensión sin su contexto histórico, tal y como sucede en todas las apariciones marianas aprobadas por la Iglesia, como La Salette, Lourdes o Fátima, y en otras menos conocidas como La Virgen de las Tres Espigas o la Señora del Corazón de Oro, de las cuales ofrecemos también datos interesantes en estas páginas. La necesidad de este «periplo mariano» nos ayuda igualmente a comprobar una y otra vez el papel maternal de María a lo largo de los siglos, preocupada siempre por la salvación de sus hijos. Sus mensajes son reiterativos, en este sentido, como la atenta madre que incluso reprende a veces a sus hijos con cariño para que sean buenos y puedan librarse finalmente del castigo divino.

El lector comprobará así que palabras como «conversión», «oración», «sacrificio», «penitencia» o «confesión» se repiten una y otra vez en todas y cada una de las apariciones marianas. Incluida, naturalmente, Medjugorje. Aludiremos así a los denominados «diez secretos», en algunos de los cuales se encierran terribles escarmientos profetizados para la Humanidad si no se convierte, y a las también llamadas «cinco piedras», entendidas como los remedios propuestos por la Virgen a sus hijos para evitar o paliar todas esas calamidades: oración, confesión, Eucaristía, ayuno y lectura de la Biblia.

Pero este libro no es solo eso, sino ante todo el testimonio directo de mi experiencia personal en Medjugorje, un lugar que me resistí a visitar durante demasiados años a raíz de mi absoluto desinterés por el fenómeno, pese a que numerosas personas me animaron a viajar hasta allí para componer un libro esclarecedor sobre las apariciones. Hasta que de modo inesperado la Providencia, en la que creo a pies juntillas, me dio la señal de que había llegado el momento oportuno de conocer Medjugorje para verificar por mí mismo lo que realmente sucede en aquel remoto pueblo de Bosnia-Herzegovina.

Y esa es la misión que creo haber cumplido ahora con la mayor rectitud posible, brindando al lector los resultados de mi investigación con la esperanza de que le sirvan para clarificar posiciones sobre Medjugorje, cuyas siete primeras apariciones, por cierto, han merecido ya el beneplácito de la Comisión Ruini constituida en su día por el Papa Benedicto XVI para indagar lo sucedido en torno a los seis videntes y a la llamada «Reina de la Paz».

Agradecimientos

Debo advertir, por otra parte, que contraje mi compromiso editorial con Ediciones Martínez Roca (Grupo Planeta) para publicar el libro que el lector tiene ahora en sus manos a finales de 2017, pero el vértigo cinematográfico al que me vi sometido desde ese año con mi primera película *El Misterio del Padre Pío,* y con las sucesivas tres cintas *Renacidos, Wojtyla. La investigación* y *Amanece en Calcuta,* retrasó *sine die* la fecha de entrega del original hasta hoy mismo.

Y como no pretendo ser ingrato con nadie, guardaré siempre una impagable deuda de reconocimiento con el sacerdote Pedro Moreno, que ahora podrá leer desde el Cielo este libro que tanto me animó a escribir en la tierra. Y a su hermano José Cristóbal, sacerdote también, que tantas horas pasó junto a don Pedro lavando almas en los confesonarios de Medjugorje.

Nunca olvidaré a Vicka ni a su marido Mario, como tampoco a Mirjana, fray Marinko, Goran Rasevic y su esposa Sandra Barisic, Filka Mihalj y a todas las personas que me brindaron su inestimable ayuda durante mi estancia en Medjugorje.

A Valentina Alazraki, Gaby Jacoba y Cristina López Schlichting, en cuyo programa radiofónico de la Cope me siento orgulloso de colaborar.

A mis editores Lola Cruz y Javier Ponce, con quienes afronto este quinto libro consecutivo de espiritualidad destinado a remover el corazón de los lectores.

A Esther y Gabriel Galán, y a Javier Rebollo, toda mi gratitud también.

Finalmente, y bien entendido que los últimos serán los primeros, a Paloma, mi mujer, y a nuestros hijos Borja e Inés, la maravillosa familia que Dios me ha regalado.

José María Zavala
Madrid, 11 de febrero de 2021,
fiesta de Nuestra Señora de Lourdes

1
El francotirador

¿Matarme tú? ¿Cómo? ¿Qué noche? ¡Por qué…!

Goran Rasevic

La noche del 4 de diciembre de 1992 era gélida, iluminada por una luna creciente que se cernía sobre la ciudad asediada de Sarajevo como una linterna para francotiradores. Goran Rasevic se contentaba con beber la floja cerveza fabricada en la capital que le vio nacer en compañía de su comandante y de otro soldado de operaciones especiales como él, los tres, amigos de la infancia.

Mientras conversaba con su Magnum y un par de granadas de mano ceñidas al cinto, Goran era ajeno a la mira telescópica del Mauser que tatuaba su nuca a menos de un kilómetro de distancia.

La cercana discoteca Corazones *(Srcas,* en bosnio) cerraba a las diez con el toque de queda. Situada a escasos veinte metros de los contenedores contra francotiradores del llamado Cruce de la Muerte, llegar hasta allí podía condenarte a yacer para siempre en una fosa común excavada a cinco metros bajo tierra o, en el mejor de los casos, a hacerte viejo antes de tiempo.

A poca distancia de ellos, otros dos combatientes bosnios, con hierros de cirugía incrustados en los huesos de las piernas, intentaban evadirse de la guerra ingiriendo la casi insípida agua de cebada. Era la única forma de mitigar la claustrofobia del cerco, mientras el gran líder Radovan Karadzic dirigía la matanza desde la cima de la montaña olímpica erizada de cañones y ametralladoras. Una tribu de los peores asesinos se había concentrado en la cumbre: perros de la guerra reclutados de las ciudades serbias de Bosnia, gánsteres y navajeros de Belgrado, escoria de la cárcel y del manicomio dispuesta al saqueo y al degüello.

Corresponsal de guerra

La gran contienda había estallado el 5 de abril de aquel año, tras la declaración de independencia de Bosnia-Herzegovina de la República Federal Socialista de Yugoslavia. Al día siguiente, las fuerzas de defensa mal equipadas de Bosnia combatían ya a muerte contra el Ejército Popular Yugoslavo y el de la República Srpska —las milicias serbobosnias—, parapetados en las colinas que circundaban Sarajevo. Muy pronto, los muros del cerco se cerraron sobre la capital como la tapa de un ataúd.

A mi buen amigo Julio Fuentes, corresponsal de guerra del diario *El Mundo,* donde trabajábamos juntos entonces, le faltó tiempo para hacer la maleta y largarse de la redacción lo más deprisa que pudo en busca del alcaloide bélico. La secretaria del periódico ya había despachado solo su billete de ida en avión. Ser corresponsal de guerra significaba para Julio, en sus propias palabras, pertenecer a la «infantería periodística con un pie en la tumba». Con razón, diría luego Arturo Pérez-Reverte sobre él: «Vivió meses y meses en Sarajevo como un drogado de la guerra. Tenía esa mirada inconfundible de quien ha visto cosas que nadie debería ver nunca».

Fue así como, a través de sus crónicas en el periódico y de alguna que otra conversación telefónica entrecortada con él, Julio me ayudó a recomponer de primera mano el gran puzle del gulag bosnio, el sitio más prolongado de la historia moderna con sus trágicos testimonios siempre en primer plano.

Desde una ventana hecha pedazos del hotel Holiday Inn donde se alojaban los corresponsales de guerra en Sarajevo, situado en la misma Avenida de los Francotiradores, Julio vio correr una de aquellas mañanas a un chico que cargaba a un herido. Sus compañeros cubrían su desesperada carrera con fuego de ametralladoras y algún que otro cañonazo. La suerte del combate pareció depender del *sprint* final de aquel miliciano. Todas las miradas se concentraron en sus quinientos metros libres y en las posibilidades que el desgraciado tenía de alcanzar la meta sin que lo aplastaran como a una musaraña. Casi seguro que el muchacho no percibió los vítores futboleros que acompañaron sus últimos metros antes de alcanzar la meta. Poco después, llevaron al hotel el paquete que cargaba a la espalda. Su amigo ingresó cadáver en el sillón de la recepción.

La lotería de la muerte

Supe también por Julio que a la discoteca Corazones se llegaba con los números de la lotería de la muerte en el bolsillo, en un vehículo iluminado solo con las luces de posición que no dejaba de brincar sobre los cráteres estampados con metralla en el pavimento.

Entre tanto, Goran había encendido otro cigarrillo Drina, la tóxica picadura que los soldados se inyectaban en los pulmones a falta del codiciado Marlboro. Era una chimenea humana. Pálido, delgado y de casi dos metros de estatura, parecía mentira que Goran hubiese jugado al baloncesto con fulgurantes estrellas que ya habían lucido la camiseta del Real Madrid y entrado en la leyenda de club, como Mirza Delibasic o Drazen Dalipagic.

Los clientes de *Corazones* dejaban sus Kalashnikov M70B1 en la recepción. Se adornaban las orejas con aretes que pendían de los lóbulos, grabados con la flor de lis, y algunos llevaban hasta largas cabelleras al estilo Custer. La fachada de la discoteca mostraba los zarpazos del mortero. Habían tapiado las ventanas con sacos terreros para evitar morir bailando rock étnico bosnio con sonido flamenco.

Pero Goran y sus camaradas, igual que otros soldados hastiados de la guerra, desafiaban al peligro en las inmediaciones de la discoteca. Corría, eso sí, que se las pelaba cada vez que debía atravesar la calle Putnika, conocida después como Avenida de los Francotiradores, desde donde los soldados serbios emboscados hacían cada día su ofrenda de sangre a las cámaras de televisión.

En un momento dado, el generador Yamaha que abastecía de corriente eléctrica al local dejó de fluir y lo sumió en la oscuridad. La luz amarilla de las velas surgió de repente iluminando los rostros. En aquel preciso instante, Goran Rasevic se llevó la mano al bolsillo del pantalón para coger otro cigarrillo de su pitillera y una pulserita se le cayó al suelo...

—¡Eh…! Que no soy maricón —aclara él en castellano con acento eslavo y varonil, durante nuestro encuentro en febrero de 2018, veintidós años después de concluir el cerco a Sarajevo, el 29 de febrero de 1996.

Me limito a sonreírle, mientras Goran sigue relatándome lo que a continuación sucedió:

—Percibí entonces el leve zumbido de dos mosquitos sin darle más importancia —explica. Y eso que su oído estaba tan afinado para las bombas como un Stradivarius para un concierto de cuerda.

—¿Algún francotirador? —sospecho yo.

—Tal vez, pero en aquel momento me limité a agacharme para recoger del suelo la pulsera que me había regalado mi novia Sandra Barisic.

—Debería de haber sido al revés, ¿no…? —bromeo.

—Serás cabrón… —deja escapar Goran, mordaz.

Y añade:

—No era una pulsera cualquiera, sino un Rosario de muñeca que Sandra me había comprado en Medjugorje, en 1990.

—¿Habías estado allí alguna vez?

—¡Jamás! Ni ganas que tenía. Era el último lugar de la tierra que me hubiese gustado pisar entonces, después de Sarajevo.

—Pero llevabas aquel objeto encima aquella noche…

—Sí, bien guardado en el bolsillo del pantalón. Ya sabes que no me gustan los hombres con pulsera.

—¿Pero no dices que era un Rosario?

—En aquel momento no le di más importancia a su significado. Era un regalo de Sandra y punto. Yo no era creyente.

Mis padres eran ateos y comunistas. Había crecido con las obras de Marx, Lenin y Engels alrededor mío.

Goran le da, ahora sí, una honda calada al Marlboro antes de proseguir:

—Este cigarrillo era el verdadero elixir del cerco, y no el asqueroso tabaco que fumábamos allí —suspira, exhalando el humo como un silbido.

—Bueno, ¿quieres explicarme de una vez lo que sucedió entonces? —empiezo a impacientarme.

—Lo supe al cabo de cinco años, en 1997.

—¿Supiste qué...?

—Uno de aquellos días, el padrino de mi primer matrimonio me telefoneó para quedar conmigo. Poco después, le noté algo descompuesto al verle. «¿Qué te ocurre?», inquirí. Y entonces él empezó a explicarse: «Verás... Aquella noche estuve a punto de matarte», dijo con un nudo en la garganta. «¿Matarme tú? ¿Cómo? ¿Qué noche? ¡Por qué...!», exclamé yo. Vino a mi memoria entonces la noche de los mosquitos...

—¿Qué razones tenía él para matarte, si erais de la familia? —indago.

—Como serbio, él se enroló en las fuerzas enemigas. Y aquella noche, desde la azotea de un edificio en ruinas, me tuvo a tiro mientras conversaba con mi comandante y otro camarada.

—¿Quieres explicarme cómo fue capaz de apretar el gatillo sabiendo que eras tú?

—No lo sabía.

—¿Pero no acabas de decirme que contactó contigo para contarte que había estado a punto de liquidarte? ¿Qué más pruebas necesitas para estar seguro de ello?

—Enseguida lo entenderás todo. Él disparó en el preciso instante en que yo me agaché para recoger la pulsera del suelo. Pero solo cuando me giré hacia la derecha, donde había caído la cartera, pudo distinguir por primera vez el perfil de mi rostro en el blanco de su mira telescópica. Y entonces se quedó petrificado porque ya era demasiado tarde para reaccionar.

A esas alturas, en efecto, habían sonado los dos disparos secos del calibre 7,62 mientras un enjambre de trazadoras rojas volaban como libélulas rasgando la noche. Sin saberlo, Goran volvió a nacer.

—Tras enterarme de lo sucedido —agrega él— empecé a rebobinar en mi cerebro cada detalle de aquella noche y no pude dejar de repetirme la gran pregunta: ¿Fue casual que me agachase entonces para recoger el Rosario de Medjugorje?

Aquel simple gesto le salvó la vida. Y una vez persuadido de ello, Goran puso finalmente los pies en la remota aldea de su tierra natal para agradecer a la Virgen de Medjugorje aquella segunda oportunidad. El nombre está compuesto por las palabras del croata *medju* y *gorje,* que significan un lugar «entre las montañas», en alusión a la situación entre las colinas circundantes.

Goran supo también que el 7 de abril de 1992, al inicio de la guerra civil, dos bombarderos del Ejército yugoslavo sobrevolaron la zona de Citluk y arrojaron seis clases de bombas prohibidas por la convención internacional de Ginebra. Dos de los seis artefactos cayeron en los límites de Medjugorje, pero ninguno de ellos hizo explosión. ¿Acaso los millones de Avemarías que recitaron entonces los asustadizos peregrinos sirvieron para desactivar finalmente las espitas?

Sea como fuere, el diario italiano *Il Messaggero* publicó un artículo titulado «Bombas sobre una Bosnia independiente, un ataque a Medjugorje». El presidente de Bosnia-Herzegovina, Alija Izetbegovic, envió una carta al general yugoslavo Blagoje Adzic informándole de la ofensiva: «Debo mencionar —escribió el presidente— que en el ataque a Citluk también resultó alcanzado Medjugorje, uno de los santuarios católicos más grandes del mundo».

Los bombardeos sobre Medjugorje se repitieron el 8 de mayo sin provocar una sola víctima, salvo un pequeño cráter en el centro del pueblo. ¿Fue la Virgen quien en esta segunda ocasión protegió también a sus queridos hijos, como ya lo había hecho con Goran?

Goran Rasevic se confiesa hoy, con razón, un sentido devoto de la Gospa, nombre de la Virgen también en croata, y a la menor oportunidad la da a conocer y amar.

2
La travesía

Pero si tú siempre te has resistido a viajar hasta allí.

Paloma Fernández-Gasset

Yo no necesité un milagro, como Goran, para decidirme a viajar a Medjugorje. O tal vez sí. Había oído hablar de aquel lugar hasta la saciedad, con especial insistencia desde que comencé a impartir charlas sobre el Padre Pío por todos los rincones de España, desde Santander hasta Cádiz, a raíz de la publicación de mi primer libro *Padre Pío. Los milagros desconocidos del santo de los estigmas,* en 2010.

Desde entonces, miles de personas acudieron a alguna de las más de trescientas conferencias que pronuncié, y sigo haciéndolo ahora *online,* en parroquias, colegios mayores, institutos o universidades. Al término de cada encuentro, decenas y hasta centenares de personas, dependiendo del aforo del auditorio, me asediaban a preguntas sobre el Padre Pío o me hacían partícipe de sus inquietudes y problemas para que rezara por ellas. Y entre ellas, no solían faltar tampoco las que, con toda su buena voluntad, me animaban a viajar a Medjugorje. «¡No has estado allí!», se sorprendían algunas, llevándose las manos a la cabeza ante lo que consideraban una grave omisión.

Daba la impresión de que si no habías estado en Medjugorje no eras tan devoto de la Virgen, aunque frecuentases los

Santuarios marianos de Fátima y Lourdes, como era mi caso, o te plantases sin necesidad de viajar fuera de España con la misma devoción, o más aún, en la Basílica de Nuestra Señora del Pilar de Zaragoza, donde la Virgen María se apareció en carne mortal al apóstol Santiago el 2 de enero del año 40, según la tradición.

Percibía cierto halo de fanatismo incluso en algunas de esas personas cada vez que aludían, con los ojos abiertos como tragaluces, al día en que vieron fenómenos solares extraordinarios mientras se encaminaban al monte de las apariciones o experimentaron otro tipo de extraños sucesos que se apresuraban a mostrarme en la pantalla del teléfono móvil, como si aquellas fotografías o vídeos constituyesen la prueba irrefutable de sus testimonios.

—Señora, yo aquí no veo nada —le dije en cierta ocasión a una de ellas, con toda la sinceridad del mundo.

Súbita decisión

Confieso que llegué a cansarme de oír una y otra vez el nombre del pueblo bosnio, hasta el punto de que le dije a Paloma, mi mujer, con la firmeza de un juramento: «No pienso ir jamás allí».

Pero, años después, pude comprobar una vez más que no eres tú, sino el mismo Jesús, quien dirige los designios de las personas que le entregan lo único que pueden ofrecerle: su libertad, para que haga con sus vidas lo que Él quiera, que siempre será lo mejor para cada una.

Y así fue. En agosto de 2017 me sorprendí a mí mismo diciéndole a Paloma que debíamos viajar a Medjugorje, mientras tomábamos café en una terraza en la costa alicantina de Orihuela. A ella le costó asimilar al principio aquella súbita inspiración.

—¿Estás seguro de lo que dices...? —repuso Paloma, desconcertada.

—Completamente —sentencié yo.

—Pero si tú siempre te has resistido a viajar hasta allí.

—Lo sé, pero acabo de sentir la necesidad de conocer aquel lugar y de experimentar por mí mismo si de verdad la Virgen sigue apareciéndose allí. No deseo ser negligente.

Paloma no salía de su asombro, pero a la vez estaba ya acostumbrada a respaldar decisiones similares que, a simple vista, podían parecer contradictorias. De modo que enseguida puso en marcha su prodigiosa capacidad de intendencia:

—Está bien —asintió—. Podemos decírselo también a Esther. Seguro que nos acompañará...

Fue así como el lunes 26 de febrero de 2018, el mismo día de 2002 en que se promulgó el decreto pontificio sobre el milagro de la canonización del Padre Pío, avatares de la Providencia, nos embarcamos en nuestra primera peregrinación a Medjugorje. Lo hicimos a bordo de una antigua furgoneta de carga Volkswagen alquilada a la que habían adaptado tres filas de asientos para reconvertirla en una de pasajeros. La verdad es que nuestro presupuesto no alcanzaba entonces para pagar los billetes de ida y vuelta en avión porque estábamos a punto de emprender el rodaje de mi primera película *El Misterio del Padre Pío*. Pero partimos la mar de contentos Paloma y yo con nuestros hijos Borja e Inés, Esther con su primogénito Javier y su hermano Gabriel... ¡y Pío, claro está! Nuestra mascota yorkie que ya nos había acompañado, haciendo honor a su nombre, en varias peregrinaciones a San

Giovanni Rotondo, donde vivió el Padre Pío durante cincuenta y dos años consecutivos hasta su misma muerte, y a cumplir una promesa a la Virgen en la capilla de Nuestra Señora de la Medalla Milagrosa, alojada en la casa madre de las Hijas de la Caridad de San Vicente Paúl, en la rue du Bac de París.

Teníamos por delante más de 2.500 kilómetros por carretera, desde Madrid hasta Medjugorje, y las pésimas predicciones meteorológicas, lejos de amilanarnos, nos dieron también alas para «volar» hasta allí. Jamás olvidaré el pavoroso frío a nuestro paso por Eslovenia y Croacia, cubiertos en algunas zonas hasta con un metro entero de nieve por el temporal. No recuerdo un castañeo semejante de mis dientes como el de aquellas horas siberianas, a veinte grados bajo cero.

Temí al principio que no pudiésemos llegar a nuestro destino, sin ni siquiera cadenas para los neumáticos, pero enseguida me abracé a la Providencia como un clavo ardiendo. ¿Qué sentido tenía, si no, emprender aquel viaje si nos quedábamos atrapados finalmente en la nieve?

El mosaico yugoslavo

Mientras las ruedas de la vieja furgoneta se hundían en suelo croata y la suspensión crujía a veces como si tuviese ciática, vino a mi memoria el terrible sufrimiento del pueblo yugoslavo encarnado en la inolvidable epopeya de Goran. La antigua Federación de Yugoslavia, donde vino al mundo este converso de Medjugorje, formaba en su día un auténtico polvorín de cinco nacionalidades reconocidas oficialmente: serbios, croatas, eslovenos, macedonios y montenegrinos, a quienes se sumaron los croatas islamizados en la época turca y al menos dieciocho etnias minoritarias, encabezadas por los albaneses y húngaros concentrados en Kosovo y Voivodina, respectivamente.

Esta Federación caleidoscópica constaba, en el ámbito político y geográfico, de seis repúblicas: Bosnia-Herzegovina (la capital, Sarajevo), Croacia (Zagreb), Macedonia (Skopie), Montenegro (Titogrado), Eslovenia (Liubliana) y Serbia (Belgrado), que englobaba los dos territorios autónomos de Kosovo y Voivodina.

Por si fuera poco, en aquel maremágnum de territorios se hablaban nada menos que catorce lenguas distintas: serbio, croata, esloveno, macedonio, húngaro, albanés, montenegrino, turco, rumano, italiano, alemán, eslovaco, búlgaro y griego. De todas ellas, solo cuatro eran oficiales: croata, macedonio, serbio y esloveno.

La antigua Yugoslavia constituía también un mosaico de religiones, la más numerosa de las cuales era la ortodoxa, seguida de la católica, la musulmana, la protestante y la judaica, por este orden. Pero había un porcentaje elevado de ateos, entre los cuales se contaba Goran Rasevic con su familia. Tan extensa amalgama de religiones, etnias y lenguas convivían, en cambio, bajo la férula de un solo partido político: el comunista.

Durante la Segunda Guerra Mundial, cuando aún no había nacido Goran, Yugoslavia fue castigada por los extremismos totalitarios del nazismo y el comunismo, representados por Adolf Hitler y Josip Broz Tito, respectivamente. Este último se alzó al final con la victoria el 29 de noviembre de 1945 y proclamó la República Federal Socialista de Yugoslavia al impagable precio de la sangre de 1,7 millones de compatriotas que perdieron la vida en los campos de batalla y en las retaguardias, sobre una población de quince millones de habitantes.

Es fácil entender así los odios y resquemores latentes que cristalizaron años después en otra fratricida guerra que asoló a Sarajevo y cuyo cerco combatió también, entre otros muchos, Goran Rasevic.

Indescifrable enigma

Llegamos a Medjugorje el miércoles 28 de febrero, tras pernoctar en Montpellier (Francia) y Verona (Italia). Habíamos estado en cuatro países diferentes, incluidos Eslovenia y Croacia, sin apenas darnos cuenta. Y ahora culminábamos nuestro periplo por el quinto, que constituía la meta de nuestro viaje: Bosnia-Herzegovina.

Un espeso manto blanco cubría Medjugorje. No era frecuente que nevase allí y mucho menos de aquel modo. Nos alojamos en una pensión cercana a la Iglesia, donde nos aguardaba una reconfortante cena. Los rostros ateridos de los hermanos Esther y Gabriel, sevillanos de pura cepa, hablaban por sí solos al entrar en calor sorbiendo la taza de aquella especie de consomé, como si fuesen chupitos de vodka.

El primer paso para vivir en primera persona el fenómeno de Medjugorje acababa de darlo con mi llegada. Al día siguiente, por la tarde, había quedado para entrevistarme con fray Marinko Sakota, párroco de la Iglesia de Santiago Apóstol, patrono del pueblo de Bijakovici ubicado en el municipio de Citluk. Hasta entonces, y como hacía siempre que emprendía alguna investigación como la de las apariciones de El Escorial o las de Fátima, había devorado la bibliografía fundamental sobre Medjugorje.

Conocía así los diferentes puntos de vista de los autores, pero había llegado ya la hora de comprobar por mí mismo todas esas teorías, testimonios y conjeturas sin intermediario alguno. Una vez más, evité incurrir en prejuicios en espera de conocer de primera mano la opinión de los protagonistas y de otras personas vinculadas a las apariciones desde el principio. Tal era el caso de fray Marinko. Era imprescindible agudizar durante aquellos días mi capacidad de observación dejándome llevar también, cómo no, de la mano virginal de María, quien, al fin y al cabo, tenía la última palabra como *Mater Ecclesia* (Madre de la Iglesia).

Nacido el 12 de julio de 1968 en la vecina localidad de Citluk, englobada en el mismo municipio que Medjugorje, Marinko Sakota ingresó en el seminario franciscano de Visoko para cursar el segundo grado de la escuela secundaria. Acto seguido completó el bachillerato en el Liceo Jesuita de Dubrovnic, hasta que tomó el hábito franciscano el 15 de julio de 1987, en Humac.

Su ordenación sacerdotal tuvo lugar en Frohnleiten, el 13 de julio de 1996. Desde septiembre de 2010 sirvió como capellán de Medjugorje y, tras la muerte del padre Petar Vlasic en 2013, relevó a este al frente de la parroquia de Santiago Apóstol.

Fray Marinko conocía la historia de los pueblos croata y bosnio mejor que el pasillo de su casa. Provenientes del Este, los croatas descendieron de los Cárpatos al Adriático y, tras aceptar el Evangelio en el siglo VII, se convirtieron en el primer pueblo eslavo que abrazó el cristianismo. Era una iglesia que había conservado una tradición y vitalidad profundas a través de una historia repleta de pruebas terribles. La opresión del independentismo había asfixiado demasiado a menudo a este pueblo, consumido entre luchas intestinas y persecuciones sangrientas.

Bosnia, por su parte, había sido asignada al principio a los franciscanos, como el padre Marinko, en cuanto a cuestiones religiosas se refiere. La orden de San Francisco logró un gran prestigio entre el pueblo por su destacado papel durante la persecución islámica y también por su gran contribución al desarrollo de la cultura, el arte, la ciencia e incluso la alfabetización de la población.

Entre 1463 y 1878, nada menos, los frailes franciscanos fueron los guardianes de los católicos, a quienes defendieron con uñas y dientes frente al Gobierno. Frailes y pueblo soportaron así juntos los tiempos más recios de la persecución, como en la mitad del siglo XVI, cuando todos los conventos de Herzegovina fueron destruidos sin excepción y numerosos franciscanos perdieron la vida.

Desde que los frailes se establecieron por vez primera en la parroquia de Medjugorje, en 1892, hubo que lamentar demasiados derramamientos de sangre. Solo en la Segunda Guerra Mundial fueron asesinados setenta frailes en la provincia franciscana de Herzegovina.

Entre tanto, el Papa León XIII ya había establecido en 1881 que la jerarquía del clero diocesano arrebatase a los franciscanos su influencia en numerosas parroquias. La situación se agravó en las décadas de los años sesenta y setenta del siglo XX, al acelerarse el traspaso de las parroquias al clero diocesano. El padre Marinko era, en este sentido, uno de los escasos supervivientes.

Aquella noche, mientras veía caer afuera los copos de nieve desde la ventana del dormitorio, tuve el presentimiento de que durante esos días me aguardaba alguna sorpresa que resultaría decisiva para resolver lo que constituía todavía para mí un indescifrable enigma.

3
El párroco

La presencia de la Virgen se percibe aquí de modo muy especial.

Fray Marinko Sakota

Consagrada el 19 de enero de 1969, la Iglesia de Santiago Apóstol, el santo patrono de los peregrinos, bajo custodia de los franciscanos como su párroco fray Marinko Sakota, constituye hoy todo un emblema de la práctica sacramental y de la vida de oración en Medjugorje.

Ni uno solo del más del millón de peregrinos que han puesto sus pies cada año en la pequeña aldea de Bosnia-Herzegovina ha dejado de cruzar el umbral del templo, tras contemplar la estatua en mármol blanco de la Virgen bajo su advocación de Reina de la Paz, obra del escultor italiano Dino Felici, que parece dar la bienvenida a todo el mundo en la misma explanada de la iglesia.

Hay peregrinos también, como el austríaco Franz Gollowitsch, que han puesto los pies en Medjugorje en más de quinientas ocasiones. Se dice pronto.

La parroquia se estableció, en realidad, en 1892, y la primera iglesia se construyó en 1897. Pero aquel pionero edificio pronto comenzó a resquebrajarse y hundirse a causa del suelo tan propenso a los movimientos sísmicos. En 1934 se levantó así en su lugar otra nueva iglesia.

La masiva afluencia de peregrinos de todo el mundo obligó a construir un altar exterior en 1989, circundado por cinco mil asientos, donde se celebran grandes acontecimientos en verano, como el Encuentro Internacional de Oración de Jóvenes que congrega a casi ochenta mil participantes cada año.

Todo en Medjugorje parece dispuesto a conciencia para facilitar el acercamiento de los peregrinos a Dios. Empezando por la capilla de Adoración construida en 1991, donde los fieles rinden pleitesía a Jesús Sacramentado hincados de rodillas ante la misma Custodia y bajo los relieves de los cinco sacerdotes de la parroquia que merecieron la palma del martirio a manos de los comunistas a finales de la Segunda Guerra Mundial.

Los veinticinco confesonarios restaurados en 2001 cerca de la estatua en bronce de San Leopoldo Bogdan Mandic, cincelada por el escultor italiano Carmelo Puzzolo, son testigos mudos también de los secretos más íntimos de millares de penitentes y conversos. No en vano, Mandic es el santo patrono de los confesores.

Al noroeste de la iglesia se levanta una Cruz de madera, a cuyo alrededor los peregrinos encienden sus velas, recogidos en oración; y al sudoeste se localiza una escultura en bronce de Cristo resucitado, obra del esloveno Andrej Ajdic, junto a la cual existe también un espacio reservado para el rezo del Vía Crucis.

Semilla vocacional

Fray Marinko me recibe en su sobrio despacho parroquial. Si no estuviese en Medjugorje, creería hallarme en el convento de San Giovanni Rotondo, al sur de Italia. De su inconfundible hábito franciscano de color pardo oscuro, ceñido con el cíngulo blanco, asoma el cuello de una camisa azul.

Circunspecto en apariencia, no hay un rasgo sobresaliente en el semblante sereno de este fraile de mediana edad. Si acaso las espesas cejas negras, el cabello en forma de «v» por la incipiente alopecia o la mirada dura e inexpresiva disimulada tras sus gafas de montura marrón. Sin más preámbulos que el de una rápida presentación, pulso el botón de mis dos grabadoras para dar comienzo a nuestra conversación:

—¿Hasta qué punto Medjugorje constituye una especie de «patria universal» para los peregrinos que buscan el amparo maternal de María? —le pregunto, para romper el hielo.

—La presencia de la Virgen se percibe aquí de modo muy especial —asegura él.

—¿Cómo de especial? —trato de averiguar.

—El peregrino retorna aquí al hogar. Igual que el hijo pródigo. En Medjugorje se palpa una atmósfera donde el alma se siente a gusto y es capaz de respirar aliviada. ¿Sabe usted…? Nací a tan solo cinco kilómetros de aquí, en Citluk.

—Lo sé —asiento.

—El 26 de junio de 1981, con casi trece años, tuve noticia de la primera aparición producida cuarenta y ocho horas antes. Al día siguiente vine aquí con mi familia y pude asistir a la nueva aparición.

—¿Qué recuerda de entonces?

—Conseguí situarme a tan solo tres metros de distancia de los videntes, al pie del monte de las apariciones. No fue en modo alguno fácil llegar hasta allí, pues había multitud de gente empujándose alrededor de los chicos para colocarse lo más cerca posible de ellos. Para mí fue clave poder contemplar de cerca los rostros de los seis videntes.

hizo un falso movimiento con su hoz y acabó seccionándose de cuajo la garganta, falleciendo en el acto. La familia colocó sobre una encina una imagen de Jesucristo con su Madre y San Juan al pie de la Cruz, invitando así a todo el mundo a dedicar a la víctima un piadoso recuerdo.

Eso mismo se dispuso a hacer Thierry Schoeré, herrero de Orbey, a su paso por aquella encrucijada de caminos, rumbo al mercado medieval. Tras desmontar de su cabalgadura, se hincó de rodillas en tierra para rezar por aquel desgraciado. Cuando se disponía a reemprender el viaje, un fuerte resplandor atrajo su atención. Vio entonces a una bellísima Señora envuelta en haces de luz. En su mano derecha sostenía tres espigas surgidas de un mismo tallo, mientras en la izquierda portaba un carámbano.

Era el 3 de mayo de 1491. Nuestra Señora de las Tres Espigas, como se la dio en llamar luego, le dijo entonces:

> Hijo mío, los habitantes de esta región, por sus crímenes innumerables, han encendido contra ellos la cólera divina. Este carámbano que ves resplandecer en mi mano izquierda es el símbolo del granizo, del hambre, de la enfermedad y de otros castigos que se van a descargar sobre ellos. Mis oraciones, sin embargo, efecto de una especialísima Misericordia, han detenido hasta ahora el brazo de mi Hijo, levantado ya para castigar.
>
> Si los pecadores se corrigen y hacen penitencia, Dios les perdonará y concederá a la tierra bendición y fertilidad. Eso significa este tallo de trigo, adornado con tres espigas, que tengo en mi mano derecha.
>
> En nombre de estos dos símbolos, vete a Morviller y cuenta a los habitantes lo que acabas de ver y de oír. Exhórtales a huir del pecado. Que hagan oración, que avisen igual-

—¿Qué vio en ellos?

—Todos, sin excepción, conservaban una mirada muy expresiva y radiante que me llamó poderosamente la atención. Era evidente que en aquel momento estaban viendo a alguien invisible para los demás. Sus gestos reflejaban estupor y me convencí de que era imposible que unos niños pudiesen fingir de aquel modo.

—¿Hasta qué punto le marcó en su vida aquella primera experiencia?

—Todo empezó, en efecto, aquella tarde. Puedo asegurarle que en Medjugorje se plantó la semilla de mi vocación sacerdotal. En los años siguientes se afianzó mi convicción de que la Virgen se aparecía aquí. ¿Qué mejor prueba de mi fe, si no, que el hecho de que cada día caminase cinco kilómetros de ida y otros cinco de vuelta para estar presente en la aparición?

—¿Jamás dudó? La duda es muy humana, padre...

—Sí, titubeé en algún momento, cierto. Pero al final se impuso la más absoluta certidumbre sobre la veracidad de las apariciones. Otra cosa distinta fue mi crisis personal...

—¿Qué crisis?

—Justo antes de ordenarme diácono en Zagreb, en 1996 [el 10 de febrero], atravesé una fuerte crisis vocacional y decidí tomarme un año sabático para reflexionar sobre mi futuro. Una niebla de incertidumbre poblaba entonces mi mente.

—Y vino a Medjugorje a despejar sus vacilaciones...

—Así fue. Una persona me recomendó que hablase con el padre Slavko.

Fray Marinko alude al también franciscano Slavko Barbaric, a quien el obispo Pavao Zanic reclamó como capellán de Medjugorje en 1983 y cuyo inesperado fallecimiento se produjo el 24 de noviembre de 2000, tras dirigir el rezo del Vía Crucis. El padre se desplomó poco después al suelo, perdió el conocimiento y en cuestión de segundos rindió su alma ante el Altísimo. Quienes le trataron aseguran que era un sacerdote santo.

—¿Qué le dijo el padre Slavko entonces?

—Llegué aquí en la Cuaresma de 1995 para verle. Él ya estaba al tanto de mi delicada situación. Entré en la iglesia y distinguí al fondo al padre Slavko rodeado de una docena de penitentes. Al verme, me abrazó y dijo: «Esta noche comienza el retiro de silencio en la Casa de la Paz». Me arrojó así encima su bomba de relojería, la cual hizo explosión durante los seis días del retiro de silencio, ayuno y oración. Pude profundizar entonces en el verdadero significado de Medjugorje y experimentar la purificación de mi alma. Solo entonces la niebla de incertidumbres se despejó por completo y ahora, por expreso designio de la Providencia, soy el encargado de esos mismos retiros.

—¿Se atreve a afirmar, como hacen muchos, que Medjugorje es una especie de «Cielo en la tierra»?

—Sin duda que lo es. No es casual que tantísimas personas sigan experimentado aquí un profundo cambio de vida, empezando por el millar de vocaciones sacerdotales de peregrinos procedentes de todo el mundo. El cardenal Christoph Schörborn, arzobispo de Viena, vino a Medjugorje precisamente atraído también por la gran cantidad de vocaciones al sacerdocio que surgían aquí.

—Pero hay también personas de iglesia que recelan hoy de Medjugorje...

—Sí, no lo niego. Se trata de personas llenas de prejuicios. Hombres y mujeres que ni siquiera han puesto los pies aquí y que aun así emiten su veredicto sobre la falsedad de las apariciones.

—¿Qué les diría a todos ellos?

—Lo mismo que Jesús a sus discípulos: «Venid y veréis». La Virgen ha expresado en Medjugorje su deseo de permanecer con nosotros porque sin Ella no podemos afrontar los avatares del tiempo que vivimos. Sin la ayuda maternal de María muchos pueblos están perdiendo hoy la fe. Por eso mismo se apostata, sin ir más lejos, en países como el suyo, España, que siempre han sido tierra de María. Ella nos enseña a vivir la fe por medio de la confesión, la Misa, la Adoración Eucarística o la oración. Anhela nuestra felicidad y quiere despertarnos del letargo espiritual. Si cambiamos nosotros, también puede cambiar todo lo demás.

—¿Y qué dice la Iglesia sobre Medjugorje?

—El Papa Francisco y la Comisión encargada de estudiar Medjugorje ya han aludido favorablemente a las siete primeras apariciones, lo cual es un hecho muy esperanzador.

La Comisión Ruini

Francisco, en efecto, se había referido ya a Medjugorje con motivo del centenario de las apariciones de Fátima, el 13 de mayo de 2017. Recordó, en este sentido, que Benedicto XVI estableció una Comisión «de buenos teólogos, obispos y cardenales», presidida por el cardenal Camillo Ruini, expresidente de la Conferencia Episcopal Italiana.

«Al final de 2013 o inicio de 2014 he recibido del cardenal Ruini el resultado», anunció el Papa. Y añadió: «El informe Ruini es muy, muy bueno». Finalmente precisó que, sobre las primeras apariciones, «el informe más o menos dice que se debe continuar investigando eso».

Francisco dio una de cal y otra de arena al admitir primero la existencia de frutos espirituales y conversiones en Medjugorje: «Gente que se convierte, que encuentra a Dios, que cambia de vida. Y esto no es gracias a una varita mágica», dijo, pero a continuación ofreció su valoración menos positiva: «Yo, personalmente, soy más malo. Prefiero a la Virgen Madre, que a la Virgen que se vuelve encargada de una oficina de telégrafos y envía un mensaje cada día».

Con frecuencia he escuchado decir a quienes dudan seriamente de la sobrenaturalidad del fenómeno de Medjugorje que los casi cuarenta años de permanencia de la Virgen allí son excesivos comparados con el tiempo de otras apariciones anteriores aprobadas por la Iglesia, como Fátima, Lourdes o La Salette. Cierto, pero ese solo argumento amparado en la imagen de una «Virgen parlanchina» no debería ser suficiente para invalidar su autenticidad.

De hecho, si existiese el menor indicio de fraude y superchería en Medjugorje la Iglesia se habría apresurado a preservar la fe de sus fieles con un pronunciamiento severo en contra. Y de ningún modo permitiría las peregrinaciones allí, ni mucho menos admitiría la veracidad de las siete primeras apariciones, como también tendremos oportunidad de comprobar enseguida.

Aclaremos tan solo, antes de proseguir, que la Comisión Ruini se constituyó el 17 de marzo de 2010 para pronunciarse sobre el carácter sobrenatural de las apariciones de Medjugorje. Sus trabajos concluyeron el 17 de enero de 2014 y se plasmaron en un informe que permaneció en secreto tras ser entregado entonces al Papa Francisco.

Además de su presidente, el cardenal Ruini, formaban parte de la Comisión los también cardenales Josef Tomko, Vinko Puljic, Josip Bozanic, Angelo Amato y el español Julián Herranz.

Todos ellos, asesorados por el psicoanalista Tony Anatrella, los teólogos Pierangelo Sequeri, Franjo Topic, Mihaly Szentmartoni y Nela Gaspar, el mariólogo Salvatore Perrella, el antropólogo Achim Schütz, el canonista David Jaeger, el relator de las Causas de los Santos Zdzislaw Jozef Kijas, el psicólogo Mijo Nikic y el oficial de la Doctrina de la Fe Krzysztof Nykiel.

«Calado histórico»

Tan solo tres días después de las declaraciones del pontífice, Andrea Tornielli, uno de los vaticanistas mejor informados de la Santa Sede, reveló el gran secreto que también él guardaba bajo siete llaves en su despacho romano desde hacía casi tres años. La Comisión Ruini había aprobado por trece votos a favor, uno suspensivo y una abstención la autenticidad de las siete primeras apariciones en Medjugorje registradas a finales de junio de 1981.

> En mi opinión —se congratulaba Tornielli no sin cierto aire de sospecha—, lo más importante de todo es que, según quienes lo han estudiado, la Virgen María se apareció en Medjugorje durante los primeros días. Solo esto me parece

> una noticia de calado histórico, pero no sé por qué razón el asunto se ha complicado tanto en estos tres últimos años. El arte de convertir en mala una buena noticia [...].

Los miembros de la Comisión Ruini optaron por dividir en tres segmentos temporales sus votaciones: por un lado, las siete primeras apariciones consideradas como auténticas de finales de junio de 1981; luego, las acaecidas desde el 3 de julio hasta finales del mismo año 1981, y, por último, las que han seguido produciéndose desde entonces hasta nuestros días.

El criterio de la Comisión Ruini para aprobar las siete primeras apariciones y descartar el resto se basó en que los niños videntes fueron sorprendidos por lo que vieron bajo la nula influencia de su parroquia ni de ninguna otra. Además, todos sin excepción se ratificaron en su testimonio pese a las fuertes presiones de las autoridades comunistas para que se retractasen de lo que habían visto.

Sea como fuere, la postura favorable de la Comisión Ruini a las siete primeras apariciones constituía ya de por sí una excepcional noticia y el hecho de que se abstuviese de pronunciarse sobre el resto obedecía a una razón muy sencilla: la Iglesia jamás emitía un juicio definitivo sobre un fenómeno que aún estaba produciéndose. Y en caso de existir alguna prueba concluyente sobre la falsedad de las apariciones, insistimos, no hay duda de que a la autoridad eclesiástica no le temblaría el pulso a la hora de intervenir de modo súbito e irrevocable. Significa eso que considerar las apariciones como una trampa, amparándose en que la Iglesia aún no las ha reconocido, constituye, cuanto menos, un flagrante acto de ignorancia procesal.

Fray Marinko estaba al corriente de todo eso cuando le entrevisté en Medjugorje, pero desconocía aún, por razones temporales obvias, que en mayo de 2019 el Papa Francisco autorizaría las peregrinaciones a Medjugorje, de modo que a partir de entonces podrían organizarse ya de modo oficial por las diócesis y parroquias, y no de forma privada, como sucedía hasta ese momento.

Aun así, el director interino de la Oficina de Prensa de la Santa Sede, Alessandro Gisotti, se apresuró a matizar que la nueva organización de las peregrinaciones no debía interpretarse como «una autentificación de los acontecimientos conocidos, que aún requieren un examen por parte de la Iglesia».

Francisco volvió a dar otro empujón a las apariciones con ocasión del Encuentro Internacional de Oración de Jóvenes, celebrado en Medjugorje a primeros de agosto de 2020: «Encontrar a Jesucristo vivo, especialmente en la Eucaristía y en la Reconciliación, es posible en Medjugorje durante este encuentro», dijo el Papa.

Bendito «asalto»

A mi regreso de la entrevista con el padre Marinko, una persona salió a mi encuentro en plena calle para decirme algo tan inesperado como providencial:

—Perdona, eres José María Zavala, ¿verdad? —se disculpó.

Asentí con natural desconcierto. Había viajado a Medjugorje con estricto sigilo, o al menos eso creía yo hasta ese preciso instante, pues era palmario que mi presencia allí no había pasado inadvertida del todo.

—Verás, he pensado que te haría ilusión asistir mañana a la aparición de Mirjana.

—¿Mañana...? —titubeé yo.

—Sí, mañana 2 de marzo. Sabrás que Mirjana recibe el mismo día de cada mes un mensaje de la Virgen.

—¡Cierto! —reparé solo entonces.

—Aunque si continúa lloviendo así, tendrá que celebrarse en el interior de la pensión —advirtió.

—Claro —asentí.

—Entonces, mañana, a las siete, te recojo en la pensión.

Por increíble que parezca, había viajado hasta allí sin advertir que durante mi estancia tendría lugar una aparición con la vidente Mirjana Dragicevic-Soldo, cuyo nombre derivaba de la raíz judía del nombre de María, Miriam; ni mucho menos que alguien emparentado con ella, y a quien tampoco conocía, iba a invitarme a presenciarla. Una vez más, palpé la dulce mano de la Providencia.

4
Mirjana

Sin sufrimiento no hay aprendizaje.

Proverbio croata

La mañana del 2 de marzo de 2018, el automóvil se detuvo muy temprano frente a la fachada de la casa de huéspedes donde iba a tener lugar poco después mi inolvidable experiencia con la vidente Mirjana. Era primer viernes de mes.

Desde el 2 de agosto de 1987 nada menos, Mirjana afirmaba tener locuciones o apariciones de la Virgen el día 2 de cada mes. Los mensajes de los últimos años iban dirigidos sobre todo a «aquellos que no han conocido todavía el amor de Dios», en sus propias palabras; es decir, a los no creyentes por los que Mirjana estaba llamada a rezar de modo especial.

La vidente residía con su esposo Marko Soldo, con quien se había desposado el 16 de septiembre de 1989, y sus dos hijas Marija y Veronika, las «pequeñas princesas» como él las llamaba, a unos cien metros de la colina de las apariciones. Con la ayuda de su hermano Miro, Mirjana había edificado una pensión justo al lado de su vivienda donde ella misma servía la comida a los peregrinos allí alojados, barría y limpiaba las diversas estancias, hacía la colada y hasta planchaba.

A Mirjana no se le caían los anillos por dedicarse a las tareas del hogar. Más bien al contrario, se enorgullecía de su condición de ama de casa y posadera, que cuidaba con esmero lo mismo de su propia familia que de los numerosos peregrinos hospedados en su pensión.

Aquella mañana ella también se había levantado temprano y empezado el día con una oración para pedir el don del amor. Sabía muy bien que, sin amor, no sería capaz de funcionar en Medjugorje. No en vano, la Virgen había pronunciado hasta entonces la palabra «amor» más de cuatrocientas veces en sus mensajes del día 2 de cada mes y del 18 de marzo, cumpleaños de Mirjana y también, curiosa «diosidencia», de mi esposa Paloma.

Su madre viuda vivía muy cerca de ella y pasaba el tiempo arreglando el jardín, cocinando y mimando a sus nietos. Miro, su hermano del alma, ocupaba otra vivienda adyacente con su mujer Svjetlana y sus hijos Magdalena, Josip y Robert. Igual que el tío Simun y la tía Slava. Todo quedaba así en familia. Sus amigos Violeta, Antun, Julijan o Mladen la apodaban «Niña llorona», traducido del croata, porque a veces se conmovía hasta las lágrimas al compartir su testimonio con los peregrinos sedientos de Dios por el gran amor que sentía hacia ellos.

En el salón

—Tú sígueme y no hables con nadie —me indicó el anfitrión, todo enigmático, nada más apearme del coche.

Acto seguido, nos encaminamos juntos hacia una puerta lateral de la pensión que daba a la cocina, atravesamos esta y salimos a un salón que a esa hora ya estaba abarrotado de gente. Mi corpulento acompañante me abrió paso hasta un extremo del recinto.

—Siéntate aquí —me indicó, señalándome un confortable sofá.

Obedecí, pero enseguida me sentí observado por cada uno de los presentes, pues estaba sentado frente a todos ellos, la mayoría de los cuales aguardaba allí desde las cuatro y media de la madrugada para no perderse la aparición, mientras otra muchedumbre llegada poco después se veía obligada a permanecer afuera por falta de aforo.

Reparé, además, en que el más afortunado disponía de una simple silla y que la inmensa mayoría debía contentarse con esperar de pie la llegada de Mirjana. Tan incómodo llegué a sentirme que finalmente me incorporé como una catapulta del sillón y, sin saber por qué, anduve unos pasos hasta hincarme de rodillas frente a una talla de la Virgen colocada sobre una mesa cubierta con ramilletes de flores con intención de pasar lo más inadvertido posible. En la mano izquierda le habían colocado a la Gospa una rosa roja, a juego con las cuentas del Rosario que rodeaban su manto.

Cuando abrí los ojos, vi aparecer de repente a Mirjana y arrodillarse justo delante de mí, a un metro escaso de distancia, sobre una pequeña alfombrilla de goma para amortiguar la artrosis de sus rótulas. Supe entonces que la supuesta aparición en la que ella recibiría un nuevo mensaje de la Virgen iba a celebrarse en el lugar exacto donde ya nos encontrábamos. Me había colocado, sin saberlo, en la posición adecuada.

El cese fulminante de los murmullos y de los prolongados y agudos ladridos de un perro que debía de corretear por el jardín fue la señal de que algo inexplicable había empezado a suceder en aquella estancia enmudecida de repente. Entre tanto, yo rezaba Avemarías en silencio con un fervor incontenible, a la vez que sentía una cercanía no solo física, sino sobre todo espiritual con Mirjana, que permanecía ensimismada y cabizbaja, con los brazos suspendidos y un Rosario enredado en la mano izquierda, preparándose sin duda para lo que estaba a punto de suceder.

De pronto, la vidente alzó la mirada y juntó sus manos con el Rosario anudado entre ellas, en actitud orante. En ningún momento pude ver su rostro durante la aparición, pero sí intuí su expresión fascinada y deslumbrante. Vi también estremecerse sus hombros con la cabeza siempre erguida que asentía a veces, como si escuchase a alguien dirigirse a ella desde el aire.

Permanecimos de rodillas alrededor de quince minutos o tal vez más. No sabría precisarlo, porque en aquel momento yo también perdí la noción del tiempo. Finalmente, la ayudaron a ponerse de pie y a sentarla en una pequeña butaca que le trajeron. Parecía exhausta, como sin vida, y no podía dejar de sollozar.

Ella misma explicó luego que cuando los peregrinos retomamos el habla, tras la aparición, le asaltó una especie de cacofonía de sonidos. Algo así como si le gritásemos al oído y propalásemos ruidos estridentes con un megáfono, hasta el punto de que un simple susurro le parecía un alarido en el preciso instante en que ella acababa de dejar la paz del Cielo.

El mensaje

Mirjana empezó poco después a susurrarle al oído a su amanuense de confianza el mensaje que acababa de recibir presuntamente de la Virgen. Supe luego que su estado mental era demasiado turbulento después de cada aparición como para tomar ella misma la pluma, así que Miki Musa tuvo que sentarse a su lado para anotar en un cuaderno las palabras de la Virgen que Mirjana iba dictándole.

Solo durante unos minutos podía recordar ella el mensaje con claridad; luego únicamente memorizaba el tema de que se trataba, pero era incapaz ya de repetirlo con exactitud.

Mientras le dictaba a Miki, en lo más profundo de su corazón sentía ella que podía oír a la Virgen deletreándole el mensaje. Era como si en su interior se conservase una grabación temporal del mismo y ella pudiese transmitirlo a su interlocutor de modo intermitente.

Traducido del croata, el mensaje de aquel día decía literalmente así:

> Queridos hijos, grandes obras ha hecho en mí el Padre Celestial, como las hace en todos aquellos que tiernamente lo aman y le sirven con fe. Hijos míos, el Padre Celestial os ama y por su amor yo estoy aquí con vosotros. Él os habla, ¿por qué no queréis ver los signos? Con Él todo es más fácil: el dolor vivido con Él se vuelve más tenue porque existe la fe. La fe ayuda en el dolor y sin la fe el dolor lleva a la desesperación. El dolor vivido y ofrecido a Dios enaltece. ¿Acaso no ha sido mi Hijo quien por su doloroso sacrificio ha salvado al mundo?
>
> Como Madre suya estaba con Él en el dolor y en el sufrimiento, como estoy con todos vosotros. Hijos míos, estoy con vosotros en la vida, en el dolor, en el sufrimiento, en la alegría y en el amor. Por eso tened esperanza. La esperanza hace comprender que la vida está ahí.
>
> Hijos míos, yo os hablo, mi voz habla a vuestra alma, mi Corazón habla a vuestro corazón. ¡Oh, apóstoles de mi amor!, ¡cuánto os ama mi Corazón materno!, ¡cuántas cosas

deseo enseñaros! ¡Cuánto desea mi Corazón materno que estéis completos y podéis estarlo solamente cuando en vosotros el alma, el cuerpo y el amor estén unidos! Os ruego, como hijos míos: orad por la Iglesia y sus servidores, vuestros pastores; que la Iglesia sea como mi Hijo la desea: pura como agua de manantial y llena de amor. ¡Os doy las gracias!

¿Para qué sufrir?

Pude leer poco después el mensaje en la pantalla de mi teléfono móvil y sentí que iba dirigido a mí. Sufrimiento, fe, esperanza, amor, Iglesia... Sobre esos cinco pilares debía sostenerse el edificio de la existencia humana.

El Padre Pío, que cambió mi vida, habría suscrito cada palabra de aquel texto que la Virgen parecía haber dictado a Mirjana. Un maestro del sufrimiento como él sabía muy bien que sin dolor era imposible ser santo. «Solo sufro cuando no sufro», decía él. Y no era masoquista. «Lo mejor siempre se compra al precio de un gran sufrimiento», le gustaba añadir. Y remataba su loa a la aflicción con esta otra certera reflexión: «Al Paraíso se sube por el sendero de la oración y del sufrimiento».

La propia Mirjana solía repetir este antiguo proverbio croata: *Bez muke nema nauke* que, traducido del croata, significa «Sin sufrimiento no hay aprendizaje». Cada dolor en su vida, según reconocía ella, le había perfeccionado como mensajera del amor de Dios.

¿Qué había de extraño, pues, en que la Virgen hiciese ahora un llamamiento precisamente a la necesidad de un sufrimiento purificador que diese Gloria a Dios? ¿Un sufrimiento basado en el amor a Cristo y a su Iglesia, pero fundamentado también en dos virtudes teologales como la fe y la esperanza, que cobraban sentido pleno junto con ese amor al que Ella también apelaba plasmado en la caridad con el prójimo?

Medité ese mensaje durante todo el día y desde entonces lo llevo siempre conmigo. No tiene desperdicio. Aquella primera experiencia junto a Mirjana me acercó al fenómeno de Medjugorje que tantas veces había ignorado por desinterés, hasta el punto de convencerme de que lo que acababa de presenciar con mis propios ojos no era una farsa.

Allí se rezaba con el corazón. Mirjana no era una actriz y, de haberse comportado como tal, hubiese dejado a Greta Garbo a los pies de los caballos. Hay comportamientos y expresiones que jamás pueden fingirse por más habilidades que se desplieguen en el escenario. Un observador atento se daría cuenta de ello. No es momento ahora de pronunciamientos que corresponden solo a la Iglesia, sino de impresiones personales sobre unas vivencias que no constituyen materia de fe. Puede o no creerse, de hecho, en apariciones incluso aprobadas por la Iglesia, como las de Fátima o La Salette, sin que ello afecte en modo alguno a la integridad de la doctrina católica.

Sea como fuere, puedo asegurar que, en lo que a mí respecta, aquella primera e inesperada experiencia con Mirjana me sirvió para disipar cualquier reticencia o sospecha que pudiese albergar hasta entonces sobre su posible actitud embaucadora. Mirjana se mostró ante mí como una mujer sencilla y sin afán de protagonismo alguno. Palpé en ella el sufrimiento interior, sin el cual no existe autenticidad en el trato con Dios.

A esa misma conclusión llegaron también los médicos que la examinaron en su día junto con el resto de los videntes. Pero ya nos detendremos en las conclusiones de los informes científicos en el momento oportuno. Debo insistir antes en que mi opinión sobre Mirjana no es más que eso: una valoración personal que en nada atañe al juicio sobre la veracidad o no de las apariciones.

La nube luminosa

La Virgen se despedía siempre del mismo modo al término de cada aparición. Aquella mañana volvió a hacer lo mismo, en palabras de la propia Mirjana: «Una hermosa luminosidad azul envuelve a Nuestra Señora, quien se eleva un poco antes de desaparecer y el espacio azul se difumina de inmediato al hacerlo Ella».

Vicka corrobora también esa misma forma de aparecerse y adorna la descripción de la mujer con ricos detalles, como su estatura de 1,65 metros o sus cincuenta kilos de peso: «Tiene una corona de estrellas doradas sobre su cabeza [doce exactamente, según coinciden todos los videntes], ojos azules, mejillas sonrosadas y flota sobre una nube de plata y nunca pisa el suelo», asegura la vidente.

La Gospa había elegido así uno de los cuatro modos de aparecerse a los videntes en la historia de las mariofanías: la nube luminosa redonda u ovalada, en cuyo interior se hacía presente Ella misma.

Mirjana percibió a lo lejos un punto luminoso que aumentaba de tamaño conforme se acercaba a él. Una vez junto al foco, emergía en el centro de la luz azul una silueta femenina a quien ella identificó sin la menor duda, como tantas otras videntes, con la mismísima Virgen María.

Recordemos, a modo de curiosidad, las tres formas restantes en que la Virgen se ha aparecido a lo largo de la historia: de improviso, sin ninguna señal anunciadora; mediante avisos realizados meses e incluso años antes de la propia aparición a cargo de ángeles, como en Fátima en 1915 y 1916, o a través de voces en sueños y cánticos inefables, y, finalmente, por medio de un presentimiento de los videntes como consecuencia de algún signo exterior como el golpe del viento en Lourdes, en 1858, o el ruido de una tempestad en Fátima, en 1917.

Al salir de la pensión, creí ver a mi perro Sam, nuestra segunda mascota, corretear por el jardín, pero averigüé poco después que era el de Mirjana. Dos collies idénticos. La viva estampa de Lassie con el pelo largo tricolor: blanco, negro y canela. El mismo perro que no había cesado de ladrar hasta el mismo instante en que su dueña entró en éxtasis. A su alrededor había una auténtica camada de mascotas, propiedad también de Mirjana. Y es que su marido Marko era incapaz de negarles a sus princesitas Marija y Veronika la adopción de cada cachorro abandonado que ellas encontraban en la calle.

En aquel momento se me acercó un individuo al que no conocía en persona, pero del que sí había leído un libro suyo que me impactó: *Padre Pío, el misterio del Dios cercano.*

—Soy Saverio Gaeta —se me presentó, cordial.

Enseguida puse rostro a su obra, entre la que sobresalía también la titulada *Por qué es santo,* en referencia a Juan Pablo II, escrita al alimón con el postulador de su causa de canonización Slawomir Oder, a quien de modo providencial conocería también en persona, en Roma dos años después, mientras rodaba mi tercera película *Wojtyla. La investigación.*

Charlamos un rato Gaeta y yo. Napolitano de nacimiento, había trabajado en *L'Osservatore Romano* y era entonces editor jefe del diario *Famiglia Cristiana.*

Solo hubo un detalle que me desconcertó de aquella mañana. Al encender el móvil poco después reparé en la multitud de mensajes de amigos y conocidos que acababan de verme en el vídeo de la aparición que se hacía viral en las redes sociales. ¡Cuántas personas más estarían ya al corriente de mi estancia en Medjugorje! ¡Y pensar que había viajado hasta allí con la ingenua intención de pasar de incógnito…!

5
Primera visión

¡Mira, por favor!

Ivanka a Mirjana

El miércoles 24 de junio de 1981 se celebraba la festividad de San Juan Bautista. Nacida dieciséis años antes en la antigua ciudad cercada de Sarajevo, Mirjana Dragicevic-Soldo, rubia, esbelta, ojos de lago, paseaba con su amiga del alma Ivanka Ivankovic-Elez, melena castaña y mirada oscura, que solo tres días después cumpliría quince abriles.

Recorrían juntas un camino de tierra a la sombra del monte Podbrdo. Eran entre las cinco y las seis de la tarde. Ivanka vestía de luto tras el funeral de su madre, Jagoda, fallecida dos meses antes tras una larga y penosa enfermedad. Aun así, el tono de la conversación entre las dos amigas se tornó alegre y desenfadado. La pobre Ivanka se mostraba agradecida por la reconfortante compañía de Mirjana, quien, junto a la brisa fresca de la montaña, le hacían olvidar por un momento su gran tristeza.

Hicieron un alto en el camino para dirigirse a casa de su vecina Vicka Ivankovic-Mijatovic, de diecisiete años, pero ella dormía entonces la siesta y su madre quedó en avisarla en cuanto se despertase. De modo que reanudaron ellas solas la marcha hasta que, al cabo de un rato, hallaron un lugar sombreado al pie de la colina para sentarse y reponerse de la caminata. Mientras conversaban, Ivanka gritó de repente:

—¡Estoy viendo a la Gospa en la colina!

Mirjana pensó que bromeaba. Pero ante la insistencia de su amiga, llegó a enfadarse mucho porque no podía tolerar que jugase de aquel modo tan irrespetuoso con la Santísima Virgen María. Así que la amenazó:

—¡Me voy!

Y se marchó dejándola sola.

Ver para creer

Pero cuando Mirjana llegó al pueblo, una fuerza inexplicable le hizo volver sobre sus pasos para reencontrarse finalmente con Ivanka en el mismo lugar donde poco antes la había abandonado.

La halló fuera de sí, muy alterada, moviéndose de un lado a otro. Mirjana reparó también en que estaba pálida y que su mirada se había vuelto radiante, como si acabase de contemplar algo prodigioso.

—¡Mira, por favor! —le suplicó una vez más Ivanka.

Mirjana se giró y miró por fin hacia la colina. Fue entonces cuando su corazón dio un vuelco, temeroso y maravillado al tiempo, pues a un centenar de metros de ella, entre rocas y zarzas, visualizó la figura de una mujer joven de la que fue incapaz ya de distinguir su rostro.

Vislumbró, eso sí, su vestido azul grisáceo y la silueta de un niño en su regazo. Jamás en la vida, que ella misma recordase, una madre había sido capaz de subir hasta allí con su hijo en brazos. ¿Quién era, pues, aquella enigmática mujer que había conseguido ascender por el escarpado monte Podbrdo cargada con una inocente criatura a sus espaldas?

Quien esto escribe puede dar fe también de la gran dificultad de subir aquella empedrada colina para una mujer con un crío en brazos. El monte Podbrdo constituye hoy uno de los lugares más emblemáticos de Medjugorje, llamado también montaña o colina de las apariciones, donde se encuentra la blanca estatua de la Reina de la Paz, réplica fiel de la que preside la explanada de la iglesia.

En los últimos cuarenta años, cerca de cincuenta millones de peregrinos han arrancado la hierba, piedras y terruños con su incesante trasiego. Todo lo que allí queda hoy es un montículo desnudo que da testimonio de fe, perseverancia y amor. El camino marcado ha sido trillado incluso con las rodillas de los penitentes o con sus pies descalzos. Los hay que pasan días y noches enteras al raso, bajo las inclemencias del tiempo. Un montón de rocas, con una cruz con la figura de Jesús crucificado clavada encima, recuerda el lugar de la primera aparición.

Aquella tarde, Mirjana estaba demasiado absorta en la contemplación de la misteriosa mujer como para advertir lo que sucedía a su alrededor. Recuerda tan solo vagamente hoy la presencia de unos niños junto a Ivanka y ella. Vio acercarse a Iván Dragicevic con un cesto de manzanas, pero en cuanto el chaval se percató de lo que sucedía soltó de repente todo lo que llevaba encima y huyó despavorido de allí.

Vicka reaccionó poco después de modo parecido al de Iván: se descalzó, lanzó las zapatillas al aire y salió corriendo también montaña abajo. Mirjana y ella se miraron entonces desconcertadas y, sin pronunciar una sola palabra, descendieron juntas por el camino.

En este punto concluye Mirjana su versión de la primera aparición, la cual hemos extractado de sus memorias tituladas *Mi Corazón triunfará* (páginas 24-27 de la edición de LibrosLibres de 2016).

Comparémosla ahora con el relato ofrecido por Vicka en 2013 al autor irlandés Finbar O'Leary, fallecido en noviembre de 2019 en la ciudad universitaria de Cork, el cual hemos recogido a su vez de la edición española de *Vicka, su historia,* publicada por La Esfera de los Libros también en 2016 (páginas 45-52).

Añadamos antes que Vicka era una chica alegre y vivaracha. Con el cabello castaño y una perenne sonrisa, era siempre la primera en tomar la iniciativa en el grupo. Vicka era, en realidad, su apodo. Su verdadero nombre, Vida, era la palabra croata que aludía a visión, lo cual no era simple casualidad.

Nacida el 3 de septiembre de 1964 en Bijakovici, Vicka era hija de Pero (Pedro), que trabajaba en Alemania Occidental desde hacía quince años para sacar adelante a su esposa Zlata y a sus ocho hijos. Los hermanos mayores de Vicka cultivaban su explotación de viña y tabaco. La abuela, también llamada Vicka, se mantenía bien entonces pese a sus ochenta y ocho años cumplidos. Su hermana mayor, Mirjana, se había diplomado en la escuela de farmacia, mientras Vicka estaba a punto de concluir la escuela profesional textil en Mostar.

Pues bien, según Vicka, aquella tarde regresó del colegio de Mostar y, por lo tanto, no dormía la siesta. Fue su hermana mayor, en lugar de su madre, quien le avisó de que Mirjana e Ivanka la buscaban para dar un paseo. De acuerdo con el testimonio de Vicka, sus amigas Mirjana e Ivanka tampoco fueron a pasear solas, sino en compañía de Milka Pavlovic, hermana de la también vidente Marija Pavlovic-Lunetti. Además, iban en busca de unas ovejas que pastaban cerca de donde hoy se encuentra la Comunidad Cenáculo de Sor Elvira Petrozzi, fundada por esta religiosa italiana en julio de 1983, en la localidad de Saluzza, para ayudar a los jóvenes descarriados. Sor Elvira inauguró dos casas para drogadictos en Medjugorje, la primera solo para hombres en 1991, seguida de otra para mujeres en el año 2000.

Pero prosigamos con nuestro relato. Advertida por su hermana, Vicka se dirigió hacia allí enseguida. A mitad de camino distinguió a Milka corriendo hacia ella. Al llegar a su altura, aquella vociferó:

—¡Vicka, está Nuestra Señora!

La aludida solo pudo musitar:

—¿Qué...?

Milka volvió a repetírselo y entonces Vicka echó a correr.

En su huida a toda prisa, se topó con Iván Dragicevic, el también vidente, acompañado de un amigo suyo llamado igual que él, pero apellidado Ivankovic. Iván Dragicevic estaba a punto de cumplir dieciséis años. Era alto y de cabello oscuro, con un carácter tímido y tranquilo. Su nombre equivalía en croata al de Juan, muy común en el Nuevo Testamento, cuyo significado era «Dios es misericordioso».

Vicka les contó lo que Milka acababa de referirle y decidieron ir juntos a ver qué sucedía. Pero conforme se acercaban al lugar de la presunta aparición, los dos chicos se esfumaron de allí asustados. Vicka permaneció esta vez en la colina, mientras Mirjana e Ivanka, muy alteradas, le conminaban a acercarse y mirar hacia lo alto. Ella obedeció finalmente y comprobó con sus propios ojos que la mujer estaba realmente allí. Gesticulaba y llevaba un bulto en brazos, asegura ella, sin poder afirmar entonces que se tratase de un niño, ni mucho menos del Niño Jesús, pues la vidente se hallaba demasiado lejos para confirmarlo.

Vicka permanecía atenazada, convertida en estatua de sal, mientras sus amigas le describían el precioso manto de aquella misteriosa mujer. De repente, ella sintió que algún resorte se desbloqueaba en su interior:

—Había algo que salía de mi corazón y de mi alma —explica hoy la vidente.

Alzó entonces la cabeza y miró hacia la loma. En aquel preciso instante distinguió a la mujer y supo que era la Virgen María haciéndoles señas desde arriba para que se aproximasen. Pero las chicas no se atrevieron. Estaban demasiado asustadas como para obedecerla y decidieron darse la vuelta de regreso a casa.

Primeras reacciones

¿Qué sucedió cuando llegaron al pueblo? Mirjana irrumpió en casa de su tío Simun, gritando:

—¡Creo que he visto a Nuestra Señora!

Su abuela Jela, sola en aquel momento, la miró asombrada sin dejar de observarla en completo silencio, hasta que finalmente prorrumpió:

—Dejemos que Nuestra Señora se quede donde está, en el Cielo. Coge el Rosario, vete a tu habitación y rézale a Dios.

La nieta obedeció sin rechistar.

Aquella noche fue incapaz de conciliar el sueño. Cada vez que cerraba los ojos veía a la mujer de la colina, convencida de que era la mismísima Virgen María, pero más por la sensación experimentada en su interior que por lo que había podido atisbar a cien metros de distancia.

Hasta ese momento, Mirjana jamás había oído hablar de apariciones. Pensó incluso que aquella era la primera vez que la Virgen se le aparecía a alguien. No en vano, en la Yugoslavia comunista solo podían conseguirse libros religiosos de contrabando y las homilías de los sacerdotes no aludían precisamente a hechos milagrosos que pudiesen escandalizar a los espías del régimen acechantes en los bancos de las iglesias.

Su madre Milena ya era consciente de la marcada sensibilidad de Mirjana para compadecerse de las personas sufrientes. Si veía a un enfermo o a un pobre de solemnidad, ella era incapaz de contener las lágrimas. A la madre le preocupaba que su hija desease pasar todo el verano de 1981 en Medjugorje, lejos de la residencia familiar de Sarajevo.

Una de aquellas noches, Mirjana le pidió un libro de oraciones. Sentía la imperiosa necesidad de rezar. Su madre fue al dormitorio y regresó poco después con un librito en la mano.

—Es todo lo que tengo —dijo, a modo de disculpa. Y se lo tendió.

Ella lo recogió y comprobó que era un folleto de oraciones.

—Lo conservo desde el día de mi boda —explicó su madre.

Aquel tesoro perseguido por los comunistas anegaba de alegría su corazón cada vez que recitaba alguna de sus oraciones.

Antes de regresar a casa, Vicka y sus amigas habían acordado no contarle a nadie su insólita experiencia, salvo a unas cuantas personas de la máxima confianza. Aun así, algunos de sus íntimos llegaron a pensar que podía tratarse de un platillo volante o de un simple invento concebido por la prodigiosa imaginación de unas adolescentes soñadoras.

Con independencia de lo que cada uno pensase, Vicka y sus amigas decidieron poner los pies al día siguiente en el mismo lugar y a idéntica hora, persuadidas de que si la Virgen había acudido allí realmente se les aparecería de nuevo.

6
La colina

Si eres Nuestra Señora, quédate con nosotros,
pero si no, es mejor que te vayas.

Vicka, a la visión

Al día siguiente era jueves, 25 de junio. Como el resto de los videntes, Vicka tampoco ha podido olvidar jamás aquella tarde. El rumor de la presunta aparición del día anterior se había extendido como un torrente desbordado entre los casi tres mil quinientos parroquianos de Medjugorje, que incluía las aldeas de Bijakovici, Miletina, Vionica y Surmanci.

En aquella tierra elegida por María para hacerse presente, según los videntes, se cultivaban viñedos, trigo y tabaco. Allí mismo se recogían los llamados racimos de Canaán, cada uno de los cuales llegaba a pesar cinco kilogramos.

Cuando Mirjana pidió permiso a su tío Simun para regresar a la colina, este puso como condición que le dejase acompañarla con su tía. La chica, naturalmente, accedió. Una fuerza interior la impulsaba a volver allí a toda costa.

Poco después alcanzaron la base del monte Podbrdo y les pareció ver ya a la mitad del pueblo allí. Mirjana distinguió entre la multitud a Ivanka, Vicka e Iván. Milka no había podido acudir porque debía ayudar a su madre. De pronto, tres haces de luz blanca, diáfana, dirigieron las miradas de los jóvenes hacia lo alto de la colina, donde divisaron de nuevo la figura de la enigmática mujer.

Con prisas a la montaña

Marija Pavlovic-Lunetti, a punto de cumplir dieciséis años, delgada y con melena castaña y recortada, y Jakov Colo, de casi diez y primo de Mirjana, se sumaron a los otros cuatro videntes a la hora de subir a toda prisa hacia donde estaba la furtiva señora. El nombre de Marija era la versión eslava de María y el de Iván, el equivalente croata de Juan, como ya sabemos.

De este modo, Iván Ivankovic y Milka Pavlovic solo habían presenciado la primera aparición y no pertenecerían ya desde entonces al grupo de los seis videntes.

Vicka recuerda que durante la fulgurante ascensión a ninguno de ellos se les retorcieron los zapatos por el terreno pedregoso ni se lastimaron las piernas con una sola rama de espino. Era como si aquella intrigante mujer les guiase de la mano para que no sufriesen el menor rasguño ni se golpeasen con las piedras a una velocidad de ascensión increíble. Algunas personas intentaron seguirles, pero no pudieron mantener su ritmo tan trepidante. «Nos sentíamos como si volásemos», recuerda hoy Vicka, con razón.

El tío de Mirjana tampoco daba crédito al verles correr así por la montaña. Más tarde comentaría, afectado:

—Se tardan al menos doce minutos en subir hasta arriba, pero los niños emplearon tan solo dos minutos. Contemplar eso me aterrorizó.

La primera vez que los chicos pudieron ver por fin a la mujer de cerca repararon en que no era un ser humano de este mundo, sino que se trataba, sin lugar a dudas, de un personaje celestial. Vicka se mostró luego incapaz de expresar con palabras la inmensa emoción que le embargó y no pudo describir con justicia su singular belleza.

Nada más verla, los seis videntes cayeron rodillas en tierra entonando en voz alta el Padrenuestro, seguido del Avemaría y el Gloria. Para su sorpresa, la mujer rezó con ellos, pero permaneció en silencio mientras recitaban el Avemaría.

«No tengáis miedo»

A Mirjana debemos tal vez la descripción más completa y cabal de aquella señora que contemplaron los seis videntes aquella tarde por primera vez:

> Una hermosa luminosidad azul envolvía a la mujer —evoca hoy ella—. Su piel tenía un brillo color de oliva y sus ojos me recordaban el azul traslúcido del mar Adriático. Un velo blanco cubría la mayor parte de su pelo largo y negro, excepto por un rizo visible en su frente y algunos mechones que sobresalían del velo. Todo lo que veía me parecía sobrenatural, desde la celestial luz grisácea de su largo vestido a la asombrosa intensidad de su mirada. Su sola presencia transmitía un sentimiento de paz y amor materno, pero sentí también un gran miedo porque no entendía lo que estaba sucediendo.

Los videntes aseguraban que veían a la Virgen, «no en imágenes», sino en las tres dimensiones. «Es muy hermosa», coincidían en señalar. Tenían dificultad al principio para encontrar las palabras más adecuadas que le hiciesen justicia.

Los colores y la armonía de sus vestiduras y de su rostro excedían toda experiencia ordinaria. No habían visto jamás una mujer parecida a ella.

Los calificativos se sucedían en labios de uno y otro: «Tiene los cabellos negros un poco ondulados, los ojos azules, la tez sonrosada... Esbelta, bella, ligera... Me gustaría mirarla a ella sola... ¡Qué hermosa es! Está envuelta en un velo que cubre una túnica imposible de describir».

Sobre el color del velo, en las anotaciones tomadas por el célebre mariólogo francés René Laurentin en su día, uno de los videntes advertía: «Se podría decir que es gris. Pero no lo es. Se parecería más bien al color café con leche. Pero tampoco es así. No conozco un color parecido». Otro de los chicos señalaba que la figura de la Virgen era «una transparencia luminosa de color más bien azul». Y un tercero, que «su voz es tan agradable al oído. Se diría una música. Se diría que canta. Habla en croata».

Aquella tarde, como si adivinase su pensamiento, la mujer les dijo en perfecto croata:

—Hijos míos, no tengáis miedo *(Djeco moja, ne botje se).*

Lo expresó en un tono tan melódico y musical, que no se asemejaba a ningún otro humano conocido en la tierra. Ivanka se mostró entonces como la más audaz de todos al preguntarle a la señora por su madre fallecida.

—Está conmigo —repuso ella, con una ternura indescriptible.

Preguntaron también si volvería al día siguiente, y ella asintió con una sonrisa. Cuando el resto de los habitantes del pueblo llegó finalmente a su altura, ninguno de ellos pudo distinguir a la mujer que los videntes contemplaban en aquel preciso instante, aunque más tarde reconocieron que la viva expresión de sus rostros ya les impresionó. Curiosamente, los chicos percibían sus propias voces durante la aparición, pero los vecinos les dijeron luego que solo les veían mover los labios sin emitir sonido alguno. Únicamente podían escucharles cuando rezaban en voz alta.

—Id en paz con el Señor —se despidió la señora.

Y nada más pronunciar la frase, empezó a elevarse en el aire hasta desvanecerse por completo poco después en el interior de una especie de nube o resplandor azul. A los seis videntes les sobrevino de repente un sentimiento de dolor y tristeza, pues anhelaban más que nada en el mundo estar con la Virgen para siempre. Los vecinos aseguraron que la visión había durado entre diez y quince minutos, pero a los muchachos les pareció casi una eternidad. Vicka murmuró en croata, entristecida: *«Ode»* («Se ha ido»).

La «salida temporal»

Se preguntará el lector a estas alturas, y con razón, por el sentido de estos encuentros místicos con el más allá, tan frecuentes en otros muchos videntes a lo largo de la Historia. Esa misma cuestión se planteaba ya el profesor y mariólogo Félix Ochayta Piñeiro, resolviéndola con su habitual pericia.

Trataremos de simplificar al máximo estas breves pinceladas teológicas. Efectivamente, las comunicaciones con almas del más allá —ya estén en el Cielo, el Purgatorio o el Infierno— son posibles por estricto designio de la Providencia. Nada mejor que recurrir a los grandes santos de la Iglesia, como Tomás de Aquino, el Doctor con mayúscula, para arrojar luz sobre este apasionante y controvertido asunto.

Santo Tomás se apoyaba, a su vez, en los testimonios de San Jerónimo y de San Gregorio Magno para sostener que la comunicación con el más allá era perfectamente plausible. Distinguía así entre dos formas de comunicación con los bienaventurados o los condenados: mediante la «salida definitiva» de esas almas de sus respectivos destinos, la cual era imposible ateniéndose a la eternidad del premio y del castigo, y la «salida temporal», como es el caso, factible tan solo por disposición de la Divina Providencia.

Únicamente por voluntad de Dios fue posible así que el mártir Félix se apareciese a los habitantes de Nola para alentarlos mientras sufrían el acoso de los bárbaros, de lo cual daba fe el propio San Agustín.

Tomás de Aquino iba aún más lejos al reconocer que las almas de los santos, en virtud de la gloria que ya disfrutan, «pueden aparecerse a los vivos cuando quisieren», igual que en su vida terrenal realizaron prodigios. Y si no, que se lo pregunten a San Pío de Pietrelcina, por ejemplo, quien con su don de la bilocación era capaz de estar en dos lugares distintos al mismo tiempo, tal y como queda acreditado en los múltiples testimonios recopilados en su proceso de canonización.

Pero, a diferencia de las almas buenas, a las condenadas solo «les es permitido aparecerse a los vivos para enseñanza y temor de los hombres», advertía Tomás de Aquino.

«La lectura de las obras de Santa Teresa de Jesús —señala ahora Ochayta— es quizás el mejor comentario a la doctrina de Santo Tomás y una preciosa ayuda para entender las visiones». De hecho, Santa Teresa se refería multitud de veces a sus visiones de Jesús, la Virgen María, San José, San Pedro y San Pablo. Mencionaba también las visiones de personas concretas, de su padre y de su madre en el Cielo, y de otros difuntos cuyas almas veía salir del Purgatorio o entrar directamente en el Cielo.

Como tantos otros videntes en la historia de las mariofanías, los seis muchachos de Medjugorje afirmaban también que veían a la Virgen.

Agua bendita

El viernes 26 de junio se produjo la tercera visión. Esta vez se habían congregado ya centenares de personas al pie de la colina cuando llegaron los seis videntes. La historia de Medjugorje fue desde el principio la destilación del rumor. La noticia había traspasado las sinuosas lindes de Bijakovici, una de las cuatro zonas que integran el país, como ya sabemos, y se extendió por toda la región con inusitado furor.

Pese al calor sofocante, los chicos volvieron a subir la colina como una exhalación y se hincaron de nuevo de rodillas ante la visión. Ninguno de ellos albergaba ya la menor duda de que delante de sus narices estaba la mismísima Virgen María, que les saludó así:

—¡Alabado sea Jesús!

No era en modo alguno casual aquella salutación, pues los videntes reconocieron enseguida ese fragmento del himno tradicional croata *Hvaljen Isus i Marija* (Alabados sean Jesús y María), solo que la Señora había omitido la segunda parte porque como humilde sierva de Dios nunca se hubiese alabado a sí misma.

La abuela de Vicka había advertido a su nieta, antes de partir, que llevase encima agua bendita para rociar con ella a la visión mientras trazaba la señal de la cruz. De ese modo podría comprobar si se trataba o no de una treta del demonio. En caso afirmativo, le aseguró que el maligno huiría de allí despavorido.

Vicka obedeció, pero en lugar de esparcir unas gotas de agua bendita, vació el frasco entero sin darse cuenta mientras santiguaba con ella a la mujer.

—Si eres Nuestra Señora, quédate con nosotros, pero si no, es mejor que te vayas —desafió la chica a la visión sin miramientos.

La mujer se limitó a sonreír.

Al día siguiente, sábado, tuvo lugar la cuarta aparición poco después de las seis de la tarde. Acudieron nuevamente los mismos chicos que serían considerados ya desde entonces como los seis videntes de Medjugorje.

El domingo 28 de junio lucía un sol espléndido en los alrededores. La multitud venida de todos los puntos de la región alcanzaba ya las quince mil personas deseosas de presenciar la quinta aparición. Los videntes acudieron, como tenían por costumbre, a la denominada colina de las apariciones y se hincaron nuevamente de rodillas ante la misma criatura celestial, mientras los asistentes se apretujaban en torno a ellos pugnando por estar lo más cerca posible. Pese a la enorme afluencia de público, todo se desarrolló con asombrosa calma.

—Hijos míos, siempre ha habido injusticia en este mundo —respondió la Virgen cuando Mirjana le comentó que algunas personas les acusaban de consumir drogas o de padecer algún trastorno psíquico que nublaba sus mentes causándoles aquellas extrañas visiones.

Los muchachos preguntaron también por qué ella había elegido Medjugorje, de entre todos los lugares del mundo, para aparecerse a ellos, quienes tampoco eran mejores que los demás. A lo que ella contestó:

—Yo soy la Bienaventurada Virgen María y he venido aquí porque hay muchas personas creyentes y os necesito tal como sois.

Del mismo modo quisieron saber también si tenía algún mensaje para los sacerdotes.

—Que crean firmemente —dijo la mujer, rotunda.

Uno de los videntes le preguntó:

—¿Te aparecerás a la multitud para que todos puedan verte?

—Bienaventurados aquellos que creen sin ver —repuso la Virgen, parafraseando a su hijo Jesús. Y agregó—: Que me crean como si me vieran.

En un momento dado, la Señora manifestó su tristeza y decepción porque alguien de entre la multitud había proferido una blasfemia. Concluida la aparición, la riada humana descendió colina abajo hacia el pueblo. Todos estaban sedientos por el asfixiante calor de aquel día, pero a nadie se le ocurrió que podía haber vendido allí centenares de litros de bebidas. Cada vecino llevó de su casa lo que tenía a mano y lo ofreció en la montaña de modo gratuito a los demás. Se palpaba un sentimiento caritativo y alborozado en toda la aldea.

El pequeño Daniel

La tarde del día siguiente, lunes, se celebró la sexta aparición consecutiva. Por la mañana, los videntes habían sufrido una de las experiencias más traumáticas de su corta vida, sobre la cual nos detendremos con detalle en su momento.

Angustiados aún por el reciente episodio de la persecución a manos de las autoridades comunistas, rompieron a llorar en cuanto vieron a la Virgen.

—¿Podremos soportar todo esto? —preguntó uno de los chicos.

—Podréis, ángeles míos. No tengáis miedo —insistió Ella como buena madre.

Los videntes distinguieron entonces una silueta por encima del hombro derecho de la Señora, al tiempo que se atenuaba la luz celestial. Era la figura de un hombre con el rostro ensangrentado, de ojos castaños, melena y barba. Solo podían contemplar el busto de aquella persona de expresión sufriente, asemejado a una estatua. Mirjana supo enseguida de quién se trataba al ver la corona de espinas clavada en su cabeza.

—Mirad al que dio todo por la fe —exhortó la Virgen—. Para que no os parezca demasiado lo que estáis sufriendo.

El alcance sobre lo sucedido en Medjugorje superaba ya a la mejor de las predicciones mediáticas. El «boca-oído» entre los vecinos se había demostrado mucho más eficaz que el temible y sofisticado aparato de propaganda comunista. Curiosamente, igual que había sucedido la víspera, no hubo que lamentar la menor incidencia en aquella sexta aparición pese a las aglomeraciones de fieles y curiosos. Los muchachos rezaron y entonaron cánticos de alabanza a la Virgen acompañados por un océano de voces.

Una vez más, la Señora no se anduvo por las ramas:

—No hay más que un Dios y una fe. Creed con fuerza. Tened confianza —dijo.

Los chicos aprovecharon para pedirle a la Virgen que curase al pequeño Danijel (Daniel) Setka, mudo y paralítico, cuyos padres sufrían por él lo indecible.

La Virgen se volvió hacia Danijel, de tan solo tres años, y le observó con mirada compasiva. Finalmente, dijo en alusión a sus padres, presentes también allí:

—Si ellos creen firmemente, se curará —prometió.

Y acto seguido, se despidió así:

—Iros en la paz de Dios.

La Reina de la Paz, valga la redundancia, ofrecía una vez más la paz a todo el mundo. Su figura se desvaneció poco después, pero la luz que la iluminaba persistió todavía unos segundos más. Esa misma noche, Danijel empezó ya a caminar y hablar.

La séptima aparición

La Virgen había asegurado que volvería y, una vez más, cumplió su promesa. Pero la séptima aparición del martes 30 de junio tuvo lugar en la vecina localidad de Cerno. ¿Por qué no se celebró en el monte Podbrdo, como hasta entonces? La culpa fue de dos señoras, Ljubica Vasilij y Mirjana Ivankovic, elegidas por los enemigos de las apariciones para distraer a los videntes invitándoles a una sugestiva y larga excursión en coche por Citluk, Zitomislic, Pocitelje, las cataratas de Kravica, Ljubuski... Cinco de los seis videntes subieron al vehículo sin pensárselo dos veces, excepto Iván Dragicevic, quien debió de quedarse en casa.

Ya por la tarde, cuando las amables vecinas se cercioraron de que la hora de la séptima aparición había pasado ya, emprendieron el camino de regreso. Pero a pocos kilómetros de Bijakovici los muchachos se sintieron impulsados a efectuar una parada. Las vecinas se resistieron al principio, pero cedieron finalmente sin sospechar lo que estaba a punto de suceder. El coche se detuvo así justo en Cerno, cerca de Ljubuski, frente a la colina de las apariciones.

Desde aquel lugar se divisaba muy bien la cruz que coronaba el monte Krizevac, situado junto al Podbrdo. Enclavada a 520 metros sobre el nivel del mar, esta otra colina debía precisamente su nombre a la gran cruz de hormigón de 8,56 metros de alto colocada en la cima del llamado entonces monte Sipovac, el 15 de marzo de 1934, para conmemorar los mil novecientos años de la Pasión y muerte de Jesús.

En la cruz se grabó esta leyenda: «A Jesucristo, Redentor de la humanidad, como signo de nuestra fe, de nuestro amor y de nuestra esperanza, y en memoria del 1.900° Aniversario de la Pasión de Jesús». En la intersección de sus brazos de cemento se colocaron las reliquias de la misma Cruz de Jesús, donadas por el Vaticano. Cada año, el primer domingo de septiembre después de la Natividad de la Virgen se celebraba a sus pies la Santa Misa en memoria de la Exaltación de la Santa Cruz.

Nada más apearse del automóvil, los videntes se retiraron juntos a la derecha de la carretera que conducía a Medjugorje. Era la hora de su encuentro cotidiano con la Virgen. Se arrodillaron y pudieron verla a lo lejos frente a ellos. Entonaron cánticos y rezaron, como de costumbre. Entre tanto, las dos mujeres les oían cantar desde el coche sin entender muy bien lo que sucedía.

—¿Estás molesta porque no hemos acudido hoy a la colina? —inquirió Mirjana.

—No importa —dijo Ella.

—¿Te incomodaría que no volviésemos a la colina y te aguardásemos en la iglesia a partir de ahora? —tanteó la vidente.

Mirjana le formuló esta pregunta porque la policía les había prohibido reunirse en el lugar habitual de la aparición. La Virgen pareció dudar, pero finalmente asintió y se despidió como siempre de ellos:

—Iros en la paz de Dios.

Instantes después, desapareció envuelta en una preciosa aureola de luz.

7
La historia se repite

Si los pecadores se corrigen y hacen penitencia, Dios les perdonará.

Nuestra Señora de las Tres Espigas

Acercarse al fenómeno de Medjugorje con ecuanimidad implica ocuparse también de conocer las reglas de oro para discernir un acontecimiento del Cielo de otro diabólico, así como emprender un recorrido por las principales apariciones marianas a lo largo de la Historia. Solo así resultará más sencillo advertir los puntos en común de Medjugorje con otros lugares donde, a juicio de la Iglesia, ya se ha manifestado la Virgen.

Observemos que cada vez que se habla de apariciones marianas surge la natural desconfianza seguida, en la mayoría de los casos —sobre todo en la sociedad actual, presa de un atroz positivismo—, del rechazo absoluto acompañado hasta de burla y escarnio.

Insistamos una y mil veces en que ninguna aparición es dogma de fe. De modo que se puede ser un católico ejemplar sin necesidad de creer a pies juntillas en los mensajes marianos de Fátima o de Lourdes, aunque hayan sido aprobados por la Iglesia. Por no hablar de los sucesos de Garabandal o de Prado Nuevo de El Escorial, en España misma, sobre cuya autenticidad la Iglesia aún no se ha pronunciado del todo y para siempre, y quién sabe si algún día pudiera emprenderse una nueva investigación que arrojase algo más de luz sobre lo acontecido en Cantabria o Madrid, respectivamente.

De hecho, como sostiene el mariólogo René Laurentin, los mensajes que reciben los videntes no son Palabra de Dios como la Biblia, y el grado de santidad de cada persona elegida nos sirve para discernir la pureza y fidelidad de las revelaciones.

Las reglas de oro

Aclarado esto, ¿cómo podemos saber, o intuir al menos, si una aparición es obra del Cielo o responde, por el contrario, a una artimaña del diablo?

La primera regla de oro nos la proporciona San Juan de Ávila (1500-1569), patrono del clero español, canonizado por Pablo VI en 1970, al expresarse en castellano antiguo con claridad meridiana:

> Danse muchas reglas para conocer si son del Señor, y una es que sean dichas en tiempo de necesidad o de algún gran provecho, así como para confortar al hombre tentado o desconfiado o para aviso de peligro, etcétera. Porque, como un hombre bueno no habla palabra sin mucho peso, menos la hablará Dios.

Las apariciones y otros fenómenos místicos no obedecen así, de acuerdo con San Juan de Ávila, a la simple curiosidad o al morbo de la gente, sino que entrañan una grave razón.

De hecho, todas y cada una de las apariciones aprobadas por la Iglesia han sucedido en tiempos de grandes necesidades con el fin de avisar a la Humanidad de los serios peligros que se ciernen sobre ella si continúa dando la espalda a la única razón de su existencia: el mismo Dios.

Otro pedazo de santo como Juan de la Cruz nos brinda una segunda regla de oro al advertir que cuanto se diga en todas esas revelaciones «ha de ser conforme a la Escritura divina y a la doctrina de la Iglesia». Bien entendido así que la revelación, en su plenitud, ya está dada en Cristo.

Centrémonos ahora en el sabio consejo del Maestro de Ávila, a quien tanto admiraba Santa Teresa de Jesús por su sensatez y prudencia, hasta el punto de encomendarle el dictamen de su propio manuscrito del *Libro de la vida*.

Repasemos por eso, brevemente, algunas de las apariciones más sonadas y otras menos conocidas en la historia de la Iglesia, para constatar que todas ellas se produjeron en momentos muy delicados para el mundo con la finalidad, insistimos, de advertir a sus habitantes de los graves peligros que los acechaban si persistían en renegar de Dios.

Comprobaremos, finalmente, las similitudes de todos esos mensajes con los de Medjugorje, revelados supuestamente a los seis videntes.

Nuestra Señora de las Tres Espigas

Iniciamos nuestro «periplo mariano» en las proximidades de Colmar, una sencilla localidad situada entre los valles de Münster y de Kaysersberg, en la Alsacia alemana de entonces.

El nombre exacto del lugar de la aparición resulta poco edificante, la verdad: Paraje del Hombre Muerto, en recuerdo del segador que, disponiéndose a matar una inofensiva babosa, mente a las poblaciones para que se conviertan. De lo contrario, no se harán esperar los castigos del Cielo.

Al llegar a Morviller, el vidente sintió pánico de transmitir el mensaje de la Virgen, convencido de que todo el mundo se reiría de él, tomándole por loco. Así que decidió abandonar el pueblo, tras adquirir un saco de trigo y preparar su caballo. Pero cuando se disponía a huir, se obró un nuevo prodigio: el saco de trigo permaneció inmóvil en el suelo, por más que él intentó levantarlo. Varios vecinos se acercaron para ayudarle, en medio de las risas. Pero ni aun entre todos fueron capaces de mover aquella abrumadora carga. La sonrisa se borró finalmente de sus semblantes.

El herrero comprendió entonces y confesó su cobardía, arrodillado delante de todos. Forzado por la Virgen, cumplió así su misión. Los tres sacerdotes de Morviller creyeron a Thierry, y las peregrinaciones y milagros se prodigaron con el tiempo. Aquel mismo año, se levantó una pequeña capilla de madera, ampliada poco después ante la creciente afluencia de peregrinos. Nicolás Limperger, obispo titular de Trípoli, consagró solemnemente el santuario el 24 de febrero de 1495.

Y, por si fuera poco, quienes siguieron los consejos de la Virgen recibieron las bendiciones del Cielo, curándose en alma y cuerpo, además de conservar intactos sus cosechas y negocios.

El historiador alsaciano Scherlen daba fe documental de cómo los alrededores de Tres Espigas fueron preservados de las plagas, mientras los pueblos vecinos se libraban del protestantismo. Al mismo tiempo, en las crónicas del convento del valle de Thann se relataba también el castigo que, a modo de profecía, aguardó a quienes cerraron sus corazones al mensaje mariano. Helo aquí:

El invierno de este año 1491 fue terriblemente frío. El primero de mayo estuvo nevando todo el día. Cuando sobrevino aquel deshielo largo del Thur y del Doller, en los valles de Thann y de Masevaux, se produjeron inundaciones tan terribles que el agua entraba en las casas por las ventanas. A consecuencia de las lluvias, hubo un hambre tan grande y una carestía tan extraordinaria, que la cuarta parte de una medida de trigo, que el año anterior no costaba más de seis chelines, se disparó entonces a ocho libras. Esta miseria duró los tres años siguientes en Alsacia, en Suabia, en Baviera y en otras regiones de Alemania.

La Medalla Milagrosa

Efectuemos a continuación un largo salto en la historia, hasta el siglo XIX nada menos —llamado por Pío XII «el siglo de oro de María» y por Juan XXIII «la era mariana»—, para asistir a otra aparición reconocida, en este caso, por el Papa León XIII.

La vidente fue esta vez Zoé Labouré, que adoptaría el nombre de Catalina al entrar en religión. Nacida el 2 de mayo de 1806, en el seno de una familia campesina de la Borgoña francesa, ingresó con veintiún años en la Comunidad de las Hijas de la Caridad, cuyo noviciado se hallaba en pleno centro de París, en la rue du Bac para ser exactos.

Es preciso situarse en la Francia de entonces para comprender mejor por qué se apareció allí la Virgen. Derrocado el monarca Carlos X en julio de 1830, a quien sustituyó Luis Felipe de Orleáns, el país fue víctima de una violenta revuelta anticlerical que saqueó el propio arzobispado de París y numerosos edificios religiosos.

Los liberales, englobados en una heterogénea coalición de orleanistas, bonapartistas y republicanos, partidarios en su mayoría del anticlericalismo volteriano, achacaban a la Iglesia todos los males de la época. Su objetivo era conseguir lo que no pudo alcanzar la Revolución de 1789: suprimir de un plumazo el menor atisbo de cristiandad. De hecho, el nuevo monarca revisó la Carta Magna y la Iglesia dejó de ser la religión del Estado.

Así estaban las cosas cuando el 18 de julio de 1830, víspera de la festividad de San Vicente de Paúl, el santo de la caridad, la joven Catalina Labouré se durmió con el presentimiento de que aquella misma noche vería a la Virgen.

Nada resulta tan impactante como el propio relato de la religiosa, beatificada por Pío XI y canonizada por Pío XII, para visualizar la milagrosa aparición acaecida la noche del 18 al 19 de julio. Leámoslo:

> Por fin, a las once y media de la noche —escribía Santa Catalina Labouré—, oí que me llamaban por mi nombre: «¡Hermana mía, hermana mía, hermana mía!». Despertándome, miré hacia el lado en que oía la voz, procedente del pasillo. Descorro la cortina y veo a un niño vestido de blanco, como de cuatro o cinco años, que me dice: «Ven a la capilla; la Santísima Virgen te espera…».
>
> El niño me llevó al presbiterio, junto al sillón destinado al padre director, y allí me arrodillé mientras él permanecía de pie todo el tiempo… Llegó al fin la hora. El niño me dijo: «He aquí a la Virgen». Oí como un rumor, parecido al roce de un traje de seda, que partía del lado de la tribuna, junto al cuadro de San José. Vino a sentarse [la Virgen] en las gradas del altar, junto al Evangelio, en un sillón parecido al de Santa Ana; solo que la Virgen no tenía la misma cara que Santa Ana.

Yo dudaba que fuese la Santísima Virgen, pero el niño insistió: «Mira a la Virgen»... Entonces, mirándola, me coloqué de un salto a su lado, de rodillas sobre las gradas del altar y con las manos apoyadas en las rodillas de Ella.

Allí pasé un rato, el más dulce de mi vida; me sería imposible expresar todo lo que sentí. Ella me dijo cómo debía comportarme con mi director espiritual, y muchas más cosas que ahora no puedo contar... No sé cuánto tiempo estuve allí. Cuando ella se marchó, solo vi algo que se extinguía, como una especie de sombra dirigiéndose al lado de la tribuna por el mismo camino que había seguido para llegar hasta allí...

Creo que el niño era mi ángel de la guarda, que se había hecho visible para hacerme ver a su vez a la Santísima Virgen, pues yo le había rezado mucho para que me fuese concedida esa gracia.

Hasta aquí, esta primera narración del fenómeno que excluía los mensajes. Veinte años después, Catalina se decidió por fin a revelar lo que le dijo la Virgen aquella noche:

Hija mía —anunció la Señora—, he venido para encargarte una misión. Sufrirás mucho en ella, hallarás contradicciones, pero lo vencerás todo pensando que es para gloria de Dios... Estos tiempos son muy malos, van a desencadenarse desgracias sobre Francia y todo el mundo quedará perturbado... Llegarán tiempos en los que el peligro será grande. Creerán que todo está perdido, pero yo estaré con vosotros. Tened confianza. No os desaniméis... El mundo entero estará triste.

Catalina supo enseguida cuándo sucedería todo aquel cúmulo de desgracias: «Lo comprendí muy bien: al cabo de cuarenta años», consignó.

Así se vaticinaron los revolucionarios sucesos de la Comuna de París entre 1870 y 1871, saldados con más de treinta mil muertos, entre ellos el propio arzobispo de la capital. Derrumbado el Gobierno imperial de Napoleón III en la guerra franco-prusiana, París fue sitiada durante más de cuatro meses, tras los cuales se produjo finalmente la proclamación imperial de Guillermo I de Alemania en el Palacio de Versalles.

La Virgen señaló también los defectos que debían corregir algunas órdenes religiosas, en especial la de los lazaristas y las Hijas de San Vicente de Paúl.

Catalina Labouré volvió a ver a la Virgen tres veces más, la segunda de las cuales tuvo lugar el sábado 27 de noviembre de 1830, sobre las cinco y media de la tarde, mientras las novicias oraban en la capilla. Vale la pena reproducir su descripción de la Virgen y lo que esta le dijo entonces:

> Estaba en pie, vestida con un traje de seda blanco aurora... Mangas lisas, un velo blanco que le caía hasta abajo; a través del velo, vi sus cabellos en «bandós» y, justo encima, un encaje como de tres centímetros de ancho, sin pliegues; es decir, ligeramente apoyado sobre el cabello; el rostro bastante descubierto; los pies apoyados en media esfera y en las manos, una esfera completa que representaba el Globo Terráqueo... «Esta esfera —dijo Ella, mirándome— representa al mundo entero, singularmente a Francia... y a cada persona en particular... Es el símbolo de las gracias que derramo sobre los que me las piden».
>
> En ese momento, se formó un cuadro alrededor de la Santísima Virgen, un poco ovalado, en cuya parte superior se leía en letras de oro: «Oh, María, concebida sin pecado, rogad por nosotros que acudimos a Vos».

> Entonces se dejó oír una voz, que me dijo: «Haz acuñar una medalla según este modelo; todas las personas que la lleven colgada al cuello recibirán grandes gracias».

La medalla estuvo dos largos años sin acuñarse. Sor Catalina comunicó la petición de la Virgen a su confesor, el padre Aladel, pero este hizo caso omiso de las visiones de su discípula, limitándose a recomendarle silencio. Ella, naturalmente, obedeció. En la tercera y última aparición, la Virgen advirtió a Catalina: «En adelante, ya no me verás más, hija mía. Pero oirás mi voz en la oración».

Así fue como ella escuchó las continuas quejas de la Virgen. «No estaba en absoluto contenta con que se descuidase así la acuñación de la medalla», recordaba sor Catalina. Hasta que un día, la Señora le dijo: «Estate tranquila, pues llegará el día en que él [el padre Aladel] haga lo que yo deseo; es mi siervo y temerá disgustarme».

A principios de 1832, efectivamente, tras un encuentro providencial del confesor de sor Catalina con el arzobispo de París, monseñor Jacinto Luis de Quelén, se acuñó por fin la «Medalla Milagrosa», como se la dio en llamar por obvias razones; entre ellas, la prodigiosa conversión, a principios de 1840, del banquero judío Alfonso Ratisbona, emparentado con los Rothschild.

La Salette

De 1830 damos ahora un pequeño salto, hasta 1846, para asistir a la aparición en La Salette (Grenoble), en el corazón de los Alpes franceses, a los pastorcitos Melania Calvat, de quince años, y Maximino Giraud, de once.

Una vez más, la Virgen eligió una época desdichada para difundir un mensaje de esperanza a toda la Humanidad. Igual que con la Medalla Milagrosa, María pretendía conducir ahora a sus hijos descarriados hacia Dios, implorando clemencia a la Justicia Divina.

Dos años después de las apariciones a Catalina Labouré, el Papa Gregorio XVI arremetió contra la proliferación de sociedades secretas en su encíclica *Mirari vos Arbitramur,* las cuales, bajo la coraza del naturalismo más agresivo, trataban a toda costa de sustituir lo divino por lo racional, erigiendo así al hombre en el centro de todo el universo. El anticlericalismo de la sociedad se plasmaba también en la gran carestía de vocaciones sacerdotales pues, como señalaba el teólogo Juan Luis Bastero, el número de fieles por sacerdote en 1848 era casi el doble que sesenta años atrás.

En medio del más crudo laicismo y descreimiento imperante en Francia, surgió una vez más María para reconducir con sencillez el rebaño hacia el Buen Pastor. La pequeña Melania describía minuciosamente lo sucedido la tarde del sábado 19 de septiembre de 1846, en las montañas de La Salette. Sobre las tres, después de dormir la siesta, los dos pastorcitos vieron a una bellísima Señora envuelta en un globo luminoso. Pero dejemos a Melania que lo explique mejor:

> Yo estaba contemplando fijamente aquella luz inmóvil, y al abrirse diviso en su interior otra luz en movimiento, mucho más brillante. Dentro de esta luz estaba sentada una Señora muy hermosa…, sentada sobre nuestro Paraíso, sin derrumbarlo, con el rostro entre las manos.
>
> Aquella hermosa Señora se levantó, suspendida a unos diez centímetros del suelo; nos acercamos para contemplarla

a gusto… Su fisonomía era majestuosa e imponía un respetuoso temor. Su mirada, dulce y penetrante, nos daba a entender que deseaba atraernos hacia sí… Cruzó los brazos sobre el pecho, del cual pendía un crucifijo, en cuyo extremo había unas tenazas y un martillo. El Cristo era de color carne natural, pero la luz emanada de su cuerpo parecía despedir dardos brillantes. El crucifijo colgaba de una pequeña cadena de oro y daba la impresión de ser esta tan pesada, que agobiaba con su carga los hombros de la Virgen, ataviada con un mandil más brillante que muchos soles juntos… Corrían lágrimas por sus hermosos ojos, que llegaban a la altura de sus rodillas para desaparecer, sin tocar el suelo, mezclándose con la luz ambiente.

La Virgen lloraba así, como en tantos otros lugares, disponiéndose a transmitir a los dos pastorcitos un mensaje de inmenso dolor:

> Si mi pueblo —alertó Ella— no quiere convertirse, me veré obligada a dejar que el brazo de mi Hijo caiga sobre él. Es ya tan fuerte y tan pesado, que no puedo sostenerlo más.
>
> ¡Hace ya tanto tiempo que estoy sufriendo por vosotros! Si quiero que mi Hijo no nos abandone, estoy encargada de orar a Él incesantemente, y vosotros no hacéis caso alguno. Deberíais orar, obrar bien…
>
> La gente no observa el Día del Señor, continúa trabajando sin parar los domingos. Tan solo unas mujeres mayores van a Misa en verano. Y en invierno, cuando no tienen más que hacer, van a la Iglesia para burlarse de la religión. El tiempo de Cuaresma es ignorado. Los hombres no pueden jurar sin tomar el nombre de Dios en vano. La desobediencia y el pasar por alto los mandamientos de Dios son las cosas que hacen que la mano de mi Hijo sea más pesada…

Si la cosecha se estropea, es todo culpa vuestra. El año pasado os hice ver esto mismo con las patatas, pero no habéis hecho caso. Al contrario, cuando veíais que estaban estropeadas, jurabais y mancillabais el nombre de mi Hijo. Van a pudrirse también este año, y para Navidad ya no quedarán patatas.

Si tenéis trigo, no lo sembréis. Todo lo que sembréis, se lo comerán los animales. Lo que se recoja, se convertirá en polvo al golpearlo. Habrá mucha hambre. Antes de eso, los niños menores de siete años enfermarán de un temblor y morirán en brazos de las personas que los lleven. Los demás harán penitencia con el hambre. Las nueces se estropearán y se pudrirán.

Pero acto seguido, la Virgen advirtió: «Si los pecadores se convirtiesen, las piedras y las rocas se transformarían en montones de trigo y las patatas se encontrarían sembradas en la tierra».

Aun así, los hombres hicieron caso omiso y el vaticinio de la Virgen se cumplió a rajatabla, tal y como informaba la *Gazette du Midi* el 28 de enero de 1847, haciéndose eco de la prensa londinense del 21 de enero: «Las pérdidas para Irlanda, debidas únicamente a la escasez de las cosechas, pueden evaluarse en doce millones de libras esterlinas, equivalentes a trescientos millones de francos».

Para colmo, la cosecha de trigo se arruinó en toda Europa en 1851, según anunciaba el diario *L'Univers:* «Hemos abierto espigas secas. Algunas no tienen grano alguno, otras encierran un grano insignificante, incapaz de alimentar a nadie. En unas y otras, hemos hallado un polvo amarillento, unos pequeños gusanos, que son los causantes de estos estragos. Todos pueden constatar el nuevo fenómeno en cualquier campo de trigo».

Otro tanto sucedió con la vid. Al año siguiente de las apariciones, llegó a Francia, desde Norteamérica, un terrible parásito —la criptógama— que hizo pudrirse todas las uvas.

Por si fuera poco, en 1868 irrumpió la llamada filoxera, un insecto microscópico que destruyó más de la mitad de los viñedos franceses, reduciendo la producción de vino a dos tercios.

Diez años después, apareció la peronospera, desconocida hasta entonces y originaria también de América, que asoló de nuevo el cultivo de la vid.

Así, uno tras otro, se confirmaron los peores augurios de la Virgen por culpa de la desobediencia humana: el precio del trigo se elevó a sesenta francos el quintal en un solo año, mientras la carestía de víveres causó la muerte a más de ciento cincuenta mil franceses en 1856, y a un millón de personas en toda Europa; además de fallecer setenta y cinco mil niños franceses dos años antes por una extraña enfermedad llamada «sudorina», caracterizada por un frío glacial seguido de un sudor intenso tras el cual sobrevenía la muerte en dos horas de terribles sufrimientos.

Desde la aparición a sor Catalina Labouré (1830), pasando ahora por la de La Salette (1846) y por las de Lourdes (1858) y Pontmain (1871), que enseguida veremos, —todas ellas registradas en el siglo XIX y aprobadas por la Iglesia—, se ha evidenciado la insólita torpeza del hombre desoyendo sucesivamente los consejos maternales de la Virgen, que hacía depender de la libertad de aquel el premio o el castigo. Ya se advierte en el Éxodo (XV, 26): «Si escuchas al Señor tu Dios, si obras lo que es recto a sus ojos, si das oídos a sus mandatos y guardas todas sus leyes, no traeré sobre ti ninguna de las plagas con que he afligido a Egipto».

Pero el hombre, cegado por la ignorancia y el orgullo, sigue haciendo caso omiso a los mensajes del Cielo. Asistiremos también a los sucesos de Fátima (1917), Beauraing (1932) y Banneux (1933), aprobados asimismo por la Iglesia en el siglo XX, para comprobar, finalmente, cómo la historia vuelve a repetirse hoy, casi al pie de la letra, en la pequeña aldea de Medjugorje.

8
De Lourdes a Ruanda

La Reina de los Ángeles viene a aconsejarnos que nos preparemos para la segunda venida de su Hijo.

Alphonsine Mumureke (Kibeho)

Conviene consignar, antes de proseguir con nuestro peregrinaje mariano, que las dieciocho apariciones de la Virgen en la gruta de Massabielle de Lourdes se produjeron también en un momento muy delicado para Francia, una vez derrocado Luis Felipe de Orleáns y constituida la Segunda República, en febrero de 1848.

Elegido Luis Napoleón (sobrino de Napoleón Bonaparte) presidente de la República, en enero de 1852 se autoproclamó emperador de los franceses con el nombre de Napoleón III.

Proliferaron entonces, como champiñones, las sociedades secretas cuyo principal objetivo era alejar al hombre de Dios y atacar sin tregua a la Iglesia de Cristo. Ante tan oscuro panorama, la Virgen pidió encarecidamente a Bernadette Soubirous, de catorce años, que rogase a Dios sin desfallecer por todos los pecadores. La primera vez que se le apareció fue el jueves 11 de febrero de 1858.

Desde entonces, la Inmaculada Concepción visitó a la adolescente en otras diecisiete ocasiones, como ya sabemos, la última de las cuales aconteció el viernes 16 de julio del mismo año.

La joven Bernadette era de origen muy humilde, hija de un pobre molinero de Lourdes, en las estribaciones de los Pirineos. Aquel primer jueves, pese al intenso frío, la chiquilla salió a recoger leña en la orilla del río Gave acompañada de su hermana Toinette, de ocho años, y de su amiga Juana Abadie.

Dejémosla a ella misma que lo cuente:

> Cuando nos encontrábamos en el molino —evocaba Bernadette—, les pregunto si desean ir a ver el sitio en que el agua del canal se une al Gave.
>
> Ellas me responden: «Sí».
>
> Seguimos el canal y llegamos ante la gruta de Massabielle. No pudiendo avanzar más, mis dos acompañantes atravesaron el agua que estaba delante de la gruta.
>
> En el otro lado permanecí yo sola. Y comencé a descalzarme. Apenas me había quitado la primera media, oigo un ruido como de viento fuerte. Vuelvo la cabeza hacia el prado, pero veo los árboles quietos. Sigo descalzándome y vuelvo a oír el mismo ruido. Al levantar la cabeza, veo la zarza que crece en la misma roca agitarse con un viento violento y, mirando de nuevo, observo a una Señora de blanco, joven y bella, como yo no la había visto nunca.
>
> Me quedé sobrecogida y, creyendo que me encontraba ante alguna iluminación, me restregué los ojos en vano, pues seguía viendo a la misma Señora… La Señora estaba viva, era muy joven y se hallaba nimbada de luz. Permanecía en pie en la hendidura abierta en la parte alta de la roca.

El sábado 27 de febrero, la Virgen citó por décima vez a Bernadette para decirle:

—En penitencia por los pecadores, besaréis la tierra.

El mandato se propaló enseguida, y la multitud, que dos días antes tildaba de loca a la vidente, se hincó de rodillas para besar el suelo.

El comisario Jacomet lo relataba así: «Bernadette ha empezado a besar la tierra, pretendiendo que era por orden de la visión. Ha sido necesario que cada uno hiciese lo mismo». Y otra testigo, Antonieta Garros, comentó con lenguaje expresivo: «Lo que más me convencía de las apariciones era ver a Bernadette marchar de rodillas como un tren».

La Señora se manifestaba así a los humildes.

Fátima en su contexto

Y tras Lourdes, entramos ya en el siglo XX para acercarnos a Fátima, una pequeña población portuguesa del distrito de Santarém, en la región Centro. Tampoco debemos eludir ahora el contexto histórico de las apariciones a los pastorcitos Lucía, Jacinta y Francisco, como tampoco dejaremos de hacerlo con Medjugorje.

La crisis colonial africana de 1890, así como el asesinato del rey Carlos I y de su príncipe heredero en 1908, precipitaron la caída de la monarquía y el auge del republicanismo. El nuevo rey de Portugal, Manuel II, fue incapaz de mejorar la penosa imagen de la institución monárquica, estallando así la revolución de Lisboa de 1910 que instauró una República parlamentaria con gran inestabilidad política. No en vano, en sus dieciséis años de duración se sucedieron nada menos que nueve presidentes y cuarenta y cinco Gobiernos. La palmaria debilidad del régimen contrastaba con sus agresivas políticas laicas contra la Iglesia católica, granjeándose así la enemistad de esta y de la población rural, verdadero refugio de la vida piadosa.

Por si fuera poco, Portugal se vio inmersa en la Primera Guerra Mundial, cuyos efectos sobre la economía del país fueron devastadores, disparándose la inflación y el desabastecimiento de víveres. En circunstancias tan penosas para sus hijos, la Virgen volvió a manifestarse a los humildes.

El Señor preparó a los futuros videntes, a quienes se apareció primero el Ángel de la Paz en la primavera de 1916 cuando, tras una tenue lluvia, salió por fin el sol y un extraño viento sacudió los olivos.

Sobre los árboles, «una luz más blanca que la nieve —en palabras de Lucía—, en forma de un joven transparente más brillante que un cristal atravesado por los rayos del sol», les dijo arrodillado, con la frente pegada al suelo:

—Dios mío. Yo creo, adoro, espero y os amo. Os pido perdón por los que no creen, no adoran, no esperan y no aman.

Por fin, entre el 13 de mayo y el 13 de octubre de 1917, la Virgen se apareció en seis ocasiones a los tres pastorcitos. Los detalles de estas apariciones son de sobra conocidos. Nos interesa ahora escudriñar en los mensajes marianos, el primero de los cuales incide, como siempre, en la necesidad de reparar las ofensas al Señor mediante la oración y el sacrificio.

—¿Queréis ofreceros a Dios —preguntó la Señora, respetando una vez más la libertad de sus hijos— para soportar todos los sufrimientos que Él quiera enviaros, en acto de reparación por los pecados con que Él es ofendido y de súplica por la conversión de los pecadores?

Lucía, Jacinta y Francisco asintieron al unísono. Igual que Catalina Labouré, Melania Calvat, Maximino Giraud… y los seis videntes de Medjugorje.

Entonces, la Virgen agregó:

—Tendréis, pues, mucho que sufrir, pero la gracia de Dios será vuestra confortación. Rezad el Rosario todos los días para alcanzar la paz del mundo y el fin de la guerra.

Los avisos

Fue en la tercera aparición, el 13 de julio, cuando la Virgen reveló su secreto a los tres videntes. La descripción de las dos terceras partes del mismo la hizo sor Lucía al cabo de veinticuatro años, el 31 de agosto de 1941.

La constante del premio o el castigo, a voluntad del hombre libre y responsable, se evidencia una vez más en el secreto de Fátima:

> Visteis el Infierno —dijo la Virgen—, a donde van las almas de los pobres pecadores. Para salvarlas, Dios quiere establecer en el mundo la devoción a mi Inmaculado Corazón. Si hicieran lo que os digo, se salvarán muchas almas y tendrán paz. La guerra va a terminar. Pero si no dejan de ofender a Dios, en el reinado de Pío XI comenzará otra peor. Cuando veáis una noche alumbrada por una luz desconocida, sabed que es la señal que Dios os da de que va a castigar al mundo por sus crímenes por medio de la guerra, del hambre y de persecuciones de la Iglesia y del Santo Padre. Para impedirlo, vendré a pedir la consagración de Rusia a mi Inmaculado Corazón y la comunión de los primeros sábados. Si atendieran a mis peticiones, Rusia se convertirá y habrá paz. Si no, esparcirá sus errores por el mundo, promoviendo guerras y persecuciones de la Iglesia. Los buenos serán martirizados; el Santo Padre tendrá que sufrir mucho; varias

naciones serán aniquiladas. Por fin, mi Inmaculado Corazón triunfará. El Santo Padre me consagrará Rusia, que se convertirá y será concedido al mundo algún tiempo de paz.

La Primera Guerra Mundial concluyó, en efecto, al año siguiente del mensaje, tras la firma del armisticio de Rethondes, el 11 de noviembre de 1918. Pero los hombres no cambiaron y, como advirtió la Virgen, estalló otra guerra aún peor en 1939, prolongada hasta 1945.

La tercera parte del secreto o el tercer secreto, como el lector prefiera llamarlo, la escribió sor Lucía el 3 de enero de 1944, a petición del obispo de Leiria, quien lo guardó en un sobre lacrado, depositándolo en el Archivo Secreto del Santo Oficio el 4 de abril de 1957.

Tres Papas lo leyeron sucesivamente: Juan XXIII, Pablo VI y Juan Pablo II. Por decisión de este último, la Congregación para la Doctrina de la Fe lo publicó el 26 de junio de 2000. Cuando Juan Pablo II lo leyó, dijo señalando el Rosario que tenía en sus manos: «Este es el único remedio que existe contra el mal del que nos habla el tercer secreto de Fátima».

Para el hermano Michel de la Sainte Trinité, uno de los religiosos más documentados sobre las apariciones de Fátima, el tercer secreto no podía referirse a una Tercera Guerra Mundial, sino probablemente al aviso de un castigo espiritual de consecuencias mucho más funestas que otro de índole física.

De la misma opinión era el obispo de Leiria, monseñor Cosme Amaral, para quien la mera sospecha de un holocausto nuclear suponía malinterpretar las palabras de la Virgen. Igual que para el entonces cardenal Joseph Ratzinger, quien relacionó la crisis religiosa en el mundo cristiano con la apostasía general del final de los tiempos.

Ratzinger daba, a mi modesto juicio, en el clavo al afirmar lo siguiente siendo todavía Prefecto de la Congregación para la Doctrina de la Fe:

> La visión muestra después la fuerza que se opone al poder de destrucción: el esplendor de la Madre de Dios, y siempre proveniente de él, el llamamiento a la penitencia. De ese modo, se subraya la importancia de la libertad del hombre: el futuro no está determinado de modo inmutable.

Sobre Fátima, precisamente, investigué a fondo en su día y volqué todos los datos y documentos obtenidos en mis libros *El secreto mejor guardado de Fátima* y *El cuarto vidente de Fátima*.

Sea como fuere, en Fátima «María —subraya Juan Luis Bastero— es la Madre buena que acude al encuentro de los hombres que se alejan de Dios por el pecado, mostrándoles la gravedad de la ofensa a la justicia divina y los castigos de los que se han hecho merecedores».

María mediadora que, apelando a su Corazón Inmaculado, muestra a sus hijos el camino de la rectificación, que no es otro que el de la oración y la penitencia.

La Señora del Corazón de Oro

Quince años después de Fátima, la Virgen se apareció nada menos que 33 veces en Beauraing, una humilde aldea al sudoeste de Bélgica, desde el 29 de noviembre de 1932 hasta el 3 de enero de 1933.

De nuevo un grupo de niños —cinco, en concreto— fueron los videntes escogidos para admirar a la Inmaculada Concepción en el jardín del pensionado de las Hermanas de la Doctrina Cristiana, donde asistían a clases de catecismo.

Reinaba aún en Bélgica Alberto I (1909-1934), cuyo papel en la primera gran conflagración mundial había resultado vital para detener la ofensiva alemana y conseguir que Francia e Inglaterra ganasen tiempo ante la decisiva batalla del Marne.

Los mensajes fueron simples y rotundos: «Sed siempre buenos», «Rezad, rezad mucho»... A una de las videntes, la Virgen le preguntó:

—¿Amas a mi Hijo?

—Sí —aseguró ella.

—¿Me amas a Mí?

—¡Oh, sí! —repuso la niña.

—Entonces, sacrifícate por mí.

Uno de aquellos días, al extender los brazos para despedirse de los niños, la Virgen les mostró un gran corazón de oro en el centro del pecho. Por eso mismo, se la conoció desde entonces como la Señora del Corazón de Oro, en alusión a su Corazón Inmaculado.

El mismo obispo que aprobó las apariciones el 2 de julio de 1949, aseguró que la Virgen se propuso entonces «mostrarnos en su maternal Corazón la angustiosa llamada a la oración y la promesa de su poderosa mediación para la conversión de los pecadores». Juan Pablo II celebró allí Misa el 18 de mayo de 1985.

Pero nadie podía sospechar que, tan solo doce días después de las apariciones de Beauraing, la Virgen elegiría la localidad próxima de Banneux, a veinticinco kilómetros de

Lieja, para hacerse presente en ocho ocasiones —desde el domingo 15 de enero hasta el 2 de marzo de 1933— a la niña Mariette Beco bajo la advocación de Nuestra Señora de los Pobres.

—Querida niña, reza mucho —insistió la Señora.

María se ofrecía así, una vez más, como mediadora ante Dios, invitando a todos sus hijos sin excepción a convertirse mediante la oración y el sufrimiento.

Ruanda y la Virgen de los Dolores

Casi cuarenta y ocho años después, el 28 de noviembre de 1981, la Virgen se apareció también en Kibeho, una pequeña población al sur de Ruanda, próxima a la frontera con Burundi.

Aquel día, a las 12:35 del mediodía exactamente, en el comedor de la escuela de Kibeho, dirigida por una congregación religiosa, la joven de diecisiete años Alphonsine Mumureke oyó de repente una voz que le llamaba. Acto seguido, contempló en el mismo pasillo a una mujer de su edad más o menos, a quien luego describió así: «Tenía un vestido blanco sin costuras y, en la cabeza, un velo también blanco. No sabría definir el color de su piel, pero era de una belleza incomparable. Tenía las manos juntas a la altura del pecho, con los dedos señalando al Cielo».

Al preguntarle quién era, Ella respondió:

—*Ndi Nyina Wa Jambo* (Soy la Madre del Verbo).

La Santísima Virgen, según Alphonsine, se hizo presente en Kibeho para preparar a la Humanidad entera ante la segunda venida de su Hijo, también llamada Parusía: «El mundo —aseguraba la vidente— está llegando a su fin. El regreso de Jesús está cercano… La Reina de los Ángeles viene a aconsejarnos que nos preparemos para la segunda venida de su Hijo. Tenemos que sufrir con Jesús, rezar y ser apóstoles».

Junto a Alphonsine, que siguió teniendo apariciones hasta 1989, la Virgen se manifestó a Nathalie Mukamazimpaka, de dieciocho años, entre enero de 1982 y diciembre de 1983, y a Marie Claire Mukangango, de veintiún años, desde marzo hasta septiembre de 1982.

El 15 de agosto de 1982, la Virgen mostró a las tres videntes una sucesión de imágenes espantosas durante ocho horas interminables: «Un río de sangre, personas matándose entre sí… cuerpos abandonados sin cabezas y arrojados a las aguas…». Así, de manera entrecortada, describieron las jóvenes aquella horrible pesadilla.

La llamada de la Virgen no fue tomada en serio, como tantas otras, y poco más de una década después, entre 1994 y 1995, se produjo uno de los mayores genocidios de la Historia saldado con alrededor de ochocientos mil muertos, incluidos tres obispos, ciento veintitrés sacerdotes y más de trescientos religiosos.

Muchos cadáveres decapitados fueron arrojados al río Kagera, convertido así en un verdadero «río de sangre» en aquel holocausto ruandés.

En junio de 2001, la Santa Sede aprobó las apariciones. Previamente, el 15 de agosto de 1988 el obispo de la diócesis de Butare, monseñor Jean Baptiste Gahamanyi, había dedicado el Santuario de Kibeho a Nuestra Señora de los Dolores para la devoción pública.

Advirtamos, antes de concluir este capítulo, que no hace falta ser escéptico para preguntarse por qué se ha aparecido la Virgen María tantas veces a lo largo de la historia y sigue haciéndolo aún hoy, en pleno siglo XXI.

Esta misma cuestión se la han planteado no pocos teólogos de diversas nacionalidades, como el italiano S. Cecchin, que nos brinda esta aguda reflexión: «Las apariciones de la Virgen son una prueba de que Dios continúa visitando a su pueblo. Son garantía de que el Señor no se ha olvidado de nosotros ni de nuestras necesidades».

El también mariólogo René Laurentin argumenta, por su parte: «María es la más cercana a Jesucristo y es también la más próxima a los demás miembros del cuerpo místico en la comunidad de los santos... María parece haber tenido una misión para salvaguardar los carismas en una época en que estos se vieron menospreciados o sofocados».

Para Stefano de Fiores, «María es el último intento —empapado de maternidad— que Dios realiza para provocar el retorno del Evangelio de la salvación».

Otro autor insigne, A. Bossard, asegura que «Ella puede ofrecer una manifestación excepcional de su presencia materna y habitual en la vida de la Iglesia y de sus hijos».

En opinión de Hans Urs von Balthasar, «puesto que María es Madre de la Iglesia entera, es perfectamente comprensible que la sintamos interesada por su destino, y las apariciones son una manera de demostrar ese interés».

Miguel Ponce, finalmente, sintetiza a la perfección las dos premisas que nos ayudan a dar respuesta a la cuestión que tanto nos interesa: «En primer lugar —asegura—, que las apariciones se sitúan en el contexto del plan salvador y amoroso de Dios, que no se interrumpe con la resurrección de Jesucristo, sino que se desarrolla hasta el final de los tiempos; y en segundo lugar, que el papel de María en esa historia de salvación es esencial por su mediación materna en el misterio salvador de Cristo».

¿María corredentora? Ponce responde con otra pregunta: «¿No le corresponderá a María una posición importante en la preparación de la segunda venida de Cristo, ya que su colaboración fue esencial en su primera venida en carne?».

Tampoco debe olvidarse que, al final de los tiempos, Cristo se hará presente en toda su gloria reflejada en una humanidad nueva: la Iglesia triunfante. Y en esa decisiva victoria sobre el pecado no puede soslayarse de ningún modo el papel primordial de la Inmaculada Concepción ni, por supuesto, el significado de la Asunción como vencedora absoluta de la muerte. «Por eso —concluye Ponce— Ella se aparece y Dios mismo nos la envía, porque su presencia nos es necesaria en este mundo sujeto al pecado y a la muerte. Ella es la imagen de la humanidad rescatada por la gracia, la primera flor de un mundo que renace, la esperanza de la renovación en Cristo».

Tras este necesario recorrido por las principales mariofanías, su significado y las razones por las que se aparece la Virgen, estamos ya en condiciones de proseguir nuestro no menos fascinante viaje a las entrañas virginales de Medjugorje…

9
El informe

> Si Medjugorje no fuese verdad, tendríamos que rechazar
> a la mitad de nuestros seminaristas.
>
> Christoph Schönborn, Arzobispo de Viena

En febrero de 2020, mi colega y también periodista de investigación napolitano Saverio Gaeta, con quien me encontré al término de la aparición a Mirjana dos años antes, dio un paso importante en relación con la información adelantada en su día por el vaticanista Andrea Tornielli sobre las siete primeras apariciones que contemplamos ya en capítulos anteriores.

En su nuevo y revelador libro *Dossier Medjugorje* publicado en italiano aquel mismo año, Gaeta saca a relucir por primera vez las motivaciones de los miembros de la llamada Comisión Ruini por las que con una aplastante mayoría (recordemos: trece votos a favor, una abstención y solo un voto suspensivo) consideraron que los inicios del fenómeno de Medjugorje tienen un origen sobrenatural.

Los cuatro largos años de intenso trabajo de los comisionados sirvieron para reunir y examinar todo el material sobre Medjugorje y presentar una relación detallada con la votación sobre la sobrenaturalidad o no de las apariciones, además de indicar las soluciones pastorales más convenientes en cada caso.

La Comisión se reunió nada menos que en diecisiete ocasiones para evaluar toda la documentación depositada en el Vaticano, en la parroquia de Medjugorje y en los archivos secretos de la extinta Yugoslavia. Escuchó a todos los videntes y testigos, y en abril de 2012 hizo una visita al pequeño pueblo de Bosnia-Herzegovina.

«Podemos afirmar —señalan ahora los miembros de la citada Comisión— con razonable certeza que las primeras siete apariciones resultan intrínsecamente creíbles porque han sido capaces de suscitar en quienes las vivieron un despertar de la fe, una conversión en el modo de vivir y un renovado sentido de pertenencia a la Iglesia». ¿Cabe, acaso, una elocuencia mayor?

En las siete primeras apariciones, tal y como observa Gaeta, es la Madre de Cristo quien aguarda a los videntes. El «fenómeno», en alusión a la figura de la Gospa, se aparece a los chicos siempre en el mismo lugar, salvo en la última ocasión celebrada, por las razones ya esgrimidas, en la vecina localidad de Cerno.

En los muchachos existe, además, la memoria exacta del lugar y la hora de la primera aparición, y el mensaje no se dirige a personas individuales, sino a todos los presentes. Por último, el fenómeno se produce «de repente», es decir, por sorpresa y provoca al principio miedo y malestar en el ánimo de los videntes.

Conclusiones

En virtud de todas estas premisas, el examen exhaustivo de la Comisión Internacional extrae conclusiones muy claras sobre Medjugorje. Una de ellas es que no existen alteraciones psicológicas en ninguno de los videntes (tendremos oportunidad de analizar con minuciosidad, en este sentido, los informes médicos elaborados tras las pruebas practicadas a los videntes en su día, a los cuales hemos tenido privilegiado acceso, y completado con la consulta de dos obras fundamentales: *Etudes médicales et scientifiques sur les apparitions de Medjugorje* [1985] y *Dossier scientifico su Medjugorje* [1986]).

Pero, entre tanto, prosigamos con las conclusiones de la Comisión Ruini: «Se trata —advierten los comisionados por el Vaticano— de adolescentes normodotados, no manipulables y no heterodirigidos, capaces como tales de reconocer el engaño y de tomar una postura frente a él».

Por si fuera poco, los miembros de la citada Comisión descartan cualquier manipulación o coacción, ni mucho menos capacidad de engaño por parte de los protagonistas: «Nada en ellos —aseveran en su informe— les había preparado en algún sentido para las primeras siete apariciones de la Gospa. Se trata, por lo tanto, de algo que irrumpe en sus vidas, de experiencias que no han sido pedidas, buscadas, deseadas, imaginadas, queridas ni inducidas».

Subrayan igualmente los expertos del Vaticano que el ambiente familiar donde crecieron los chicos tenía «los rasgos de la *pietas christiana* tradicional, con una significativa impronta mariana deudora también del carisma franciscano, pero no hasta el punto de esperar, hipnotizar o desear, y todavía menos de inventar con dolo una manifestación sobrenatural de la Santa Madre del Señor».

De este modo, dados los conocimientos de los muchachos entonces, tanto en el plano cultural como en el de las verdades cristianas, los comisionados consideran que ellos «se presentan, en el momento de las primeras siete presuntas apariciones, sin contenidos, intereses ni inclinaciones particulares».

Respecto al grado de participación de los videntes en la vida de la iglesia, la Comisión considera que «no es relevante en ellos, en el momento de las siete primeras apariciones, un particular protagonismo o compromiso por su parte».

Finalmente, en relación con el contexto internacional, los expertos advierten: «Respecto a las informaciones sobre los acontecimientos producidos fuera de Yugoslavia en aquel momento, tanto en Europa como en el resto del mundo, las cuales podían estar a disposición de los presuntos videntes, no eran abundantes debido a las típicas estructuras de un estado totalitario como el de inspiración marxista fundado tras la Segunda Guerra Mundial por el mariscal Tito».

El veredicto

Tras todas estas consideraciones, la Comisión Ruini inicia su camino hacia un veredicto:

> Los resultados alcanzados muestran de manera suficientemente razonable que el objeto examinado, es decir, las primeras siete apariciones manifiestan un esencial y estructural carácter de indeducibilidad [sic] y excedencia respecto a la historia, la identidad y las posibilidades tanto de los videntes como de su ambiente vital.

Significa eso que los chicos carecían entonces de la capacidad y recursos suficientes para inventarse un fenómeno tan detallado y de semejante magnitud.

> Paralelamente —añaden los comisionados—, el imprevisible y especial vínculo religioso que el evento introduce en la experiencia de sus primeros destinatarios parece compatible con el carácter sobrenatural del signo.

Las primeras siete apariciones suscitan en los adolescentes, a juicio de la Comisión, «una subjetividad, una responsabilidad y un protagonismo para el que los presuntos videntes no estaban preparados ni acostumbrados». Y el sujeto de las primeras siete apariciones, es decir, la Gospa, «se presenta con caracteres y una familiaridad inéditas respecto a lo que los presuntos videntes podían conocer de Ella».

En referencia a las insistentes peticiones y mensajes de quien se hace llamar la «Reina de la Paz», la Comisión establece lo siguiente:

> La paz, en su dimensión esencialmente teologal, adquiere una urgencia, una dimensión y un significado que va más allá de los horizontes ya adquiridos, vividos y deseados por los presuntos videntes y por su ambiente vital.

Se excluye así, en su opinión, «la hipótesis de un origen demoníaco al principio del fenómeno», la cual «parece gratuita e infundada, y contrasta con cuanto se ha observado en el perfil inicial del fenómeno, así como con los frutos positivos derivados del propio fenómeno».

Los fundamentos teológicos que sirven de nexo de unión entre las primeras siete apariciones muestran a su vez, según la Comisión, que «el sujeto, la Gospa, manifiesta y mantiene un vínculo indisoluble con el Cristo de Dios, y su persona y sus gestos no son comprensibles fuera de este vínculo».

Asimismo, las peticiones y los mensajes de la Gospa, tal y como manifiesta la Comisión, «tienen una dimensión estructural teologal, tanto en su vertiente cognoscitivo-intelectual como en la práctico-operativa».

Finalmente, la Comisión constituida en su día por Benedicto XVI considera que la manifestación de la Virgen «reaviva en los presuntos videntes el sentido de su pertenencia a la Iglesia».

El Papa Francisco

Sobre la base de todos estos datos, la Comisión Ruini considera así que es posible afirmar con razonable certeza que las siete primeras apariciones resultan intrínsecamente creíbles.

¿Y qué dice el Papa Francisco a propósito de este minucioso informe? Tras examinar su contenido y el parecer de los miembros de la Congregación para la Doctrina de la Fe, Francisco confió el 31 de mayo de 2018 al arzobispo polaco Henryk Hoser una misión como enviado especial de la Santa Sede para Medjugorje.

Monseñor Hoser tiene como finalidad hoy, según el comunicado oficial del Vaticano, «asegurar un acompañamiento estable y continuo de la comunidad parroquial de Medjugorje y de los fieles que se dirigen en peregrinación, cuyas exigencias requieren una peculiar atención».

El 22 de julio del mismo año, el obispo especial del Papa Francisco para Medjugorje pronunció una elocuente homilía durante la cual deslizó este singular párrafo:

> Hagámonos una pregunta fundamental —propuso monseñor Hoser—: ¿por qué viene tanta gente a Medjugorje cada

año? La respuesta es clara: viene aquí para encontrar a «alguien», para encontrar a Dios, para encontrar a Cristo, para encontrar a su Madre. Y descubrir entonces esa paz que conduce a la alegría de vivir en la Casa del Padre y de la Madre, y, finalmente, el camino mariano como el más seguro y cierto. Esta es la paz de la devoción mariana que ha tenido lugar aquí durante años.

La Declaración de Zara

Pero llegar hasta ahí no había sido precisamente un camino de rosas para los perseguidos videntes, sino más bien una senda repleta de espinas. Al principio de las apariciones, el obispo de Mostar, diócesis a la que pertenece Medjugorje, mostró un talante receptivo y abierto ante las manifestaciones de los muchachos.

Pero poco después, monseñor Pavao Zanic cambió de postura. Nombrado presidente de una comisión de investigación a iniciativa de la Santa Sede, Zanic emitió finalmente un juicio muy negativo sobre las apariciones al entonces prefecto de la Congregación para la Doctrina de la Fe, cardenal Joseph Ratzinger.

Al futuro Benedicto XVI no le satisfizo la conclusión del obispo de Mostar y confió el examen del fenómeno a otra comisión constituida a instancias de la Conferencia Episcopal Yugoslava. Tras las nuevas indagaciones, los obispos yugoslavos publicaron el 10 de abril de 1991 la llamada Declaración de Zara, en alusión a la ciudad yugoslava de la costa dálmata donde se llevó a cabo, cuyo texto dice literalmente así:

Los obispos siguen desde el inicio las apariciones de Medjugorje a través del obispo de la diócesis, la comisión episcopal y la comisión para Medjugorje de la Conferencia Episcopal Yugoslava.

Sobre la base de las investigaciones realizadas hasta hoy no es posible afirmar que se trata de apariciones y fenómenos sobrenaturales. Pero los numerosos creyentes que llegan a Medjugorje provenientes de muchos lugares e impulsados por motivos religiosos y de otra clase, tienen necesidad de atención y del cuidado pastoral del obispo de la diócesis por encima de todo, y también de otros obispos, de modo que en Medjugorje y con Medjugorje se pueda promover una sana devoción a la Santísima Virgen María en armonía con las enseñanzas de la Iglesia.

Con este fin, los obispos facilitarán indicaciones litúrgico-pastorales adecuadas y a través de la comisión seguirán investigando y arrojando luz sobre los acontecimientos de Medjugorje.

Del balance negativo del obispo de Mostar se pasaba así a una nueva posición de la Iglesia más esperanzadora pero también cautelosa, al manifestar que «no es posible afirmar que se trata de apariciones y fenómenos sobrenaturales».

Es decir, que los comisionados por la Santa Sede admitían no disponer aún de argumentos suficientes para emitir un juicio negativo, pero al mismo tiempo tampoco contaban con los elementos de juicio suficientes para reconocer la autenticidad del fenómeno estudiado.

En este caso debía emplearse así la expresión *non constat de supernaturalitate* o «no consta la sobrenaturalidad». Un modo de expresar el juicio prudente de la Iglesia sin excluir la posibilidad de que en el futuro, tras nuevos análisis de los acontecimientos, pudiese reconocerse la sobrenaturalidad del fenómeno, tal y como sucedió años después con las siete primeras apariciones, según acabamos de ver.

Bertone y Schönborn

En 1998, cinco años después del nombramiento de monseñor Ratko Peric como obispo de Mostar, alineado con su antecesor Zanic en la postura contra las apariciones, hubo un nuevo pronunciamiento de la Congregación para la Doctrina de la Fe.

Previamente, el obispo de La Réunion, una isla del archipiélago de las Mascareñas con estatus de departamento de ultramar francés en el océano Índico, se había dirigido por carta a este órgano de la Santa Sede para consultar si podía o no autorizar las peregrinaciones a Medjugorje a nivel diocesano.

Monseñor Gilbert Aubry obtuvo finalmente respuesta del entonces secretario de la Congregación, el cardenal Tarsicio Bertone, en una carta fechada el 26 de mayo de aquel año en la que le remitía a la autoridad de la Conferencia Episcopal Yugoslava y a la Declaración de Zara firmada por sus propios miembros.

Bertone concluía su epístola con este precavido párrafo: «En cuanto a lo que concierne a las peregrinaciones a Medjugorje que se organizan de modo privado, esta Congregación mantiene que están permitidas a condición de que no se consideren como una confirmación de los acontecimientos en curso y que aún requieren un examen por parte de la Iglesia».

El cardenal Bertone tuvo oportunidad también de corregir al nuevo obispo de Mostar, monseñor Peric, quien se apresuró a escribir al secretario general de la revista católica francesa *Famille Chrétienne* para trasladarle su opinión negativa sobre Medjugorje: «Mi convicción y posición —decía en su carta monseñor Peric— no es solo "no consta la sobrenaturalidad", sino también "consta la no sobrenaturalidad de las apariciones o revelaciones"». A lo que Bertone precisó: «Debe considerarse la expresión como una convicción personal del obispo de Mostar, quien, como ordinario del lugar, tiene todo el derecho a expresar lo que quiera como parecer particular suyo».

El 28 de diciembre de 2009, el cardenal Christoph Schönborn, arzobispo de Viena, emprendió una peregrinación privada a Medjugorje. Tras celebrar en la parroquia la Misa de medianoche del último día del año, el cardenal acudió a la colina de las apariciones acompañado por la vidente Marija Pavlovic. Fue entonces cuando dio a conocer su juicio personal sobre el fenómeno:

> He dicho siempre una misma cosa —manifestó Schönborn—, lo que Jesús afirma en el Evangelio: el árbol se reconoce por sus frutos. Cuando veo entre nosotros los frutos de Medjugorje, puedo decir que ciertamente el árbol es bueno [...]. Si Medjugorje no fuese verdad, tendríamos que rechazar a la mitad de nuestros seminaristas porque muchas de las vocaciones sacerdotales están ligadas directa o indirectamente a Medjugorje [...]. Quería sencillamente venir al lugar donde la Virgen concede tantas gracias.

Y no era el único prelado que pensaba así. Incluso el mismo Papa Juan Pablo II tampoco albergaría la menor duda de que Medjugorje constituía un fenómeno muy especial que merecía la cuidadosa atención de sacerdotes y seglares.

10
El Papa polaco

Medjugorje es la continuación de Fátima.

Juan Pablo II

Mi contacto personal con monseñor Slawomir Oder, postulador del proceso de canonización de Juan Pablo II, me ayudó también a confirmar de primera mano la postura de su paisano y admirado Karol Wojtyla sobre las apariciones en la aldea de Bosnia-Herzegovina.

El criterio personal del pontífice sobre Medjugorje queda plasmado con claridad meridiana en el revelador y poco conocido estudio de Oder titulado *Por qué es santo,* el cual se basa en los documentos y testimonios recopilados para la denominada *Positio,* la investigación diocesana sobre las virtudes heroicas de Juan Pablo II, iniciada a instancias de Benedicto XVI, en 2005.

A monseñor Murilo Sebastião Ramos Krieger, arzobispo de Florianópolis (Brasil), que estaba a punto de viajar por cuarta vez allí, Wojtyla le confirmó: «¡Medjugorje es el centro espiritual del mundo!».

Y en 1987, durante una conversación con la vidente Mirjana Dragicevic, Wojtyla le hizo esta confidencia: «Si no fuese Papa estaría confesando en Medjugorje».

Un anhelo, por cierto, corroborado por el testimonio del cardenal Frantisek Tomasek, arzobispo emérito de Praga, quien le oyó decir que, de no haber sido Papa, le habría gustado ir a Medjugorje para ayudar a los peregrinos.

Todavía más elocuentes, si cabe, son las palabras que escribió el obispo de San Angelo (Estados Unidos), monseñor Michael David Pfeifer, en su carta pastoral del 5 de agosto de 1988 a la diócesis: «Durante mi visita *ad limina* con los obispos de Texas, pregunté al Santo Padre qué opinaba de Medjugorje durante una conversación privada. El Papa habló en su favor y dijo: "Afirmar que en Medjugorje no ocurre nada significa negar el testimonio viviente y orante de los miles de personas que han estado allí"».

Enviado especial

El arzobispo eslovaco Pavel Hnilica, uno de los prelados más próximos al pontífice, recordó un episodio acaecido el 26 de marzo de 1984, cuando almorzó con Juan Pablo II para ponerlo al corriente de una misión secreta que debía desempeñar en Moscú: celebrar la Misa clandestina entre las murallas del Kremlin. Sentados a la mesa, el Papa le preguntó:

—¿Después fuiste a Medjugorje, Pavel?

Cuando el arzobispo eslovaco le contestó que no había viajado allí, alegando que ciertas autoridades vaticanas le habían manifestado su desaprobación, el Papa le indicó:

—Ve de incógnito y vuelve para contarme lo que has visto.

A continuación, le condujo hasta su biblioteca privada para mostrarle un libro de monseñor René Laurentin donde se incluían varios mensajes de la Reina de la Paz, mientras le comentaba:

—Medjugorje es la continuación de Fátima, es la realización de Fátima.

Tras la muerte de Juan Pablo II, sus amigos Marek y Zofia Skwarnicki pusieron a disposición del postulador Oder las cartas que este les había remitido y en las que abundaban las referencias a Medjugorje. El 28 de mayo de 1992 el pontífice escribió así al matrimonio: «Agradezco a Zofia todo lo concerniente a Medjugorje. Yo también visito a diario ese lugar cuando rezo: me uno a todos los que oran allí y reciben la llamada a la oración. Hoy comprendemos mejor esta llamada».

El mismo año en que Juan Pablo II escribió a sus amigos, recibió la visita del padre Jozo Zovko en el Vaticano. El fraile era entonces guardián del monasterio franciscano de Siroki Brijeg y pasaba la mayor parte del tiempo ayudando a las víctimas de la guerra de Sarajevo. El propio padre Jozo contó luego a Mirjana que el Papa le dijo con gran entusiasmo:

—Estoy con vosotros. Proteged Medjugorje. ¡Proteged los mensajes de la Virgen!

Mirjana en el Vaticano

Quedaría incompleto este capítulo si no profundizásemos en el providencial encuentro que tuvo lugar primero entre Juan Pablo II y Mirjana en el Vaticano, el miércoles 22 de julio de 1987.

Invitada por un sacerdote italiano, la vidente de Medjugorje acompañó aquel día a un grupo de compatriotas suyos llegados de Croacia a ver al Santo Padre en la Plaza de San Pedro, junto con miles de peregrinos de todo el mundo. El madrugón le sirvió a Mirjana y sus compañeros para situarse en primera fila durante la audiencia. Al pasar por donde estaba ella, Juan Pablo II puso la mano sobre su cabeza y la bendijo. La vidente estaba radiante de alegría, tras recibir su primera bendición papal.

Como el Papa seguía allí, el sacerdote italiano se apresuró a decirle en voz alta:

—¡Santo Padre, ella es Mirjana de Medjugorje!

Wojtyla se detuvo, retrocedió unos pasos y alargó el brazo para bendecirla de nuevo. Cuando finalmente se fue, Mirjana se giró hacia el sacerdote italiano y bromeó con él:

—Ha pensado que necesitaba una doble bendición.

Aquella misma tarde, cuando llegó a su lugar de alojamiento, Mirjana se quedó impactada al recibir una invitación personal del pontífice para verle a la mañana siguiente en Castel Gandolfo, la residencia papal de verano durante siglos, situada a poco más de cuarenta kilómetros al sudeste de Roma.

A las ocho de la mañana, hora a la que comenzaba la audiencia privada, ella ya estaba allí. Durante el camino le había impresionado el hermoso paisaje. Encaramada en una colina, que le recordaba en parte a la de las apariciones en Medjugorje, se divisaba la villa fortificada con sus jardines y olivares asomada al lago Albano.

Una vez en su destino, un hombre trajeado la acompañó hasta el jardín de la residencia donde se reencontró con Juan Pablo II. Nada más verle, ella rompió a llorar. Wojtyla la miró y sonrió. Ella sintió que estaba en presencia de un hombre santo que amaba a la Gospa. Lo leyó en su mirada de un modo más intenso que en cualquier otra persona. El Papa la invitó a sentarse a su lado y le estrechó la mano, mientras le saludaba en polaco:

—*Dzien dobry* (Buenos días).

Como Mirjana estaba tan nerviosa, incapaz de despegar los labios, el pontífice añadió:

—*Dziekuje za przbycie* (Gracias por quedarse).

Sus palabras sonaban similares al croata, pero ella no podía descifrarlas. Wojtyla sabía muy bien que las lenguas eslavas, como la suya y el croata, compartían muchas palabras iguales o parecidas, y deseaba comprobar si podían comunicarse en sus idiomas nativos. Fue entonces cuando Mirjana reparó en que ambos conocían una lengua común y preguntó:

—Santo Padre, *possiamo parlare in italiano?*

Él sonrió y asintió:

—*Sì. Bene, Mirjana, bene.*

Charlaron de muchas cosas, algunas de ellas confidenciales, y, en un momento dado, el Papa le rogó:

—Por favor, pídeles a los peregrinos de Medjugorje que recen por mis intenciones.

—Lo haré, Santo Padre —prometió ella.

—Sé todo sobre Medjugorje —añadió Wojtyla—. He seguido los mensajes desde el principio. Por favor, dime qué sientes cuando Nuestra Señora se aparece.

El Papa escuchó con gran atención la detallada descripción de Mirjana.

—Y cuando Ella se va —concluyó la vidente— siento mucho dolor y todo lo que puedo pensar en ese momento es cuándo la veré de nuevo.

En aquel preciso instante, Wojtyla se inclinó hacia ella y musitó:

—Cuida bien de Medjugorje, Mirjana. Medjugorje es la esperanza del mundo entero.

A lo que ella repuso:

—Santo Padre, me gustaría que pudiese ver a toda la gente que va allí y reza.

El Papa giró la cabeza y permaneció unos instantes en silencio. Luego dijo con aire circunspecto:

—Si no fuera el Papa, hubiese ido a Medjugorje ya hace tiempo.

Señora del Perpetuo Socorro

Años después, un sacerdote de la máxima confianza del Papa le confesó a Mirjana que Juan Pablo II se había interesado por Medjugorje desde el inicio, porque justo antes había rezado con fe e insistencia a la Virgen para que se apareciese de nuevo en la tierra.

—No puedo hacerlo todo yo solo, Madre —oró, en este sentido, Wojtyla—. En Yugoslavia, Checoslovaquia, Polonia y muchos otros países comunistas la gente no puede practicar su fe con libertad. Necesito tu ayuda, querida Madre.

Según aquel sacerdote, cuando el Papa supo que la Virgen se había aparecido en un pequeño pueblo de un país comunista pensó enseguida que Medjugorje había sido la respuesta a sus oraciones.

No en vano, la acendrada fe de Karol Wojtyla en su amada Virgen le sostuvo durante los tiempos de sufrimiento y persecución. Desde pequeño, recordaría él siempre con orgullo el año de su nacimiento, 1920, cuando se produjo el «milagro del Vístula», como se denominó a la encarnizada batalla librada el 15 de agosto, festividad de la Asunción de la Virgen María, que otorgó a Polonia, recién recuperada su independencia, una aplastante victoria sobre las tropas bolcheviques.

El enfrentamiento tuvo lugar precisamente a orillas del Vístula, el río más importante de Polonia y el más largo de los que desembocan en el mar Báltico.

Wojtyla admiraba en especial a su padre, suboficial del ejército austrohúngaro durante la Primera Guerra Mundial, por haberse jugado la vida combatiendo en el frente a culatazo y cuchillada limpia contra el Ejército Rojo con el grado de teniente, a las órdenes del mariscal Józef Pilsudski, personaje de gran relevancia en la política europea de posguerra.

El propio progenitor había alimentado el sano orgullo de su hijo relatándole la gran victoria alcanzada gracias a la intercesión de la Virgen, según la tradición. Un sonado triunfo que impidió a las tropas de Lenin y Trotski la invasión de Polonia y, por ende, la de toda Europa, malogrando así los maquiavélicos planes de los revolucionarios soviéticos.

La Virgen le protegió el 29 de febrero de 1944, cuando un vehículo pesado le atropelló y su conductor lo abandonó malherido y sin conocimiento en el arcén de la calle Konopnicka, mientras se dirigía a la fábrica Solvay donde entonces trabajaba. Al despertar, la víctima comprobó que se encontraba en el hospital, con la cabeza vendada, donde permaneció por espacio de dos semanas.

El 6 de agosto del mismo año evitó la muerte otra vez cuando la Gestapo irrumpió en el edificio de sus tíos, en la calle Tyniecka. Una vez más, la Virgen acudió en su ayuda y los alemanes no entraron en su vivienda del sótano.

Él solía visitar por aquel entonces la iglesia redentorista de Santa María del Perpetuo Socorro, situada en el número 56 de la calle Zamojskiego. Construida en 1909, rezaba allí ante el cuadro de la Virgen del Perpetuo Socorro al regresar del turno de noche en la fábrica Solvay. El lienzo fue coronado en 1994. Y aquella jornada, la Virgen del Perpetuo Socorro acudió sin duda alguna en su auxilio.

Más tarde, su amigo del alma, el cardenal Andrzej Deskur, reflexionaría así sobre la autoría última del atentado del 13 de mayo de 1981:

> Pocos recordarán —advertía Deskur al periodista polaco Wlodzimierz Redzioch— que el 12 de mayo por la tarde el Papa, como todos los sacerdotes, durante la oración de la tarde leyó el pasaje de la Carta de San Pedro en la que se dice: «Sed sobrios, estad alerta, vuestro enemigo el león rugiente ronda buscando a quien devorar».
>
> Me parece obvio —añadía el cardenal— que ha sido el diablo quien ha querido «devorar» a Juan Pablo II, y esto hace para mí del todo indiferente la investigación sobre qué «mano» y de qué «mandatarios» se ha servido luego materialmente. Satanás usó ciertamente la mano de Alí Agca, pero fue otra mano la que desvió el proyectil. Y era la mano de la Virgen.

A esas alturas, Wojtyla ya había pronunciado sus palabras de agradecimiento a la Virgen de Fátima, a quien tanta devoción profesaba, con motivo del rezo del *Regina Coeli,* el domingo 17 de mayo de 1981. Tras celebrar la Santa Misa con su secretario Stanislaw, grabó estas escuetas palabras desde el mismo Policlínico Gemelli, difundidas a mediodía por Radio Vaticano:

> ¡Alabado sea Jesucristo! Amadísimos hermanos y hermanas: Sé que estos días, especialmente en esta hora del *Regina Coeli,* estáis unidos a mí. Emocionado os doy las gracias por vuestras oraciones y os bendigo a todos. Me siento

> particularmente cercano a las dos personas que resultaron heridas conmigo. Rezo por el hermano que me ha herido, al cual he perdonado sinceramente. Unido a Cristo, sacerdote y víctima, ofrezco mis sufrimientos por la Iglesia y por el mundo. A ti, María, te digo de nuevo: *Totus tuus ego sum* [Soy todo tuyo].

Más tarde, se comprobó que el casquillo de la bala que le perforó las entrañas al Romano Pontífice, y que a punto estuvo de segar su vida para siempre, encajaba como anillo al dedo en la Corona de la Virgen conservada en el Museo del Santuario mariano de Fátima desde 1981. Millones de fieles siguen acudiendo cada año allí para comprobar con sus propios ojos lo que nadie, o casi nadie, hubiese creído sin verlo.

11
Perseguidos

Lo que inicié en Fátima, lo completaré en Medjugorje.

La Gospa a los videntes

Existe un argumento crucial que la Iglesia no pudo pasar por alto al pronunciarse en su día sobre la autenticidad de las apariciones de Fátima: la terrible persecución que sufrieron los pastorcitos a manos del régimen republicano y ateo por reafirmarse en que veían a la Virgen. ¿Qué otra motivación, más que decir la verdad, pudo mover acaso a unas inocentes criaturas presionadas hasta la extenuación por mentes maquiavélicas y depravadas que aborrecían a Dios?

Portugal vivía en aquel momento bajo la férula del presidente de la República Bernardino Luís Machado Guimarães, que había sido antes ministro del Interior y de Asuntos Exteriores. Machado desempeñó, por si fuera poco, un destacado papel como dirigente masón de la Loja Perseverança del Grande Oriente Lusitano, la cual presidió hasta 1899.

El hecho de que unos niños indefensos y asustadizos no diesen su brazo a torcer por más presiones que debieron aguantar de las autoridades locales, que obedecían a su vez órdenes directas de las instancias gubernativas de la República, constituye una señal inequívoca de que no mentían, además de un signo palmario de que su resistencia numantina era más sobrenatural que humana.

No resulta en modo alguno baladí, llegados a este punto, recordar el acoso y hostigamiento contra los tres pastorcitos para comprobar que la historia de Fátima se parece mucho en este y otros aspectos a la de Medjugorje, en el mismo siglo XX.

Mirjana recuerda hoy, a este propósito, las palabras pronunciadas por la Reina de la Paz en una de sus presuntas apariciones:

—Lo que inicié en Fátima, lo completaré en Medjugorje —manifestó la Señora.

Al igual que en Fátima, las primeras palabras de la Gospa en Medjugorje fueron:

—¡No tengáis miedo!

Y Juan Pablo II dijo exactamente lo mismo cuando, apenas elegido Papa, se dirigió a los fieles congregados en la Plaza de San Pedro.

El interrogatorio

Lucía, Francisco y Jacinta fueron detenidos el 13 de agosto de 1917 por orden del alcalde de Vila Nova de Ourém, Arturo da Oliveira Santos, un hombre rudo y masón que aborrecía la monarquía y la religión católica.

Mientras el gentío se arremolinaba ya en Cova da Iria para asistir a la anunciada cuarta aparición de la Virgen, el párroco interrogó a Lucía en su casa, en presencia del corregidor:

—¿Sabes, verdad, que quien dice mentiras tan dañinas como las que tú vas difundiendo irá al infierno…?

A lo que Lucía replicó:

—Si quienes mienten van al infierno, entonces yo no iré allí porque digo la verdad. Solo afirmo lo que yo he visto y oído de aquella Señora. Y si la gente va a Cova da Iria es porque quiere. Yo no he llamado allí a nadie.

—¿Es cierto que la Señora os ha confiado un secreto? —añadió el cura entonces.

—Sí, señor. Pero yo no puedo decirlo.

Ante la insistencia del párroco, Lucía propuso:

—Si usted quiere, puedo preguntarle a la Señora qué le parece que se lo revele.

—Estas cosas son sobrenaturales. Así que vámonos a Cova da Iria —resolvió el alcalde.

Acto seguido, invitó a los niños a que subieran a su coche oficial. Los videntes accedieron finalmente y el carro partió de Vila Nova de Ourém. Francisco iba delante y las niñas, detrás. El caballo echó a correr en dirección a Fátima, pero en un recodo del camino hizo un giro repentino para regresar a Vila Nova de Ourém.

Alrededor de hora y media después, Oliveira llegó a su casa pletórico junto con las tres inocentes piezas que acababa de cobrar durante su despiadada cacería, a fuerza de engaños. Nada más entrar, ordenó que encerrasen a los niños en un cuarto del que no saldrían hasta revelarle el secreto.

—Si nos matan es lo mismo, porque vamos derechos al Cielo. ¡Qué bien! —exclamaba Jacinta toda contenta, con alma candorosa.

Pero la Virgen no abandonaba jamás a sus hijos pequeños. Sufrían, eso sí, a imagen y semejanza de Ella, que vio cómo crucificaban a su Hijo, pero de vez en cuando también les enviaba algún que otro «angelito»...

Aquel mediodía, una mujer abrió la puerta del cuarto donde mantenían retenidos a los pastorcitos. Era Adelaida dos Santos, esposa del alcalde, para servirles un estupendo almuerzo. Poco después, los niños jugaban con sus hijos ante la complaciente mirada de la madre. Y aún tuvo el detalle la mujer de dejarles entretenerse observando las bellas ilustraciones de unos cuantos libros.

El 14 de agosto se respiraba una atmósfera de tristeza en la casa-prisión del alcalde de Vila Nova de Ourém. Los pastorcitos fueron trasladados al Ayuntamiento sobre las diez de la mañana para someterse a un implacable interrogatorio. Pero ni la amenaza de privación de libertad *sine die,* ni la de castigos corporales, como tampoco la recompensa ofrecida de unas deslumbrantes monedas de oro si revelaban el secreto, dieron el menor resultado. Por la tarde, prosiguieron los duros interrogatorios, durante los cuales los chiquillos se mantuvieron firmes en su resolución de no dar a conocer un secreto que la Virgen les había ordenado silenciar.

Aceite hirviendo

Encolerizado, el alcalde decretó entonces el ingreso inmediato de los menores en la cárcel pública, anunciándoles que poco después irían a buscarlos para quemarlos vivos en un gran caldero con aceite hirviendo.

¿Quién pudo inspirar semejante crueldad al regidor y a sus secuaces con los pobres pastorcitos? ¿Acaso recordaba alguien la legendaria tradición cristiana, según la cual en el año 94, imperando Domiciano, condenaron a San Juan Evangelista a perecer también en una tinaja de aceite hirviendo, aunque su muerte se produjese en realidad siendo ya anciano, en el solitario destierro de la isla de Patmos?

Sumidos en sus oraciones, les sorprendió el chirrido del bastidor al abrirse. Un guardia se asomó a la puerta y conminó a los niños a seguirle hasta la alcaldía, donde les aguardaba otro terrible interrogatorio con mezcla de halagos y amenazas.

Como tampoco esta vez dio resultado, ante la insistente negativa de los niños a revelar el secreto, el alcalde se puso en pie y gritó, frenético:

—¡Si no quieren obedecer por las buenas, entonces lo harán por las malas! —amenazó.

Dirigiéndose entonces a uno de sus acólitos, le ordenó que llenasen el caldero de aceite, lo pusiesen a hervir y arrojasen luego en él a los niños hasta freírlos por completo.

—¡Veremos si así revelan o no su secreto! —desafió, mordaz.

Encerrados en una sala contigua, la primera en salir por orden del alcalde fue en apariencia la más débil, Jacinta, quien ni siquiera se despidió de su hermano ni de su prima, tal y como luego corroboró esta durante el proceso canónico.

La pequeña echó a andar convencida de que ya no volvería a verles jamás, camino del cadalso.

—¡El aceite ya está hirviendo! ¡Di el secreto! ¡De lo contrario...! —bramó el alcalde, otra vez amenazante, nada más verla.

Jacinta, temblorosa, ni siquiera pudo despegar los labios.

—¡Vaya, llévensela y arrójenla al caldero! —dispuso el corregidor.

Y entonces, un guardián con cara de pocos amigos penetró en la sala, agarró del brazo a la pobre niña y se la llevó para encerrarla en otro cuarto. Una fuerza interior, proveniente del Cielo, mantuvo a Jacinta fiel al mandato de la Virgen.

Entre tanto, Francisco conservaba su ademán sereno y esperanzado en el habitáculo que compartía con Lucía.

—Si al final nos matan —le dijo a ella—, dentro de poco estaremos en el Cielo. ¡Qué alegría! ¡Morir así no importa!

Y tras una breve pausa, añadió:

—Dios quiera que Jacinta no se deje llevar por el miedo. Voy a rezar un Avemaría por ella.

Al cabo de unos minutos, que se hicieron eternos, se abrió de nuevo la puerta e irrumpió un guardia, más parecido a un rufián, para conducir esta vez al chiquillo hasta la sala de torturas donde le aguardaba el alcalde:

—¡La primera ya ha muerto! —exclamó este al verle, con absoluto desprecio e indiferencia—. ¡Ahora vamos contigo! ¡Anda y dime el secreto si no quieres morir tú también!

Francisco le miró con inusitada placidez y dijo:

—No puedo hacerlo, señor.

—¿No puedes...? Veremos si es verdad...

Y ordenó al oficial presente:

—¡Llévatelo y que corra la misma suerte que su hermana!

Francisco se encontró poco después en la misma habitación que Jacinta, a quien, para su asombro, halló sana y salva. Los hermanos se saludaron con una radiante sonrisa. Ahora faltaba solo Lucía. Cuando le preguntaron más tarde a esta qué sintió en aquel momento tan angustioso, respondió como si tal cosa:

—Yo estaba convencida de que el alcalde iba en serio y que pretendía acabar también conmigo. Pero no tenía miedo y me encomendaba a la Virgen.

Y en efecto, la mayor de los tres videntes tampoco sucumbió a la amenaza de muerte del regidor.

Curiosamente, el día de la cuarta aparición, igual que en Fátima, los seis videntes de Medjugorje fueron sorprendidos por un agente de la policía comunista en casa de Marija, mientras se relajaban antes de subir al Podbrdo. Corría el 27 de junio de 1981.

—¿Dónde están los que dicen que ven a la Virgen? —inquirió el guardia de repente con gesto amenazante.

Tras admitir los chicos que eran ellos mismos, el funcionario les ordenó subir al coche. Al verles marchar detenidos como vulgares delincuentes, los padres de Marija vociferaron a lo lejos:

—¡No permitáis que os den pastillas ni os pongan inyecciones!

Una vez en la comisaría de Citluk, el mismo policía dirigió el interrogatorio, acusándoles finalmente de mentir. Al reafirmarse una y otra vez en que veían a la Virgen, los seis muchachos debieron soportar en silencio gritos e imprecaciones. Era la primera vez que escuchaban un lenguaje tan vulgar. Al mismo tiempo, estaban tanto o más asustados que los pastorcitos de Fátima, pero su perseverancia en la verdad sembró finalmente la confusión entre los policías. Tal vez alguno de ellos llegase a creerles, pero nadie podía demostrar su grado de certeza, salvo por su admirable e insólita resistencia ante las presiones.

Se daba la circunstancia de que en Medjugorje y Citluk algunos policías bautizaban en secreto a sus hijos e incluso se casaban por la Iglesia con nocturnidad y alevosía. Pero en el trabajo no tenían más remedio que fingir y acatar sin rechistar las órdenes de sus jefes comunistas.

A esas alturas, cuando ya habían tenido lugar las tres primeras apariciones, el Gobierno yugoslavo seguía presionando a las autoridades locales para que apagasen el fuego que ya había prendido en los seis videntes y se propagaba sin cesar entre millares de almas. El fuego inextinguible de María.

12
Detectives y pastores

Los seres humanos pueden ser fácilmente manipulados.

Jozo Zovko, párroco de Medjugorje

Lo mismo que en Fátima, además de sufrir el acoso de las autoridades gubernamentales hasta el punto de sentir su sofocante aliento en la nuca, los seis videntes de Medjugorje se enfrentaron a las dudas de la persona que en principio debía ser su mejor aliado: el mismo párroco de Santiago Apóstol.

El padre Jozo Zovko era un sacerdote franciscano croata llegado allí meses antes. Nacido en el seno de una familia numerosa en Uzarice, el 19 de marzo de 1941, había estudiado en Sarajevo, Liubliana y Graz (Austria), hasta ordenarse sacerdote en 1967.

El clérigo no había podido asistir a las tres primeras apariciones de Medjugorje por encontrarse de retiro espiritual en Zagreb. El mismo día en que se llevaron detenidos a los videntes para interrogarlos, él regresaba a Medjugorje. En el camino de vuelta hizo un alto para visitar a su madre enferma en el hospital de Mostar, donde se reencontró con una mujer que le conocía de Medjugorje y estaba herida en un brazo.

—¿Dónde ha estado, padre? —le preguntó ella nada más verle.

Y le faltó tiempo a la señora para añadir:

—¡La Virgen se ha aparecido en Medjugorje y usted no estaba allí!

—¿De qué me está hablando? —repuso el párroco, atónito—. Escuche: los que ven, que vean. Y los que no ven, que vengan a la iglesia y recen.

El padre Jozo reemprendió el viaje a Medjugorje junto con otro sacerdote a quien le comentó lo que la mujer acababa de decirle, añadiendo, sardónico:

—¡Creo que se golpeó en la cabeza y no en el brazo!

Dos curas escépticos

El escepticismo inicial del padre Jozo Zovko de Medjugorje me recuerda al de su homólogo de Fátima, Manuel Marques Ferreira, pero todavía mucho más al del también sacerdote Manuel Nunes Formigão.

Comisionado por el Obispo de Leiria, monseñor José Alves Correia da Silva, para investigar las apariciones de Fátima mientras estaban produciéndose, el canónigo Formigão tampoco creía al principio en ellas. De hecho, acudió a Cova da Iria por primera vez el 13 de septiembre de 1917, de donde regresó con muchas dudas sobre el carácter sobrenatural de los hechos y un tanto decepcionado también, según reconocía él mismo.

Para completar sus apuntes e impresiones personales sobre los acontecimientos desarrollados en los últimos cinco meses, volvió a Fátima el jueves 27 de septiembre. Del Archivo del Santuario de Fátima rescaté en su día un documento excepcional reproducido en mi libro *El cuarto vidente de Fátima*. Datado el día 27 de septiembre del mismo año 1917, figuran en él los interrogatorios efectuados por Formigão a Lucía,

Francisco, Jacinta y María Rosa, madre de la mayor de los videntes.

Podemos anticipar ya que, lo mismo que el padre Zovko de Medjugorje, el canónigo Manuel Nunes Formigão pasaría finalmente del más profundo escepticismo a la más absoluta certeza sobre las apariciones. Con razón, sería motejado como «el cuarto vidente de Fátima», pues a pesar de su inicial postura incrédula, finalmente vio y creyó. Pero veamos antes la actitud de ambos clérigos en los prolegómenos de las apariciones, empezando por el padre Formigão.

> Media hora después de terminar el interrogatorio de Jacinta —consignaba el sacerdote en sus apuntes personales—, apareció Lucía [...]. Más alta y fuerte que los otros dos niños, de tez más clara, robusta y saludable, se puso delante de mí con una desenvoltura que contrastaba con la timidez excesiva de Jacinta. Vestida también con sencillez, ni su actitud ni su rostro reflejaban sentimiento alguno de vanidad o confusión.
>
> A una señal mía, tomó asiento a mi lado y se prestó con la mejor voluntad a ser interrogada sobre los acontecimientos de los que era la principal protagonista, pese a sentirse visiblemente cansada y abatida como consecuencia de las incesantes visitas que recibía y de las investigaciones reiteradas y exhaustivas a que era sometida.

El tercer grado

El interrogatorio de Lucía discurrió así:

—¿Es cierto que Nuestra Señora se te ha aparecido en un lugar llamado Cova da Iria? —preguntó el clérigo.

—Es cierto —corroboró la vidente.

—¿Cuántas veces se te ha aparecido ya?

—Cinco veces, una cada mes.

—¿En qué día del mes?

—Siempre el día 13, excepto en agosto, cuando el señor administrador me cogió para llevarme a la ciudad [Vila Nova de Ourém]. Ese mes la vi después, el día 19, en los Valinhos.

—Se dice que la Señora se te apareció también el año pasado. ¿Es verdad eso?

—Jamás he dicho eso a nadie, porque no es cierto.

—¿De dónde llega la Señora? ¿Del lado de donde nace el sol?

—No lo sé, no la veo venir de ninguna parte. Aparece sobre la encina y, cuando se retira, toma la dirección por donde nace el sol, sí.

—¿Cuánto tiempo se queda? ¿Mucho o poco?

—Poco.

—¿El suficiente para recitar un Padrenuestro y un Avemaría? ¿O tal vez más...?

—Bastante más, pero nunca está el mismo tiempo.

—La primera vez que la viste, ¿te asustaste?

—Sí, tanto que quise huir, igual que Jacinta y Francisco. Pero Ella nos dijo que no tuviésemos miedo porque no nos haría daño.

—¿Cómo iba vestida?

—Llevaba un vestido blanco que le llegaba un poco más abajo de media pierna, y cubría su cabeza con un velo del mismo color y de la misma tela que el vestido.

—¿El vestido tenía adornos?

—En la parte delantera llevaba dos cordones dorados que bajaban desde el cuello y se unían en una borla, también dorada, a la altura del medio cuerpo.

—¿Llevaba algún cinto o lazo?

—No.

—¿Y pendientes en las orejas?

—Unos aros pequeños de color amarillo.

—¿En qué mano llevaba el Rosario?

—En la derecha.

—¿Era un tercio o un Rosario?

—No me fijé.

—¿Terminaba en una cruz?

—Sí, en una cruz blanca, y las cuentas también eran blancas, como la cadena.

—¿Le preguntaste alguna vez quién era?

—Lo hice, pero me dijo que solo nos lo diría el día 13 de octubre.

—¿No le preguntaste de dónde venía?

—Le pregunté de dónde era, y ella me respondió que del Cielo.

—¿Y cuándo le hiciste esa pregunta?

—La segunda vez que vino, el 13 de junio.

—¿Sonrió ella alguna vez o se mostró triste?

—Nunca sonrió ni se mostró triste. Estaba siempre seria.

—¿Os recomendó a ti y a tus primos rezar alguna oración?

—Un tercio del Rosario, en honor a Nuestra Señora del Rosario y por la paz del mundo.

—¿Mostró deseos de que el día 13 de cada mes estuvieran presentes muchas personas en Cova da Iria?

—Nada dijo sobre eso.

—¿Es cierto que te ha confiado un secreto, prohibiéndote que se lo reveles a alguien?

—Sí que lo es.

—¿El compromiso te atañe a ti sola o a tus compañeros también?

—A los tres.

—¿No puedes revelar el secreto ni siquiera a tu confesor?

> Ante esta pregunta —anotó el padre Formigão, entre paréntesis—, Lucía guardó silencio, mostrándose un tanto confusa, por lo que juzgué oportuno no insistir sobre ella.

La propia Lucía reconocería años después:

> Me quedé perpleja, no sabiendo qué responder, porque consideraba como secreto varias cosas que no me habían prohibido decir. Pero, ¡gracias a Dios que inspiró al interlocutor a seguir adelante con sus preguntas! Recuerdo que respiré aliviada.

—Según parece —prosiguió el sacerdote—, para verte libre de la molestia del señor administrador, el día en que te retuvieron le contaste un falso secreto, engañándole, por tanto, y fanfarroneando luego por haber cometido esa travesura. ¿Es cierto eso?

—No lo es —negó Lucía, rotunda. Y añadió—: El señor administrador quiso, en efecto, que yo le revelase el secreto, pero como no se lo puedo contar a nadie, callé. Y no se lo dije, pese a que él insistió mucho para que se lo revelase. Lo que sí hice fue contarle todo lo que la Señora me había dicho, excepto el secreto, claro. Y tal vez por eso, el señor administrador juzgó que yo también le había revelado el secreto, pero jamás quise engañarle.

—¿La Señora te ha pedido que aprendas a leer?

—Sí, en la segunda aparición.

—Pero si la Señora ha dicho que te llevará consigo al Cielo el próximo mes de octubre, ¿para qué te sirve aprender a leer?

—La Señora nunca me ha dicho eso y yo jamás he contado a nadie tal cosa.

—¿Qué ha dicho la Señora que debe hacerse con todo el dinero depositado por la gente al pie de la encina en Cova da Iria?

—Nos ha indicado que lo coloquemos en dos peanas. Jacinta, yo y dos niñas más deberemos llevar una de ellas a la iglesia del municipio; y Francisco, con tres niños más, la otra restante. Parte de ese dinero debe destinarse al culto en la festividad de la Virgen del Rosario, y el resto a la construcción de una capilla.

—¿Dónde quiere Ella que se edifique esa capilla? ¿En Cova da Iria?

—No lo ha dicho.

—¿Estás contenta con que la Señora se te haya aparecido?

—Sí, claro.

—El día 13 de octubre, ¿vendrá Ella sola?

—Vendrá también San José con el Niño, y será concedida la paz al mundo.

—¿Ha hecho alguna otra revelación?

—Ha dicho que el día 13 hará que todo el pueblo crea que Ella se aparece.

—¿Por qué a veces bajas los ojos y dejas de mirar a la Señora?

—Es que Ella, a veces, me ciega.

—¿Te ha enseñado alguna oración?

—Sí, y quiere que la recitemos después de cada misterio del Rosario.

—¿Te la sabes de memoria?

—Sí.

—Dímela…

—Oh Jesús mío, perdónanos, líbranos del fuego del infierno y lleva todas las almas al Cielo, sobre todo a las que más lo necesitan.

Tras el exhaustivo interrogatorio a Lucía, el sacerdote seguía albergando aún serias dudas sobre la veracidad de las apariciones. Él era, ante todo, un hombre sumamente cauto y receloso a la hora de acometer, cual fiel sabueso, la misión encomendada por la jerarquía eclesiástica.

Durante su estancia en Lourdes, Formigão confirmó su firme creencia en aquellas apariciones, comprometiéndose a ser su gran apóstol en Portugal. Pero en Fátima, en cambio, no las tenía todas consigo.

Bloque de hielo

Tampoco el padre Jozo Zovko, la tarde del 27 de junio de 1981 en la que interrogó a Mirjana en su despacho parroquial de Medjugorje, parecía convencido de lo que estaba sucediendo allí. La vidente estaba visiblemente nerviosa. Ni siquiera conocía en persona al párroco, pues ella se encontraba en Sarajevo cuando el padre Jozo tomó posesión de su nuevo cargo.

—Fuimos a la colina —explicó Mirjana al sacerdote—. Y entonces vimos que el cielo se iluminaba tres veces. Miré hacia el monte y dije: «¡Allí está la Virgen!». Esta vez se encontraba incluso más lejos que en la anterior ocasión.

—¿Y qué hicisteis? —indagó el padre Jozo con sus ojos marrones oscuros y escrutadores.

—Corrimos colina arriba a gran velocidad, sin esfuerzo. Cuando llegamos al lugar donde estaba la Virgen, nos arrodillamos de inmediato. Mucha gente subía por la colina. Mientras permanecíamos arrodillados, algunos nos pisaron las piernas y otros pusieron a sus niños delante de nosotros. Yo me desmayé a causa de todo esto y también por la emoción.

—¿Te desmayaste? —repuso él, extrañado.

—Sí, Ivanka y yo nos desmayamos probablemente a causa de la humedad en el aire y por todo lo demás. La gente deseaba que le preguntásemos algo a la Virgen. Yo le dije: «¿Cómo está mi abuelo?». Le quería mucho. Ella me contestó: «Tu abuelo está bien». Mi abuelo paterno Ilija había fallecido cuatro meses antes [su nombre, la forma croata de Elías, significa «el Señor es mi Dios»]. Era un hombre muy cariñoso. En el lecho de muerte me llamó para darme el último beso. Siento mucho no haber podido despedirme de él, pues aquel día era laborable en Medjugorje y no llegué a tiempo. Por eso fue hermoso cuando la Virgen me dijo que estaba bien.

El rostro del padre Jozo seguía sin reflejar una expresión amable, ni tan siquiera una sonrisa tierna y condescendiente acorde con lo que acaba de escuchar, como si obedeciese una orden interior tajante para mantenerse frío e imperturbable, como un bloque de hielo.

—¿Qué hizo la Señora durante la aparición? —inquirió él, con aire detectivesco.

—A menudo miraba a su alrededor, a la gente. Le pedimos que nos dejase una señal para que los asistentes nos creyesen y no se rieran de nosotros. Pero no respondió a eso. Solo nos dijo: «Volveré mañana».

—¿Es hermosa?

—Oh, sí. ¡Increíblemente hermosa!

—Descríbemela

—Todos los rasgos eran muy bellos y armoniosos. Un velo blanco enmarcaba su rostro ovalado. El color de su piel era similar a la tez morena y brillante de la gente del Mediterráneo, lo cual, además de su cabello oscuro, le hacía parecer una persona oriunda de Oriente Medio. Su nariz diminuta estaba perfectamente centrada entre sus ojos almendrados, y el ligero rubor de sus mejillas era similar al color de sus labios pequeños, carnosos y tiernos. De sus ojos se desprendía tanto amor que yo sentía que ella me abrazaba cada vez que me miraba.

—¿Y qué hacía ella con sus manos? —quiso saber el clérigo.

—Las movía de distintas formas, nunca estaban quietas.

—¿No tenías miedo al mirarla?

—En absoluto. Me sentía muy feliz. No me importaría que se llevase a uno de nosotros con ella. Así la gente comprobaría también que es realmente la Virgen María.

El padre Jozo enfocó a Mirjana con ojos inquisitivos y frunció el ceño.

—¿Llevarse a uno de vosotros…? ¿Te gustaría que te llevara consigo? —dijo sorprendido, como si aludiese a un alienígena a bordo de un platillo volante.

—Sí, me gustaría —asintió la vidente.

—¿De verdad que no te arrepentirías? —insistió el párroco.

—No, no lo haría —se reafirmó ella, muy seria.

—¿Te sucede algo?

—¿Sabe una cosa…? Me duele que me acusen de haber traído drogas de Sarajevo.

—¿Quién dice eso? —añadió él, preocupado.

—La misma policía. Dos agentes me pidieron que les mostrase mi reloj. Se lo dejé y, tras examinarlo, les oí decir mientras me iba: «Esta chica de Sarajevo a lo mejor ha traído alguna droga de la ciudad y vete tú a saber qué más… Hay gente que dice lo mismo».

—¿A qué se refieren con «drogas»?

—Piensan que consumimos drogas y que por eso vemos a la Virgen.

—¿Y tú qué piensas?

—Me gustaría mirarles fijamente a los ojos y decirles: «Que un médico me examine a ver si estoy drogada o no».

¿Biblia?, ¿qué Biblia?

Al día siguiente, 28 de junio, la homilía del padre Jozo cayó como un jarro de agua fría entre los seis videntes al sentirse aludidos. Bastaron estos dos breves párrafos para convencerse de ello:

> Ciertamente —dijo el párroco a sus feligreses—, Nuestra Señora se ha aparecido en la tierra antes. Pero ¿por qué necesitamos esas maravillas cuando tenemos la Eucaristía, la Biblia y a la Iglesia? ¡Jesús está aquí!
>
> Amigos míos, nosotros somos solamente seres humanos, y los seres humanos pueden ser fácilmente manipulados. Vivimos en tiempos desafiantes y tenemos que ser siempre prudentes. Sobre todo, debemos orar constantemente al Señor.

Mirjana tenía grabadas a hierro y fuego, en lo más profundo de su corazón herido, las palabras de la Virgen de Lourdes a la campesina Bernadette Soubirous: «No te prometo hacerte feliz en este mundo, sino en el futuro».

Aquella tarde, el padre Jozo tenía más preguntas que hacerle a ella. Parecía preocupado por su escaso conocimiento de la fe católica.

—Dime, Mirjana: ¿A partir de ahora leerás más la Biblia?

—Me gustaría hacerlo —asintió ella.

—Ya sé que te gustaría, ¿pero lo harás?

—Bueno… —dudó la chica.

—¿Es que acaso no tienes una Biblia?

Ella bajó la mirada con rubor.

—No —negó, apenada.

Y añadió, con media sonrisa:

—Mi abuela tiene una en Sarajevo. Algunas veces la he leído en su casa.

Mirjana palpó la frustración en el rostro del sacerdote. Tenía ante él a una chica que aseguraba ver a la Virgen pero que no había leído prácticamente ni un solo pasaje de la Biblia. Flagrante contradicción.

—¿Sientes ahora la necesidad de aprender algo? —interpeló el párroco, con cierto sarcasmo—. ¿Tal vez sobre cómo rezar a Nuestra Señora ?

—Me encantaría, padre —contestó la adolescente con toda su inocencia.

De hecho, Mirjana había pedido a varios vecinos que le escribiesen algunas oraciones para aprenderlas de memoria.

—¿Sabes, Mirjana…? La gente dice que no ve lo que tú dices ver.

—En eso no puedo ayudarles —alegó ella, encogiéndose de hombros.

La vidente sintió entonces deseos de preguntarle al clérigo por qué no había puesto aún los pies en la colina para comprobar por sí mismo lo que sucedía allí, pero no se atrevió a hacerlo por temor y respeto.

—Algunos han empezado a dudar. Hay personas mayores que dicen que tus apariciones no sirven para nada. La gente está decepcionada.

—No todos pueden ver.

—¿Y por qué no?

—Si todos pudiesen ver a la Virgen podrían decir entonces que Dios existe. Todos creerían. No sé explicarlo, pero Dios no se aparece a todo el mundo. Debemos creer incluso sin ver.

Y así fue. Aunque las gentes no veían, muchos creyeron finalmente en las apariciones, y el apacible pueblo agrícola de Medjugorje se transformó muy pronto en un lugar de peregrinación, a imagen y semejanza de Lourdes o Fátima.

Nuevo asalto

La mañana del 30 de junio, el padre Jozo volvió a la carga.

—La gente ha empezado a despreciaros y os rechaza porque no les ofrecéis nada, ni una sola señal —echó en cara a Mirjana.

Y prosiguió con sus duros reproches:

—¿Cómo os justificaréis ante ellos? Dios castiga severamente a los que engañan, lo sabéis muy bien. Estáis familiarizados con esto, ¿verdad?

Mirjana asintió con la cabeza. Le entristecía que el párroco pudiese pensar eso de ellos.

—Los que engañan a la gente o lanzan falsos mensajes han sido castigados duramente a lo largo de la Historia. Entre los judíos, o en la Iglesia primitiva, se les excluía de la comunidad. Dios les reprendía así con dureza. ¿Tenéis miedo de algo así? —insistió el párroco.

—Yo no —respondió la vidente.

—¿Qué sucedería si Dios os castigase mañana a los seis?

—No creo que lo haga.

—¿Por qué crees que no lo hará?

—Porque no mentimos —le dijo con ojos sinceros.

La mirada del padre Jozo pareció dulcificarse al fin.

—¿Por qué la Virgen se aparece a algunas personas y a otras no? ¿Piensas acaso que eres distinta de quienes no la ven?

—Sí —dijo ella—. Debería ser mejor, creer más y dar ejemplo.

—Lo crees realmente, ¿verdad?

—Sí, lo creo.

—¿Tu fe te impulsa a hacer algo?

—Solo quiero hacer buenas obras.

—¿Y en qué consisten esas buenas obras?

—Me gustaría ayudar a todos los que pueda y pedirles que recen un poco más.

—¿Te entristece que la gente no vea a Nuestra Señora?

—Sí, quiero que todos la vean. Miro a la gente cómo sube a la colina. Algunos incluso caminan descalzos durante seis horas para llegar hasta arriba. ¿No sería hermoso que Nuestra Señora se les apareciese también a ellos?

El padre Jozo estaba preocupado porque cada vez más fieles acudían en masa al monte de las apariciones, en lugar de ir a su parroquia de Santiago Apóstol. Y también por la presencia de numerosos policías en las inmediaciones de Medjugorje. El Gobierno había prohibido de modo taxativo las concentraciones multitudinarias. La consigna era acabar de una vez por todas con aquella intolerable farsa.

13
El KGB «yugoslavo»

¿Dónde está esa pequeña mierda?

Agente de policía, en alusión a Jakov, el menor de los videntes

Medjugorje se había convertido a esas alturas en una incómoda china en el zapato rojo del régimen yugoslavo. Los servicios secretos comunistas, englobados en la Administración de Seguridad del Estado y conocidos por las siglas UDBA, estaban al corriente del peligro que representaban las apariciones en un estado totalitario y ateo, razón por la cual presionaban a la policía local para que intimidase a los seis videntes y zanjase de una vez por todas aquella inadmisible provocación.

Con sede en Belgrado, la UDBA no se andaba con paños calientes a la hora de cercenar cualquier miembro incómodo para el aparato político dirigido entonces por Sergej Kraigher, el tercer presidente de Yugoslavia tras la muerte del mariscal Tito, en 1980.

Fundada el 13 de marzo de 1946, a los agentes de la policía secreta de la República Federal Socialista de Yugoslavia no les había temblado la mano ni un milímetro para liquidar a los antiguos militantes de la Ustacha croata, Ante Pavelic y Vjekoslav Luburic, o al escritor y crítico con el régimen Bruno Busic, asesinado en París en octubre de 1978.

La Historia rigurosa se escribe también con documentos, como la reveladora carta que estamos a punto de rescatar, dirigida por el obispo de Mostar al presidente de la República Federal Socialista de Yugoslavia el 1 de septiembre de 1981, cuando arreciaba la ofensiva de los poderes públicos contra el fenómeno de Medjugorje.

La epístola de Pavao Zanic a Sergej Kraigher es valiente y sin el menor rodeo a la hora de rechazar las gravísimas acusaciones difundidas por la propaganda comunista para hacer creer que tanto el obispo como sus sacerdotes, empezando por el padre Jozo, perseguían los mismos fines que la organización terrorista Ustacha, cuyos antiguos miembros habían sido ya liquidados sin miramiento alguno, como acabamos de ver.

Por nada del mundo estaba dispuesto a permitir el prelado que se les vinculase con la Ustacha, una banda de racismo religioso y nacionalismo croata fundada por Pavelic en 1929, que, para colmo, había sido aliada del nazismo. La manipulación de la opinión pública para relacionarles con los objetivos de aquella organización criminal revelaba la carencia absoluta de escrúpulos por parte del régimen y su maledicencia sin límites.

¿En qué mente calenturienta cabía acaso la creencia de que el obispo Zanic y sus clérigos pudiesen defender el empleo continuado de la violencia extrema para alcanzar la independencia de Croacia, en aras de la supremacía étnica de este pueblo al que consideraban germano, tal y como propugnaba la Ustacha?

El obispo conocía muy bien la célebre frase del filósofo y escritor inglés Francis Bacon: «Calumnia, que algo queda».

Y por esa razón redactó esta misiva que, traducida del croata, iba dirigida a la misma línea de flotación del régimen a cuyo frente estaba Sergej Kraigher:

> Señor presidente: En los diarios, la radio y la televisión se ha difundido la noticia de que el 17 de agosto de 1981 se celebró en Citluk una reunión de la Conferencia Comunal de la Unión Socialista del Pueblo Trabajador de esta localidad. En ese encuentro se trataron los recientes acontecimientos en la parroquia de Medjugorje. Y luego, en las noticias, se difundió el siguiente comunicado:
>
> «Se ha declarado que era necesario explicar aún más claramente al pueblo que lo que proyectan y desean los sacerdotes Jozo Zovko, de Medjugorje; su colega Ferdo Vlasic; el obispo de Mostar, Zanic, y otros extremistas no es otra cosa que lo que sueña y anhela realizar la organización terrorista Ustacha. Los nacionalistas clericales se han levantado contra los logros de la revolución, el sistema actualmente constituido y la autogestión socialista. Todo esto constituye una grave extralimitación de los sentimientos religiosos» (Extracto de las noticias de R.T.V., Sarajevo, 17 de agosto de 1981, y del diario *Vecernij Liste,* del 18 de agosto de 1981).
>
> Estimo que tengo el deber y el derecho de protestar enérgicamente contra semejantes calumnias carentes por completo de fundamento. Como obispo católico y ordinario del lugar responsable de la diócesis de Mostar, lamento personalmente, junto con mis sacerdotes cuestionados, todas esas calumnias irresponsables y los ataques, cuyo mal gusto no puede ayudar a discernir con serenidad los sucesos en la parroquia de Medjugorje.
>
> Con semejantes procedimientos se vulneran los derechos fundamentales del hombre y el ciudadano. Os pido por eso que aceptéis mi protesta —que yo dirijo a la persona que

tiene la más alta responsabilidad de Yugoslavia— y actuéis con firmeza contra esos ataques. Os ruego recibáis la expresión de mi respeto.

Firmado:

PAVAO ZANIC, obispo de Mostar

LA GRAN TRAMPA

Meses antes de esta carta del obispo, la mañana del 30 de junio de 1981, se le acercaron a Mirjana y al resto de los videntes dos mujeres que dijeron llamarse Mica y Ljubica y se identificaron como trabajadoras sociales.

A Ljubica, Mirjana jamás la había visto en su vida, pero Mica residía en Bijakovici, al pie de la colina, y la recordaba de alguna aparición.

—La policía secreta está planeando venir a por vosotros —susurró Mica, como si fuese una espía de la resistencia que temiese ser descubierta.

—Tienen órdenes de Belgrado —añadió Ljubica.

Muertos de miedo, los muchachos comentaron a las mujeres que se encerrarían bajo siete cerrojos en sus habitaciones y que no saldrían de allí como los presos de sus celdas. Pero ellas negaron con la cabeza.

—¿De verdad pensáis que podéis esconderos de la policía secreta en vuestras habitaciones? —adujo Ljubica, con una mueca irónica.

Mirjana y sus amigos se estremecían solo de pensar que la policía secreta pudiese detenerlos. Era como el KGB soviético, solo que a la yugoslava, conocido por sus violentos interrogatorios, torturas y hasta ejecuciones.

Los videntes, excepto Iván, ausente aquella mañana, subieron al coche de Mica y se apretujaron en el asiento trasero dispuestos a salir de Medjugorje para huir de la policía. Pero cuando el vehículo alcanzó el límite fronterizo de Bijakovici, el comandante de la policía local, Zdravko, les hizo indicaciones para que se detuviesen. Los chicos temblaban a bordo. Circularon hasta una señal de *stop* mientras el comandante se encaminaba hacia el coche. Una vez a su altura, se asomó a la ventanilla y observó extrañado a los chicos.

—Mica, ¿qué pasa aquí? —interrogó el jefe de policía a la conductora, a quien ya conocía.

—Tenemos prisa —alegó ella.

—Necesito preguntarte algo —dijo él, serio y calmado.

Mica oteó los alrededores repletos de peatones, algunos de los cuales ya habían reconocido a los chicos y los miraban con curiosidad desde la acera.

—La gente rodeará el coche si seguimos aquí —advirtió ella.

—Mica, espera un momento —ordenó el comandante.

—No podemos esperar.

Otro grupo de chismosos se había detenido cerca del vehículo. Advertido de ello, el comandante finalmente accedió:

—Está bien.

Subió al coche policial y les siguió. Poco después, llegaron a la altura de otro vehículo policial aparcado en el arcén de la carretera para vigilar la entrada y salida del pueblo. Varios agentes se posicionaron cerca del automóvil donde estaban los chicos, examinándolo desde fuera. Parecían confundidos sobre cómo actuar.

—¡Apártense! —grito Mica de repente por la ventanilla—. ¡Tenemos prisa!

Los agentes vieron entonces el coche de su comandante detenerse justo detrás del suyo y pensaron que controlaba la situación. Retiraron así finalmente el vehículo que bloqueaba la salida, mientras Mica apretaba a fondo el acelerador.

Los cinco videntes fueron a Pocitelj, una antigua ciudad amurallada con una mezquita histórica y los restos de una fortaleza medieval, junto al río Neretva. Luego visitaron Capljina, una de las ciudades más grandes y modernas de la región, y finalmente recalaron en Kravice, una maravillosa cascada en el río Trebizat.

Cuando repararon en que se les hacía tarde para acudir a la colina de las apariciones, Mica y Ljubica trataron de calmarlos. Pero al ver que empezaba a ponerse el sol, los chicos les suplicaron que regresasen a Medjugorje. Ellas accedieron a regañadientes. Hicieron el viaje de vuelta mucho más despacio que el de ida, lo cual despertó sospechas en los videntes.

Más tarde, los muchachos descubrieron que Ljubica y Mica habían cumplido órdenes del Gobierno para alejarles de Medjugorje y evitar que estuviesen presentes en la séptima aparición.

Mica y Ljubica no contaban, sin embargo, con que ellas también subirían finalmente a la colina de las apariciones y quedarían impactadas al distinguir una especie de nebulosa moviéndose en el mismo lugar donde los chicos aseguraban ver a la Virgen. Aquella tarde la Señora accedió a que la próxima aparición tuviese lugar en la parroquia de Santiago Apóstol, tal y como deseaba el padre Jozo.

El acoso a los videntes por parte de la policía de Citluk se había repetido el día anterior, 29 de junio, fiesta de los Santos Pedro y Pablo. Trasladados a comisaría, Mirjana se enfrentó de nuevo a un desagradable interrogatorio:

—¿Dónde está esa pequeña mierda? —inquirió el policía, amenazante, en alusión a su primo Jakov. La rabia refulgía en su mirada.

Mirjana se alegró de que el chaval no les hubiese acompañado aquel día, sobre todo porque algunos policías se comportaban como unos indeseables a la hora de interrogar a sus víctimas, llegando a competir entre ellos para ver quién resultaba más ofensivo e intimidante con aquellas indefensas criaturas menores de edad.

—Jakov tiene solo diez años —alegó Mirjana—. Déjelo en paz. Es demasiado pequeño.

—¡Tú, perra mentirosa! —bramó el agente—. No es tan pequeño si puede subir a esa colina en dos minutos.

Mirjana cerró los ojos y suplicó a Dios que tranquilizase al furibundo policía, pero el interrogatorio prosiguió con expresiones más groseras aún durante cuatro horas interminables.

Finalmente, al percatarse de su incapacidad para obligarles a retractarse de sus declaraciones, la policía les hizo subir a una pequeña ambulancia que los condujo hasta una clínica para someterlos al examen de la pediatra Darinka Glamuzina, que, por supuesto, era atea.

Una vez allí, contestaron con santa paciencia a la retahíla de preguntas de la doctora, algunas de ellas bastante impertinentes: «¿Qué habéis visto? ¿Dónde sucede todo? ¿Cómo os sentís? ¿Os han hipnotizado alguna vez?».

Al cabo de una hora, la policía los metió de nuevo en la ambulancia para trasladarlos al hospital de Mostar. El conductor tampoco era una hermanita de la caridad, a juzgar por sus comentarios hirientes:

—Acostumbraos a este sitio —dijo con sarcasmo, al verles apretujados en la parte trasera—. Tal vez sea vuestro nuevo hogar cuando los médicos os declaren dementes.

Llegados a la clínica de Mostar, la policía los condujo primero a una estancia oscura y sin ventanas, y cerró la puerta tras ellos. Mirjana no ha olvidado después de tantos años la atmósfera fría, húmeda y nauseabunda que se respiraba allí. Apenas pudo distinguir entre las sombras una silueta humana tendida sobre una superficie lisa que parecía de acero, pero cuando sus ojos se acostumbraron a la penumbra reparó en que era un cadáver. Enseguida comprobó que había más cuerpos inertes repartidos por toda la habitación. Estaban en la morgue. Todavía hoy no es capaz de explicarse ella cómo pudieron cometer semejante atrocidad con unos adolescentes.

... AL MANICOMIO

Poco después, los condujeron a la consulta de otro médico más frío y despiadado que la doctora Glamuzina.

—¿Sabéis...? Tenemos un lugar especial para locos como vosotros —dijo con crueldad.

Y haciéndoles creer que se trataba de una sala de espera, los encerró en una habitación repleta de enfermos mentales. Los pacientes deambulaban alrededor de los chicos sin rumbo fijo, gritando y haciendo aspavientos. Algo aterrador. Uno de ellos se les acercó para decirles que era militar y empezó a desfilar con paso marcial por la estancia, como un soldadito de cuerda. Gracias a Dios, una enfermera los sacó finalmente de allí.

Al cabo de un rato, se encontraron en presencia de la encargada del servicio de Neuropsiquiatría del hospital, la doctora musulmana Mulija Dzudza. Tras someterse a su examen médico, los jóvenes pacientes se enteraron de que la doctora había resuelto que eran muchachos sanos y equilibrados.

Y añadió, indignada:

—¡Quienes les trajeron aquí son los que deberían ser declarados dementes!

Aquellas imágenes tan inquietantes bullían como una olla a presión en el disco duro del cerebro de Mirjana, llegando a traumatizarla en los primeros momentos: el cadáver sobre la mesa de acero, el militar perturbado desfilando a su alrededor, el resto de los pacientes que no cesaban de balbucear y expeler sonidos guturales... Pero nada de todo eso le habría hecho renegar a ella —ni la cárcel y ni tan siquiera la muerte— de la Virgen a quien se reafirmaba en ver.

La conversión

Aquella misma tarde, la doctora Glamuzina acudió al monte de las apariciones para observar de cerca a sus pacientes, y no tanto a los videntes. Varios testigos les dijeron luego que la mirada escéptica de la pediatra se había tornado fascinada al contemplar la expresión radiante de sus rostros.

—¡Pregúntale quién es! —rogó la doctora a Vicka, en alusión a la Virgen, durante la aparición.

Ella obedeció y la Gospa contestó:

—Soy la Reina de la Paz.

—¿Cómo podremos tener paz cuando hay tantas religiones distintas? —objetó la pediatra.

—Hay un solo credo y un solo Dios —respondió la Señora.

—¿Por qué ha elegido precisamente Bijakovici para aparecerse entre tantos otros lugares como hay en el mundo? —inquirió de nuevo la doctora a través de Vicka.

—He venido aquí porque la gente reza y tiene gran fe.

—¿Puedo tocar lo que estos chicos dicen ver? —inquirió la facultativa por medio de Vicka otra vez.

—Puede intentarlo —repuso la Señora.

Los videntes dirigieron a la doctora adonde estaba la Virgen y en cuanto ella alargó su mano para tocarla, la Gospa ascendió de repente y desapareció. La mujer se volvió hacia los videntes y les dijo con mirada afligida:

—Se ha ido, ¿verdad?

—Así es —asintió Vicka.

—¿Ha dicho algo?

—Ha dicho: «Siempre habrá Judas dudosos», y luego ha desaparecido.

El rostro de la doctora se nubló de tristeza. Bajó poco después la colina apesadumbrada y admitió finalmente que creía a los videntes. Al cabo del tiempo, retomó la práctica piadosa e incluso empezó a cantar en el coro de la iglesia. Su testimonio no tiene desperdicio. Dice así:

> Cuando intenté tocar a Nuestra Señora —manifestó la pediatra Darinka Glamuzina— tuve una increíble sensación. Era como si supiera que se iba a ir y en qué dirección. Más tarde, lo confirmé con los videntes. Al principio, cuando me

dijeron que la Virgen se había referido a los «Judas dudosos», me ofendí. Pero luego comprendí clara y pacíficamente: ¡Estos niños realmente ven a la Virgen!

Yo, desde luego, era como Judas: quería desenmascararlos. No les creía. Pero tras mi experiencia, me sentí avergonzada y experimenté una profunda humildad ante la grandeza de la Virgen, que supo leer dentro de mí y como una buena madre me avisó.

14
En la cuerda floja

¿No ha venido Él para liberarme a mí, prisionero?

Jozo Zovko

La tensión del padre Jozo por la feroz persecución comunista desatada contra los seis videntes, parroquianos suyos al fin y al cabo, se asemejaba a un movimiento sísmico interior de ocho puntos en la escala de Richter.

Y no era para menos, pues el sacerdote no podía ignorar que en los telediarios nacionales se tildase a los muchachos de «amargados enemigos del Estado» y que los titulares de los periódicos aludiesen a ellos como «seis palurdos que inventan visiones sobre María».

El fenómeno de Medjugorje tampoco se libraba de crueles descalificaciones en la prensa: «Un engaño religioso que atrae a miles de zelotes», rezaba otro titular. Y, por si fuera poco, al propio padre Jozo y a sus hermanos franciscanos se les consideraba cómplices, a juzgar por este otro titular: «Los frailes, sospechosos de tramar un complot nacionalista».

La acusación era gravísima y colocaba así al aturdido párroco en una peligrosa encrucijada.

Entre tanto, las autoridades locales habían organizado una reunión en la escuela primaria de los videntes a la que invitaron a sus padres y familiares. La advertencia durante aquel encuentro sonó entonces más bien a intolerable amenaza: si no cesaban los «disparates», calificados así por los comunistas, los chicos serían expulsados del colegio e ingresados sin contemplaciones en una institución para enfermos mentales. Y para colmo de males, sus padres perderían el trabajo y sus pasaportes serían confiscados. En cuanto oyó eso, el vecino de Vicka, de nombre Iván, se levantó de inmediato en su defensa, y esa valerosa actitud le valió luego dos meses de cárcel nada menos.

Tampoco el padre Jozo se libró de las coacciones del régimen: si no detenía las «manifestaciones» en su parroquia, ingresaría también en prisión. La tremenda angustia del sacerdote no era consecuencia solo de la persecución implacable de que era víctima, sino sobre todo de que a esas alturas seguía sin creer que los chicos viesen a la Virgen. El estrés era aún mayor porque los dos vicarios de su parroquia creían ya a pies juntillas en las apariciones. Y la gota que colmó el vaso de su desesperación fue la postura también favorable de su superior: el obispo de Mostar, Pavao Zanic.

Uno de aquellos días, el obispo se había reunido con los seis videntes a iniciativa propia para formularles numerosas preguntas. La conversación quedó registrada en cinta magnetofónica. Acto seguido, monseñor Zanic indicó a los chicos que posasen sus manos sobre una cruz y jurasen en voz alta que habían dicho toda la verdad y nada más que la verdad, lo cual hicieron de mil amores.

Tras aquel encuentro, el prelado expresó al padre Jozo su convicción de que los muchachos decían la verdad, pero este le instó a que fuese prudente. Poco después, un periódico publicó que el obispo había declarado: «Es evidente que los niños no fueron incitados por nadie, en particular por la Iglesia, a mentir».

Moisés y el Mar Rojo

Desolado, el padre Jozo se aferró a su última esperanza: la oración. Cerró las puertas de la iglesia a cal y canto y, sentado en uno de los primeros bancos desde donde divisaba mejor el Sagrario, imploró a Dios que le guiara en su mar de incertidumbres. Abrió la Biblia al azar y se topó con el pasaje del Éxodo donde Dios separaba las aguas del Mar Rojo para que Moisés pudiese abrirse camino con el pueblo judío en su huida de los perseguidores egipcios mandados por el faraón.

—Señor —oraba el padre Jozo—, tú sabes cuánto te amo. Hablaste con Moisés, pero para él fue fácil. Su pueblo sabía que eras tú quien los guiaba, pero aquí nadie lo sabe.

En aquel preciso instante, el padre Jozo percibió una voz interior que le exhortó:

—¡Sal y protege a los niños!

Asombrado, se levantó de repente y corrió hacia la puerta de la iglesia. Cuando la abrió, reparó en que algunos videntes le aguardaban en la calle.

—¡La policía nos persigue! —gritó Vicka, haciendo una pausa para recuperar el aliento.

El padre Jozo abrió sus brazos en señal de acogida y les dijo con premura:

—Mis queridos ángeles, ¡entrad!

Esa misma tarde, la Virgen volvió a visitar a los videntes en una reducida estancia junto al altar y frente a la sacristía. El padre Jozo no volvió a dudar ya nunca más desde aquel día.

¿Artimaña del diablo?

Pero hasta entonces, el franciscano había llegado a pensar que las apariciones podían ser en realidad una treta del diablo para confundir a las gentes de buena fe. Igual que su homólogo de Fátima, el padre Manuel Nunes Formigão, más de seis décadas antes.

Del Archivo del Santuario de Fátima intercepté en su día este otro documento desconocido donde el padre Formigão brindaba de su misma mano la evolución íntima de sus cavilaciones, cada vez más proclives a convertirse en certezas:

> Convencido de la sinceridad absoluta de los tres niños —escribía el padre Formigão, tras sus primeros interrogatorios—, que decían haber visto cinco veces a Nuestra Señora en un lugar llamado Cova da Iria [...] me dirigí por tercera vez hacia esa población.
>
> Aunque aún dudase de que los niños pudiesen ser víctimas de una alucinación, hipótesis que lo sucedido hasta entonces me invitaba a rechazar, o que los acontecimientos extraordinarios fueran provocados en realidad por el espíritu de las tinieblas con un fin desconocido, dentro de mí iba arraigando cada vez más la convicción de que Fátima era el lugar destinado por la Reina del Cielo, la Patrona de Portugal, como teatro de nuevos prodigios de su bondad y misericordia.

Los resquicios de duda del padre Formigão se disiparon del todo en cuanto tuvo oportunidad de interrogar de nuevo a los pastorcitos y a sus familiares. Escondido al principio bajo el seudónimo de Vizconde de Montelo por deber de prudencia, cuando las apariciones no habían sido aprobadas aún por la Iglesia, el canónigo Manuel Nunes Formigão acabó convirtiéndose en su mayor apóstol y firmó así libros u opúsculos pioneros sobre lo que de verdad sucedió a su juicio en Cova da Iria.

Además de ser el primer director espiritual de la vidente Lucía, según reconocía ella misma, el padre Formigão se convirtió también en cómplice de numerosas confidencias de Jacinta. Sin ir más lejos, la niña reclamó la presencia urgente del sacerdote en su lecho de muerte para confiarle el último secreto de la Virgen de Fátima que solo él y la madre Godinho, su consejera espiritual, debían conocer entonces.

El padre Formigão y Jacinta eran, sin duda, dos almas gemelas recompensadas con la misma Corona de la Gloria. El sacerdote fue declarado Siervo de Dios por el Papa Francisco el 14 de abril de 2018, como paso previo a su beatificación, mientras la pastorcita y su hermano Francisco habían sido ya canonizados por el mismo pontífice el 13 de mayo de 2017, en el centenario de las apariciones.

A punta de pistola

El Gobierno yugoslavo llegó a declarar el estado de emergencia en Medjugorje. Belgrado, en efecto, temía cada vez más los perniciosos efectos de las presuntas apariciones marianas sobre el régimen comunista.

De la noche a la mañana, irrumpieron así en Medjugorje soldados armados hasta los dientes con rifles automáticos y acompañados de agresivos pastores alemanes que establecieron sus puestos de guardia en la colina de las apariciones y frente a las casas de los videntes. Otros destacamentos militares patrullaban las calles, mientras el zumbido de los helicópteros se mezclaba con el murmullo de los peregrinos. Aquello recordaría luego, a diminuta escala, el asedio de Sarajevo.

Los interrogatorios corrían a cargo ahora de la policía federal, que había sustituido a la local. Otra señal inequívoca de que al Gobierno de Belgrado le preocupaba el nuevo cariz de los acontecimientos.

Mirjana tuvo que aguantar esta vez sesiones más largas e intensivas, como la dirigida por un policía encolerizado ante la resistencia inhumana de la chica a la hora de negar la veracidad de las apariciones:

—¡Confiesa! —vociferó el agente.

—Solo me confieso con mi sacerdote —repuso ella, irónica.

El rostro del interrogador parecía un volcán en plena erupción y las abultadas venas de su cuello, ríos de lava incandescente.

—¡Admite que no ves a la Virgen! —insistió.

—Pero la veo…

Fuera de sí, el agente desenfundó su pistola y la colocó encima del tablón de madera que le separaba de Mirjana.

—¡Confiésalo todo! —gritó de nuevo, sin dejar de mirar al revólver con actitud desafiante.

La vidente se encomendó a la Gospa en silencio y ni siquiera el arma mortífera que tenía delante de sus narices logró intimidarla.

—Se acabó el tiempo —advirtió el policía—. Dime la verdad de inmediato.

Ella le miró fijamente a los ojos y dijo:

—La verdad es que veo a Nuestra Señora y estoy deseando morir por Ella.

El agente golpeó la mesa con el puño cerrado, en señal de impotencia, enfundó su arma reglamentaria y salió furioso de la sala.

Una visita inesperada

Mirjana jamás ha olvidado el día en que un hombre llamó a la puerta de su casa, años después. Su rostro le resultaba familiar. Percibió enseguida que al inesperado visitante le costaba hablar y mirarle a los ojos.

—¿Puedo ayudarle? —preguntó ella, solícita.

—Por favor, perdóneme —imploró él, compungido y cabizbajo.

—¿Por qué...? —añadió ella, desconcertada.

—Soy uno de los policías que la interrogó en 1981. De verdad que siento lo que les hicimos pasar entonces.

Mirjana no recordaba con exactitud lo sucedido con aquel hombre que tenía ahora frente a ella. Siempre había rezado por sus perseguidores, incluso en los momentos de mayor acoso, como cuando izaban sus porras como si fuesen a molerlos a golpes sin piedad, o cuando blasfemaban contra la Virgen.

—Está bien. Eso fue hace mucho tiempo —repuso ella.

El hombre pareció respirar aliviado.

—Tengo algo para usted —comentó.

Y acto seguido le mostró una cinta magnetofónica.

—He conservado la grabación de aquel interrogatorio durante todos estos años. Pensé que le gustaría escucharla —añadió.

—Entre —indicó ella.

Acomodados en la sala de estar, él introdujo la cinta en el radiocasete y pulsó el interruptor de encendido. En cuanto escuchó la voz de él, a Mirjana le pareció estar inmersa en la máquina del tiempo.

—Estás engañando a la gente —acusaba el policía.

—No estoy engañando a nadie —negaba la vidente.

—¿No ves que tu historia es absurda?

—Estoy diciendo la verdad. Es todo lo que puedo hacer.

—Te lo preguntaré una vez más: ¿Qué viste en aquella colina?

—Vi a Nuestra Señora —se ratificó ella.

—¡Tú viste una mierda!

Mientras escuchaba aquella voz iracunda que escupía palabras soeces y contemplaba a la vez al hombre de apariencia humilde sentado frente a ella, Mirjana tuvo la sensación de que se trataba de dos personas diferentes.

El visitante pulsó finalmente el botón de *stop* y dijo:

—Fue verla sin miedo lo que me convenció de que decía la verdad.

Encarcelado

El 11 de julio de 1981 marcó un antes y un después en la vida del padre Jozo en lo que a Medjugorje se refiere. Aquel día los espías del Gobierno volvieron a acecharle a escondidas, parapetados en un banco de la iglesia. Aguardaban con celo desde hacía tiempo el momento propicio para asestarle el golpe letal y finalmente urdieron un pretexto que dio poco después con los huesos del sacerdote en la cárcel, acusado de representar una seria amenaza para el régimen.

¿Qué dijo el padre Jozo en su homilía de aquel día, que le costó nada menos que la pena de prisión? Esto mismo:

> Jesús vino entre sus hijos perdidos y dijo: «El espíritu del Señor está sobre mí, porque Él me ha ungido para predicar las buenas noticias a los pobres. Él me ha enviado para proclamar la libertad a los prisioneros, para devolver la vista a los ciegos, para liberar a los oprimidos, para proclamar el año de gracia del Señor». ¡Eso lo comprendemos esta tarde! ¿No ha venido Él para liberarme a mí, prisionero, a ti, oprimido, a los que durante cuarenta años han estado en prisión, para que esta noche o mañana puedas arrodillarte delante de Él y decir: «Abre esas cadenas, abre esos cerrojos, abre las cadenas que han estado presionando mi vida, porque los pecados me han encadenado durante muchos años?».

Jamás pudo imaginar siquiera el padre Jozo que aquellas palabras sirviesen para encadenarle de verdad, pero lo cierto es que los espías entregaron la grabación secreta de su homilía a los oficiales del Gobierno. Y tergiversar el significado de los términos «prisioneros» u «opresión» resultó sencillo para los prebostes de un régimen obsesionado con la mentira.

La mañana del 17 de agosto, un mes después de pronunciar su manipulada homilía, dos agentes secretos de Belgrado obligaron al padre Jozo a cambiarse el hábito franciscano por atuendo civil, lo esposaron y se lo llevaron detenido en un vehículo policial que arrancó a gran velocidad rumbo a Foca, al sureste de Bosnia-Herzegovina, donde finalmente cumpliría año y medio de prisión, en lugar de los tres y medio a que fue condenado al principio.

Uno de aquellos días, mientras paseaba por la ciudad de Sarajevo, Mirjana se detuvo de repente al leer en una tienda el titular del periódico de la mañana: «Mirjana Dragicevic, nieta de una fascista, declara tener visiones».

Su indignación le llevó a leer el primer párrafo del tendencioso artículo, que decía así: «Mirjana Dragicevic, una estudiante de instituto de dieciséis años, de Sarajevo, dice que ve y habla con una imaginaria Virgen María. Su actividad antigubernamental no debería ser una sorpresa. De hecho, su abuela era fascista».

¿Hasta dónde estaban dispuestos a llegar los propagandistas del comunismo para desacreditarla ante sus propios compatriotas? Con razón, Mirjana repetía para sus adentros este fragmento del Salmo 23: «Aunque pase por un valle tenebroso, ningún mal temeré».

15
Observatorio médico

Las pistas que hemos recopilado son positivas:
no hay fraude ni simulación.

Doctor Luigi Frigerio

Juan Pablo II estaba al corriente de que Medjugorje se había convertido a esas alturas en el observatorio médico del planeta y conocía de primera mano las conclusiones de los expertos. No en vano, su amiga y paisana del alma, la doctora Wanda Póltawska, pertenecía a la Comisión Científica Internacional sobre Medjugorje, a una de cuyas actas oficiales hemos tenido privilegiado acceso. El interesante documento alude, en concreto, a la reunión celebrada el 8 de octubre de 1985 en Faina, provincia de Milán, sobre los resultados de la investigación realizada a los seis videntes en la aldea de Bosnia-Herzegovina los días 7, 8 y 9 de septiembre del mismo año.

La amistad entre Wanda y Karol databa de antes de noviembre de 1962, cuando el entonces vicario capitular de Cracovia en el Concilio Vaticano II, el propio Wojtyla, recurrió al Padre Pío para curar de un cáncer a su amiga Póltawska. La doctora había sido partisana en Cracovia durante la Segunda Guerra Mundial, siendo capturada por los nazis e internada en el campo de concentración de Ravensbrück, donde fue sometida a experimentos médicos inhumanos.

Concluida la guerra, Wanda conoció a Karol Wojtyla mientras estudiaba Psiquiatría en la Universidad Jagellónica de Cracovia. Surgió así una imperecedera amistad que prosiguió durante todo el pontificado, como lo evidencia el hecho de que la mujer y su familia fuesen asiduos invitados a Castel Gandolfo durante las vacaciones veraniegas del Papa.

El postulador del proceso de canonización de Karol Wojtyla, monseñor Slawomir Oder, exhumaba esta desconocida carta del pontífice a su amiga, fechada el 20 de octubre de 1978, en la cual se manifestaba ya el gran afecto que ambos se profesaban:

> El Señor ha decidido que se hiciese realidad todo aquello de lo que hemos hablado varias veces y que tú predijiste, de alguna forma, tras el fallecimiento de Pablo VI. Agradezco a Dios que, en esta ocasión, me haya dado tanta paz interior, una paz que, a todas luces, me faltaba todavía en agosto, y que me ha permitido vivir este momento sin tensión. [...] En estos momentos pienso en ti. Siempre he considerado que en el campo de concentración de Ravensbrück también sufriste por mí. [...] En esta convicción se fundamenta la idea de que vosotros sois mi familia y tú una hermana.

Pasión por los jóvenes

En su calidad de eminente psiquiatra, Wanda Póltawska había participado en el examen y seguimiento médicos efectuados a los seis videntes de Medjugorje, uno de cuyos pioneros había sido el psicólogo Slavko Barbaric, doctorado en la Universidad de Friburgo y ordenado sacerdote el 19 de diciembre de 1971.

Slavko Barbaric era franciscano, como el padre Jozo, y desde el principio se propuso averiguar también por sí mismo si los fenómenos eran veraces o no. Tras entrevistarse y reconocer a los seis muchachos, el doctor compuso en 1982 un interesante y pormenorizado estudio titulado *La personalidad de los videntes,* el cual reproducimos ahora íntegro en el segundo anexo de este libro. Baste señalar de momento esta elocuente conclusión: «De acuerdo con mi experiencia de cinco meses con el grupo y las personas, puedo afirmar que los videntes son personas mentalmente sanas», señala el doctor Barbaric.

Volviendo a Wanda, al doctorarse en psiquiatría eligió la especialización en el tratamiento de pacientes jóvenes. Trabajó en varios centros de la juventud con el apoyo de padres y profesores. Organizaban allí también grupos de oración para familias y matrimonios con problemas, asistidos por el joven capellán Karol Wojtyla.

Más tarde, Wanda dirigió el Instituto de la Familia durante cuarenta años, que contaba con un consejo pontificio en Cracovia. Lo organizó junto con Wojtyla, convertida en su principal discípula. Cuando Karol se fue a la Ciudad Imperial, le dijo a ella:

—Tienes que mantener una casa abierta en Varsovia y otra en Roma.

Juan Pablo II creó allí el Consejo Pontificio para la Familia el mismo día del atentado contra su vida, el 13 de mayo de 1981.

—Lo he pagado con mi propia sangre —le comentó a Wanda poco después.

Antes de intervenir en la reunión de la Comisión Científica Internacional sobre Medjugorje del 8 de octubre de 1985, Wanda Póltawska escuchó muy atenta al doctor milanés Luigi Frigerio mientras explicaba la composición de los tres grupos integrantes del equipo médico que había examinado a los videntes el mes anterior:

> La complejidad de nuestro equipo —dijo el doctor Frigerio— se dividió en tres grupos de estudio: el dirigido por el profesor Maurizio Santini, un neuropsicofarmacólogo que ha profundizado sobre todo en la sensibilidad al dolor y utilizado para ello como instrumentos el algómetro y el extensor corneal [...]. El grupo del doctor Marco Margnelli, neurofisiólogo y exprofesor asistente de fisiología en la Universidad de Milán, que ha empleado un polígrafo para registrar algunos parámetros fisiológicos: frecuencia respiratoria y cardíaca, presión arterial, potenciales electrodérmicos, flujo vascular y resistencia vascular periférica [...]. Y el tercer grupo del profesor Paolo Maestri y el ingeniero Saverio Brighenti, que ha estudiado la conducción en las vías sensoriales auditivas, visuales y somatosensoriales, además de servirse de la pupilometría para detectar cambios en el diámetro pupilar.

Poco después, intervino el doctor Margnelli:

> Llevé conmigo el polígrafo psicofisiológico (Diplomat one), una especie de máquina de la verdad [...]. En la práctica, este método sirve para investigar el sistema nervioso vegetativo. Quería enmarcar estos datos en un momento llamado éxtasis. Esperaba determinar si los chicos estaban mintiendo o no. Los estudié en tres episodios distintos: a Jakov,

> los días 7 y 8 de septiembre [de 1985], y a Iván, el 9 de septiembre.

Los especialistas coincidieron al final en que no habían detectado fenómenos anómalos que pusiesen en duda el comportamiento veraz de los videntes. En este sentido, el doctor Luigi Frigerio añadió, categórico: «Los chicos también se muestran normales desde el punto de vista del comportamiento. El resultado es un auténtico éxtasis».

Fue entonces cuando intervino la doctora Wanda Póltawska:

> Es hora de hacer —advirtió ella— un examen psiquiátrico. Cuando reconocí a Vicka me pareció una niña sencilla, pero durante el éxtasis su rostro se transfiguró por completo y se hizo más hermoso. Estos chicos permanecen unidos y trabajan en perfecta sincronía. Fuera de la Iglesia son campechanos, naturales, normales. Se comportan del mismo modo que el resto de los chicos de su edad. El lugar irradia paz y serenidad. Rezan y cantan juntos. Los jóvenes llegan a este lugar y se interiorizan, se vuelven introspectivos.

El doctor Luigi Frigerio concluyó así de rotundo también: «Las pistas que hemos recopilado son positivas: no hay fraude ni simulación».

Pellizcos y zarandeos

El año anterior, la doctora Maria Federica Magatti había tenido oportunidad de examinar también a los videntes durante las apariciones del 3 y 4 de febrero de 1984 y la del 22 de marzo.

Sometí entonces a los videntes —afirma ella en su informe— a una investigación clínica para evaluar su sensibilidad y reactividad a los estímulos sensoriales, táctiles, luminosos y dolorosos.

Para ello, los niños fueron estimulados de varias maneras: pellizcados, llamados en voz alta por su nombre e incluso zarandeados, sin que manifestaran respuesta alguna al estímulo, aun siendo de tipo doloroso.

[...] Durante la aparición, los niños permanecieron de rodillas con las manos juntas y sus rostros y miradas fijas en el mismo punto. Alzando la extremidad superior de uno de los niños (Iván, para ser precisos) se observó la ausencia de resistencia, pero cuando se soltó el brazo, en lugar de caer pesadamente, regresó a la posición inicial con un movimiento voluntario.

La misma observación, aún más significativa, se hizo levantando al pequeño Jakov mientras estaba arrodillado durante la aparición. Las extremidades inferiores adoptaron entonces la posición vertical, como «colgando», casi sin control muscular. Cuando lo colocamos nuevamente en el suelo, el niño recuperó espontáneamente la posición de rodillas.

Durante la aparición no se observó sudoración. La única actividad motora espontánea, y por lo tanto voluntaria en ese momento, fue el movimiento de los labios, que revelaba la conversación en curso entre la Virgen y los videntes.

Deducimos así la absoluta normalidad en la actitud de los videntes, pese a la completa falta de conciencia relacional o a la posibilidad de establecer relaciones con el mundo exterior.

Todo indicaba así, a juicio de los expertos, que los seis videntes eran chicos normales e incapaces de urdir un engaño semejante tanto desde el punto de vista psiquiátrico, como cognitivo y sensorial. La rotunda conclusión del doctor Luigi Frigerio podría disipar en principio las dudas de los más escépticos: los éxtasis eran auténticos y, por lo tanto, no existía fraude ni simulación.

Previamente, y de modo parecido a como se hizo en su día con la vidente Bernadette Soubirous en Lourdes, el abate Nicolás Bulat atravesó con una gruesa aguja el hombro de Vicka en dos ocasiones, en su calidad de miembro de la comisión episcopal que investigaba las apariciones de Medjugorje. Las imágenes tomadas en su día revelan que la vidente ni se inmutó durante el éxtasis. Más tarde, se extrañó mucho al observar una mancha de sangre en su camiseta blanca, a la altura del omoplato izquierdo.

Primeras conclusiones

El doctor Giacomo Mattalia daba cuenta de que, además de su equipo médico italiano y del Gobierno yugoslavo, que fue el primero en analizar a los videntes, hubo un tercer grupo de médicos franceses liderado por René Laurentin que viajó cuatro veces a Medjugorje en 1984, los días 24 y 25 de marzo, 9 y 10 de junio, 6 y 7 de octubre, y, finalmente, el 28 y 29 de diciembre.

Vale la pena reproducir también, pese a su extensión, las conclusiones expuestas por el doctor Mattalia en este otro revelador documento:

> El examen clínico de los videntes —manifestaba el médico italiano— realizado antes, durante y después de cada aparición nos permite eliminar rotundamente cualquier signo

clínico comparable a los que se observan en los fenómenos de alucinaciones individuales y colectivas, en el histerismo, en la neurosis o en los éxtasis patológicos.

Los estudios encefalográficos realizados a Iván Dragicevic y a Marija Pavlovic permiten descartar totalmente en ellos fenómenos de sueños o epilepsia. En el momento de efectuar las tres grabaciones, en la prueba de estimulación luminosa intermitente (SLI) no se observan descargas eléctricas de tipo epiléptico ni antes, ni durante ni después del éxtasis.

Los exámenes oculares indican que todo es normal, sin anomalías orgánicas. El sistema ocular es tanto anatómica como funcionalmente normal. Durante el éxtasis, el funcionamiento reflejo del párpado ante la luz permanecía inhibido. Dos videntes no parpadeaban y el resto lo hacía muy pocas veces [...]. Delante de ellos colocamos una pantalla, pero este objeto no molestó ni distrajo lo más mínimo su atención mientras duraba la visión. Siempre miraban al mismo punto fijo [...]. Las pruebas auditivas, desde la cóclea hasta el núcleo del tronco encefálico, revelan que todo es normal.

Por si acaso, el doctor Giacomo Mattalia seguía exponiendo los eslabones de una larga cadena de conclusiones que no hacían sino esparcir la luz de la ciencia entre la penumbra del escepticismo:

El fenómeno de las apariciones en Medjugorje —resolvía Mattalia con determinación— estudiado en varios períodos de 1984 es científicamente inexplicable. Puede afirmarse que estos jóvenes son normales y sanos de mente y cuerpo. Científicamente no existe ninguna modificación patológica en los parámetros estudiados. Por lo tanto, no se trata de epilepsia, tal y como lo demuestran los encefalogramas efectuados.

Tampoco se trata de sueños ni alucinaciones en el sentido patológico del término. No es una alucinación auditiva o visual, ligada al nivel de los receptores sensoriales periféricos, dado que las vías auditivas y visuales son normales. Del mismo modo, no existe una alucinación paroxística, a la vista también de los encefalogramas, ni una alucinación de tipo onírico.

Igualmente no hay histeria, neurosis o éxtasis patológico, ya que en ninguno de los videntes se observan estos síntomas. Ni tampoco catalepsia, puesto que durante el éxtasis la musculatura en la mímica sigue funcionando con normalidad.

Los movimientos de atención del globo ocular de los videntes cesan al entrar en éxtasis y se retoman en el mismo instante en que finaliza. Durante el éxtasis, las miradas confluyen en un punto fijo y se advierte un «cara a cara» entre los videntes y la persona que dicen ver.

Estos jóvenes no demuestran un comportamiento patológico y cada tarde, a las 17:45, caen en un «estado de oración» y de comunicación interpersonal. No son personas marginadas ni soñadoras; tampoco viven angustiadas, sino al contrario: son personas libres y felices, socialmente bien integradas en su pueblo y en el mundo moderno.

No apreciamos, por lo tanto, engaño ni fraude en estos jóvenes. Desde un punto de vista científico, tampoco podemos explicar su estado de oración intensa separado del mundo exterior. Un estado de contemplación y comunicación coherente y sana con la persona que solo ellos ven, oyen y pueden tocar.

Los científicos no tenían, desde luego, pelos en la lengua.

16
Conejillos de Indias

Me pareció realizar ese movimiento sobre un cadáver.

Mario Botta

Una cohorte de médicos siguió visitando Medjugorje en los primeros años de las apariciones para someter a los videntes a entrevistas y reconocimientos de toda índole, cual conejillos de Indias. El fenómeno era cada día más conocido en todo el mundo y era preciso averiguar, al margen de consideraciones teológicas y doctrinales que solo incumbían a la Iglesia, si se trataba de una superchería o no desde el punto de vista de la ciencia.

El doctor italiano Luciano Cappello, especialista en ortopedia, estuvo presente también en la pequeña sala parroquial donde se celebraban las apariciones los días 5 y 6 de febrero y 23 de marzo de 1984. Dejémosle a él que nos introduzca en su propia experiencia:

> Pude observar el comportamiento de Iván, Jakov y Marija tres veces, el de Vicka dos veces y el de Ivanka solo una vez. Puedo afirmar que no he encontrado en ellos ningún estado de agitación psíquica ni mucho menos motora [...]. Los niños entraron a la capilla de manera normal y sencilla, como para realizar cualquier otra actividad de su vida coti-

diana, reconociendo y saludando con gestos absolutamente espontáneos y familiares, con mayor facilidad Vicka y menor Marija e Iván, según su temperamento natural.

Del mismo modo, al final de la aparición se despidieron muy amablemente de quienes se les acercaron para saludarlos. Durante la aparición pude ver la extrañeza casi absoluta en el entorno de Vicka, a quien tomé el pulso, revisé la respiración (normal) y sentí la frente, que parecía fresca. Durante esta investigación, Vicka no dio la menor señal de reacción a lo que le habían hecho.

Todavía durante la misma aparición levanté del suelo de modo repentino a Jakov, cogiéndole bajo los brazos e incorporándolo a quince centímetros del suelo. Jakov no ofreció la menor resistencia, sino la impuesta por la propia gravedad. No tuvo reacción de búsqueda de equilibrio tanto al comienzo del levantamiento como al reposicionarlo sobre sus rodillas, como si esta postura fuese para él la de su máxima relajación.

En ninguno de los videntes hallé signos de frustración ni de un segundo propósito. Parecían discretos, ordenados, aseados, correctos en su manera de vestir, de proceder y hablar [...].

Los «tres sincronismos»

Tras asistir varias veces a las apariciones en la capilla contigua al altar de la iglesia, el doctor Cappello pudo distinguir también «tres sincronismos», en sus propias palabras, en el modo de actuar de los videntes. Es decir, en la forma en que los chicos se comportaban de modo simultáneo, concordante, a la hora de arrodillarse ante la presunta aparición, de restablecer el habla tras un silencio sepulcral y de saludar a la visión con la mirada.

> El «primer sincronismo» —advertía Luciano Cappello— se realiza cuando los niños, tras iniciar la oración del Padrenuestro y sin ningún tipo de señal exterior, que podría ser un signo luminoso, acústico o de comprensión, caen simultáneamente de rodillas. Así comenzó la fase del «apagón»: primero sus oraciones eran audibles y luego dejaron de escucharse, aunque los niños seguían orando.
>
> Esto significa la pérdida del efecto acústico de la palabra, conservándose la mímica, porque los niños continuaban moviendo sus labios y reflejaban en sus rostros los sentimientos de alegría o tristeza.
>
> Si deseamos analizar este sincronismo en profundidad, podemos añadir que, teóricamente, tal vez podría obedecer a un entendimiento previo entre los niños, en el sentido de ponerse de acuerdo en la palabra con la que debían detener la oración del Padrenuestro.

El doctor Cappello aludía a continuación al «segundo sincronismo», como él lo denominaba:

> Tiene mucha importancia —aseguraba— y consiste en la reanudación simultánea del efecto de sonido. Es importante porque se produce en un intervalo de tiempo que varía de una aparición a otra; es decir, un intervalo de duración no constante para medir, lo que requeriría un cronómetro. Al mismo tiempo, y sin ninguna señal proveniente del exterior, los niños reanudan el efecto de sonido del habla siempre con estas palabras: «[...] que estás en los Cielos». Ellos explican que solo cuando Nuestra Señora comienza a recitar el Padrenuestro, la acompañan en el momento justo de decir:

> «[...] que estás en los Cielos», hasta concluir la oración. En este segundo sincronismo no puede determinarse la causa natural, dado que es imposible que los muchachos establezcan un acuerdo previo.

Finalmente, el especialista ponía de manifiesto el «tercer sincronismo» que había llamado su atención:

> Sucede cuando los niños, tras un período de tiempo que varía de una aparición a otra, saludan todos juntos a la Virgen, quien, como dicen, se mueve hacia arriba. En ese preciso instante, y con un paralelismo absoluto en la mirada, los niños levantan sus ojos al mismo tiempo como si estuviesen siguiendo un punto visible solo para ellos mientras se eleva. Repito: no hay una mirada que se eleve primero y otra que surja después. Pero como también puede observarse en las cintas de vídeo, la contemporaneidad y el paralelismo de este gesto son absolutos. A veces, no siempre, la elevación de las miradas va acompañada de la palabra *«Ode»* («Se ha ido»), pronunciada por un solo vidente o por más. Creemos que la palabra *«Ode»* no puede ser una señal, porque a veces no se pronuncia y otras se invoca de modo simultáneo por varios videntes.

Tras su minuciosa observación de los videntes en el momento en que decían ver a la Virgen, el doctor Cappello extraía esta conclusión de su teoría de los «tres sincronismos»:

> Si el primer sincronismo pudiese ser (digo «pudiese ser», no «es») explicado por causas naturales, el segundo y el tercero (sobre todo, el segundo) no pueden entenderse de forma natural y se refieren a causas perceptibles solo para los chicos en su estado de éxtasis.

El test de Holter

Mario Botta fue otro de los médicos italianos que desfilaron por Medjugorje, la primera vez los días 8 y 9 de diciembre de 1983, cuando tuvo oportunidad de presenciar dos apariciones y de realizar algunas pruebas médicas a los videntes durante las mismas.

> Personalmente he averiguado —anotó luego en su informe— sobre los videntes Vicka, Marija, Iván, Ivanka y Jakov que su ritmo cardíaco sigue siendo completamente normal durante la aparición. El pulso, evaluado mediante palpación, es *normosfigmico* [pulso normal, entre 60 y 100 pulsaciones por minuto] y tales parámetros no experimentan variaciones significativas en ningún momento.
>
> Un detalle digno de mención es que Iván mantenía las manos juntas hacia abajo y la correa del reloj caía justo por encima de su muñeca, donde suelen detectarse las pulsaciones de la arteria radial. Intenté levantar el reloj para hacerme sitio y poder sentir el pulso. Y, al hacerlo, tuve la clara sensación de que Iván no sentía esta maniobra en absoluto. El niño estaba desprovisto de cualquier reacción. Me pareció realizar ese movimiento sobre un cadáver. Tal era su grado de insensibilidad.

El doctor Botta regresó a Medjugorje en 1984 para asistir a las apariciones de los días 5 y 6 de febrero y poder filmarlas. Observó entonces la misma normalidad en los videntes que en su viaje anterior. Además, pudo comprobar por sí mismo que la estimulación del dolor en ellos, por medio de pellizcos en pleno éxtasis, no provocó reacción alguna y su frecuencia respiratoria fue también normal.

No contento con eso, volvió a Medjugorje por tercera vez los días 23 y 24 de marzo del mismo año. En esta ocasión solo pudo asistir a la aparición del primer día, pues la jornada siguiente en la que se celebraba la aparición número 999 fue con su esposa e hija a la iglesia.

> En este tercer viaje —evocaba el médico— llevé conmigo un aparato cardiocorder (modelo Cardioline) para realizar el test de Holter a uno de los videntes y registrar así su ritmo cardíaco.

Advirtamos que el mencionado test efectuado por el doctor Botta debía su nombre científico al biofísico estadounidense Norman Holter, fallecido el 21 de julio de 1983 e inventor del «monitor Holter», un dispositivo portátil que permitía vigilar de modo permanente la actividad eléctrica del corazón humano durante veinticuatro horas o más. Pues bien, pertrechado con ese monitor, como ya sabemos, Mario Botta se dispuso a realizar su prueba al vidente.

> De acuerdo con el padre franciscano Tomislav Vlasic —consignaba el galeno—, quien explicó en croata a Iván el propósito de mi examen, coloqué el aparato al muchacho unos diez minutos antes de la aparición, mientras estábamos aún en la sacristía, y se lo retiré al final de la Misa (no más tarde, como me hubiese gustado, ya que el chaval me dijo que iba a pasar la noche entera rezando en la montaña de la Cruz). El trazado reproducido aquí documenta la presencia, antes, durante y después de la aparición, de un ritmo sinusal [latido normal del corazón]. La frecuencia cardíaca, como puede deducirse de toda la grabación, oscila entre 74 y 110 latidos por minuto.

Sin ánimo alguno de convertir estas páginas en un aburrido tratado de medicina, merece la pena, sin embargo, concluir este capítulo con la detallada descripción que hace la doctora Anna Maria Franchini de la aparición a la que asistió el 5 de abril de 1984:

> Iván Dragicevic, Vicka Ivankovic, Marija Pavlovic y Jakov Colo entran en la capilla situada frente a la sacristía justo antes de las siete de la tarde, horario de verano. Todos los niños tienen una expresión cuidadosa y atenta, y sus ojos no se apartan del crucifijo que tienen delante. Recitan oraciones en croata. Poco después, se arrodillan a la vez con un intervalo de décimas de segundo y tras un movimiento rápido y armonioso de ambas rodillas. Observan con la mayor atención el crucifijo sin desviar la mirada. Es el momento de la «aparición».
>
> Vicka sonríe con un movimiento complejo de los músculos de la cara. Jakov también sonríe y sus labios se mueven rápidamente sin sonido audible. Finalmente, los chicos levantan la mirada (Jakov alza la barbilla) y dicen en croata «*Ode*» («Se ha ido»). Luego, se incorporan de inmediato y regresan a la iglesia para orar con gran intensidad.
>
> Mi impresión personal es la de un grupo donde todos son independientes y asumen sus propias actitudes, sintiéndose atraídos intensamente por un objeto externo que polariza su atención de un modo como nunca antes lo había visto y que, en mi opinión, distingue la singularidad de esta experiencia. La auténtica simplicidad de los chicos la hace obvia. Todo sigue siendo el sello del secreto, el misterio de lo desconocido [...].

La doctora Franchini concluye así aludiendo al halo de misterio que su homólogo Slavko Barbaric, en su informe reproducido en el anexo, vincula con lo que él denomina «el fenómeno del secreto». Con razón, expone Barbaric aludiendo a los videntes:

> Todo el grupo y también cada individuo que lo compone manifiestan que Nuestra Señora les confía algunos secretos. Sobre la base de mis observaciones puedo concluir que, si existen tales secretos, han sido confiados por una autoridad y son de vital importancia [...].

17
Fátima un siglo después

Apresurad vuestra conversión.

Reina de la Paz

La primera vez que los seis videntes acudieron juntos y el pueblo estuvo presente fue en la segunda aparición del 25 de junio de 1981, razón por la cual la autodenominada «Reina de la Paz» pidió luego que su aniversario oficial se conmemorase precisamente aquel día: «Me gustaría —proclamó Ella— que la fiesta en honor de la Reina de la Paz se celebrase el 25 de junio. De hecho, fue ese día cuando los fieles vinieron por primera vez a la colina», argumentó la Virgen en su mensaje del 2 de febrero de 1982.

Previamente, el 25 de agosto del año anterior, tal y como averiguó en su día el mariólogo René Laurentin por boca de varios testigos, el mensaje de paz apareció en el horizonte de Medjugorje como escrito por una mano invisible. Muchas personas certificaron haber leído en el firmamento esta palabra inscrita en mayúsculas con absoluta nitidez: «MIR» (PAZ, en croata).

La señal se repitió varias veces y fue a finales de 1981 también, tras la aparición en la aldea de Bijakovici, cuando la Virgen se presentó por primera vez bajo su nueva advocación: «Yo soy la Reina de la Paz», anunció.

¿Por qué eligió ella, entre tantas otras advocaciones, precisamente la de Reina de la Paz para aludir desde entonces a la trascendencia del sosiego y la quietud de alma y cuerpo, a modo de seria advertencia también?

Goran Rasevic, el «boina verde» del cerco de Sarajevo con quien iniciábamos estas páginas, lo sabe demasiado bien, muy a su pesar, ya que justo diez años después de instituirse la fiesta en honor de la Reina de la Paz por expreso deseo de la Virgen, el 25 de junio de 1991, estalló la guerra de los diez días tras la declaración unilateral de independencia eslovena que abrió la espita bélica y provocó una auténtica masacre de militares y civiles en la antigua Yugoslavia; una federación en la que nadie pensaba ya entonces que existiese un riesgo real de enfrentamiento armado en plena vigencia del régimen comunista. Nadie, claro está, excepto la Reina de los Profetas *(Regina Prophetarum),* quien también predijo el genocidio de los Tutsis en Ruanda a manos del Gobierno hegemónico Hutu perpetrado entre 1994 y 1995 con el terrible balance de casi ochocientos mil asesinatos, como vimos en su momento.

«Convertíos o pereceréis»

A semejanza de Fátima con los tres pastorcitos Lucía, Francisco y Jacinta, los seis videntes de Medjugorje (Vicka, Mirjana, Marija, Ivanka, Iván y Jakov) recibirían con insistencia la advertencia de la Virgen para convertirse a Dios a fin de evitar males mayores. «Convertíos o pereceréis», previno la Virgen en Fátima.

Antes que Ella, el Ángel de Portugal que precedió a su primera aparición en Cova da Iria respondió así a la pregunta de Lucía sobre cómo podían sacrificarse ellos: «En todo aquello que podáis. Ofreced a Dios un sacrificio como acto de reparación por los pecados con que Él es ofendido y como súplica por la conversión de los pecadores. Atraed así la paz sobre vuestra Patria».

Bajo la advocación de Nuestra Señora del Rosario de Fátima, la Virgen condicionaba así la anhelada paz del mundo a una conversión sincera a Dios:

> Si hacen lo que yo les digo —anunció la Señora a los pastorcitos en otro momento—, se salvarán muchas almas y habrá paz. La guerra pronto terminará [Primera Guerra Mundial]. Pero si no dejan de ofender a Dios, en el pontificado de Pío XI estallará otra aún peor. Cuando veáis una noche iluminada por una luz desconocida, sabed que es la gran señal de Dios para castigar al mundo por sus crímenes mediante la guerra, el hambre, y la persecución de la Iglesia y del Santo Padre.

La Historia, como siempre, le dio la razón a Ella y estalló así la Segunda Guerra Mundial, aún peor, en efecto, que la Primera. La Virgen no había desfallecido a la hora de prevenir a sus hijos de los males que se cernían sobre la humanidad si esta no se enmendaba. Prueba de ello es que Jacinta Marto, estando ya en Lisboa y sabiendo que iba a morir, no se cansaba de repetir la seria advertencia de la Virgen que la madre Godinho, su consejera espiritual, recogió en sus cartas del 19 al 30 de noviembre de 1937:

> Si los hombres no se enmiendan —aseguraba la religiosa, basándose en las palabras de Jacinta de principios de 1920, escuchadas por esta de labios de la misma Virgen—, Nuestra Señora enviará al mundo un castigo como no se ha visto otro

igual, y antes que a los demás países, a España. La pequeña hablaba también de grandes acontecimientos que habrían de producirse hacia 1940.

Resultaba obvio que la Virgen de Fátima avisaba ya entonces, a través de la pastorcita, del peligro de dos grandes conflagraciones que asolarían España y gran parte del planeta si la Humanidad no se convertía: la Guerra Civil española y la Segunda Guerra Mundial.

Tierra de María

En su prólogo del libro *Las maravillas de Fátima,* el padre Facundo Jiménez se lamentaba en julio de 1944 de que ambas profecías se hubiesen cumplido de modo inexorable por hacer caso omiso a las advertencias de la Señora. En especial, la que atañía a España, «pues si alguna nación merece el timbre glorioso de apellidarse *Pueblo de María,* esa es España», aseguraba el clérigo.

Curiosamente, la suerte que corrió España por desoír los avisos del Cielo contrastaba con su larga tradición mariana, convertida en tierra visitada por la propia Virgen en su aparición en carne mortal al apóstol Santiago.

España, sin ir más lejos, tuvo también la gloria de conquistar para las sienes virginales de María una joya inapreciable, como el dogma de la Inmaculada Concepción. No en vano, las Cortes españolas acordaron en 1760 por unanimidad adoptar por singular Patrona a la Virgen María en el misterio de su Concepción Inmaculada.

¿Cómo era posible entonces que una tierra tan mariana como España fuera sacudida de modo tan implacable por la tempestad del Cielo? Sencillamente, porque el pueblo español, encabezado por sus gobernantes, había hecho oídos sordos a las reiteradas advertencias de la Virgen de Fátima.

Todavía hoy se sigue ignorando de forma culpable y negligente, en demasiados casos, el mensaje central de Fátima al que ya hemos aludido: «Convertíos o pereceréis».

De Fátima no solo depende así el pasado del hombre, sino, sobre todo, el presente y futuro de la Iglesia y del mundo; incluida, por supuesto, España.

Y de distinta forma a como se desoyó entonces la dura advertencia mariana sobre las guerras entre 1936 y 1945, se hizo caso a la llamada celestial mientras los campos de batalla seguían tiñéndose de sangre durante la primera gran conflagración mundial.

El pontífice por excelencia de la paz, Benedicto XV, el mismo que calificó al Padre Pío de «uno de esos hombres extraordinarios que el Señor envía de vez en cuando a la tierra para convertir a las almas», había recurrido ya sin éxito a todos los medios humanos y divinos a su alcance para acabar con la guerra.

Hasta que Fátima irrumpió en el mundo, cuya existencia casi todos los seres humanos desconocían hasta entonces. Aparte de Fátima, la hija predilecta de Mahoma fallecida en el año 632, de quien tomó el nombre la célebre dinastía de los fatimistas en el siglo X, la localización geográfica de esta pequeña parroquia homónima de Portugal, distante unos cien kilómetros de Lisboa, era casi un secreto enterrado.

La devoción al rezo del Rosario se propaló desde entonces, convirtiéndose en un arma infalible contra las guerras. Fue así como la Virgen anunció en Fátima que la contienda concluiría pronto.

Recordemos, a este propósito, las reveladoras palabras de Juan Pablo II con las que concluíamos uno de los capítulos anteriores, pronunciadas en su biblioteca privada del Vaticano en presencia del arzobispo eslovaco Pavel Hnilica: «Medjugorje es la continuación de Fátima, es la realización de Fátima», aseguró el Papa.

Poco antes, Wojtyla había cogido un libro de uno de los anaqueles con intención de mostrárselo a su invitado. Su autor era René Laurentin y la primera edición francesa, titulada *La Vierge apparaît-Elle à Medjugorje?,* databa de 1984.

La conexión entre Fátima y Medjugorje era evidente para Juan Pablo II. Muchos testigos de su entorno confirmaron que el pontífice relacionaba el atentado sufrido a manos del turco Alí Agca el 13 de mayo de 1981, festividad de la Virgen de Fátima, con las apariciones de la Reina de la Paz en Medjugorje que empezaron a producirse al mes siguiente.

Una confirmación de este vínculo, para los creyentes, fue el mensaje de la Gospa del 25 de agosto de 1994, pronunciado mientras se preparaba el viaje pastoral del Papa a Croacia previsto para los días 10 y 11 de septiembre: «Queridos hijos, hoy me uno a vosotros en la oración de una manera especial, rogando por el don de la presencia de mi amado Hijo en vuestra patria. Rezad, hijos míos, por la salud de mi hijo predilecto, que sufre, pero al que yo he elegido para estos tiempos», pidió la Virgen, en alusión a Juan Pablo II.

Sacrificio y conversión constituían así el genuino cóctel para evitar males mayores tanto en Fátima, como en Medjugorje. La Virgen insistía en Bosnia-Herzegovina en la urgencia de hacerla caso, como una tierna Madre que se desvive por sus hijos, a imagen y semejanza de Fátima: «Muchos no os creerán y muchos creyentes fervorosos se enfriarán. Pero vosotros permaneced firmes y apremiad a los demás a una oración intensa, a la penitencia y la conversión».

El 8 de diciembre de 1981, en la festividad de la Inmaculada Concepción, los seis videntes esperaban encontrar a la Virgen contenta, pero la vieron arrodillada implorándole a Cristo: «Hijo mío, te lo suplico: perdona al mundo los graves pecados con que te ofende».

En la primavera de 1983, la Reina de la Paz urgía de nuevo a sus hijos a retornar a Jesús: «Apresurad vuestra conversión... Para los no creyentes bien pronto será demasiado tarde para convertirse. Vosotros, los que creéis, convertíos y ahondad en vuestra fe».

El 20 de abril de 1983, uno de los videntes contempló a la Virgen llorando por los pecadores, mientras clamaba: «Yo querría convertirlos, pero ellos no se convierten. ¡Rezad, rezad por ellos! No esperéis más... Yo tengo necesidad de vuestra oración y penitencia». El 26 de abril del mismo año la Virgen volvía a la carga, incansable: «La única palabra que quiero deciros es esta: "Conversión" del mundo entero. Os lo comento a vosotros para que se lo digáis a todo el mundo. Yo solo pido la conversión... Este es mi deseo: convertíos... Abandonadlo todo. Eso viene con la conversión».

MÁS VALE PREVENIR

Llegados al término de este capítulo, resulta esclarecedor sintetizar el sentido del mensaje de Medjugorje a la luz de las certeras reflexiones del mariólogo René Laurentin, miembro en su día de la llamada Comisión franco-italiana favorable a la sobrenaturalidad de las apariciones en la aldea de Bosnia-Herzegovina.

Tras analizar de modo exhaustivo los mensajes recibidos en los primeros años, Laurentin extrae dos interesantes conclusiones, la primera de las cuales hace hincapié en el mensaje de paz dado por María, como Reina de la Paz, a un mundo de violencia que acumula los instrumentos para su autodestrucción. Esa amenaza alude al pecado, la verdadera causa de todos los males que han asolado a la Humanidad desde su misma existencia. La amenaza se valora de forma diversa, según su repercusión en los videntes: unos la perciben ante todo, pero otros se centran en los medios para evitarla.

El acento no recae, por tanto, sobre la catástrofe misma, sino sobre la seriedad del compromiso. Y la solución se presenta como el fruto de la conversión y la oración. Esa es precisamente, en opinión de Laurentin, la segunda cara del mensaje, coherente con la primera.

La segunda conclusión pone de relieve que el mensaje de Medjugorje, como el de Fátima, se contiene en estas tres palabras clave: conversión, oración y ayuno. La conversión se concreta en la invitación a la confesión frecuente, al menos con carácter mensual. Sobres estas tres claves ahondaremos en el próximo capítulo.

Se trata, en definitiva, de un mensaje de paz que debe comenzar por el retorno a Dios de cada uno, extendiéndose como un jarrón de agua fría derramado sobre un mantel, desde la familia y la parroquia hasta el mundo entero y la Iglesia universal.

18
Los diez secretos

Nuestra Señora me ha entregado un folio especial
donde están escritos los diez secretos.

Mirjana Soldo

Laurentin antepone con buen criterio, como acabamos de ver, la «seriedad del compromiso» a la «catástrofe misma». Es decir, las «cinco piedras» o soluciones para evitar males mayores, las cuales analizaremos con detenimiento en el siguiente capítulo, frente a los «diez secretos» que constituyen el misterio más insondable hasta ahora en los cuarenta años de historia de Medjugorje.

«¿Qué son los diez secretos?», se preguntará con razón el lector que no conozca aún los entresijos de Medjugorje, o incluso aquel a quien, por increíble que parezca, el fenómeno le suene todavía hoy a chino.

Los videntes aseguran estar en posesión de diez secretos confiados por la Virgen, algunos de los cuales harían alusión a sucesos devastadores para el mundo y supeditados en parte, como hemos tenido oportunidad de comprobar también en el capítulo anterior, a una conversión sincera a Dios.

Mirjana fue la primera en recibir los diez secretos, el último de los cuales se le reveló el 25 de diciembre de 1982. En cierta ocasión, durante un viaje con su esposo Marko a Estados Unidos, hizo alusión a ellos. Los amigos de Medjugorje que les acompañaban a su encuentro de oración tenían pánico a volar. Cuando el avión estaba a punto de despegar, uno de ellos se aferró a los brazos del asiento y murmuró, sofocado:

—Recemos para que este avión no se estrelle.

Otro amigo cerró los ojos e imploró a la Gospa que les mantuviese con vida durante todo el trayecto. Pero un tercero objetó:

—Aguardad un momento, ¿de qué estáis hablando? Mirjana va con nosotros y ella no puede morir porque tiene los secretos…

La vidente sonrió y dijo:

—Tengo los secretos por escrito, ¡lo cual significa que no tengo que estar viva cuando se revelen!

Coincido plenamente con el profesor de Historia y Filosofía Diego Manetti en que la veracidad de Medjugorje se pondrá a prueba cuando se revelen los secretos y pueda verificarse su cumplimiento al cabo de los tres días de su anuncio. Significa eso que todo el mundo, creyentes y escépticos, podrán constatar entonces por sí mismos si el fenómeno de Medjugorje es auténtico o falso.

Escuchemos, si no, a Mirjana:

> Yo tuve que elegir a un sacerdote —explica ella— para confiarle los diez secretos y escogí al padre franciscano Petar Ljubicic. Debo contarle lo que sucederá y dónde, diez días antes de que suceda. Permaneceremos siete días en ayuno y oración, y tres días antes él lo comunicará todo y a todos. Él ha aceptado y así se comprobará que es algo que proviene de Dios.

Este hecho singular, como advierte Manetti, sagaz, distingue a Medjugorje de otras apariciones como las de La Salette o Fátima, donde los secretos confiados por la Virgen a Melania y sor Lucía, respectivamente, no debían hacerse públicos antes de realizarse.

La revelación de los secretos de Medjugorje se asemeja así al fenómeno de las profecías bíblicas, cuyo objetivo consistía, ante todo, en anticipar acontecimientos venideros, como las diez plagas de Egipto preanunciadas al faraón Ramsés II, la destrucción de Sodoma y Gomorra o la devastación de Jerusalén profetizada por el mismo Jesús. Todo eso condicionado en su momento, y en línea con lo señalado por René Laurentin, a la conversión de los distintos pueblos que, como es obvio, jamás se produjo en esos casos, dando lugar a tremendos castigos. ¿Sucederá tal vez hoy lo mismo con Medjugorje, si los secretos fuesen ciertos o, por el contrario, resurgirá un «nuevo Nínive», cuyos habitantes reaccionaron a tiempo para evitar la catástrofe?

Mirjana asegura haber recibido de la Virgen un misterioso pergamino que contiene los diez secretos:

> Nuestra Señora me ha entregado un folio especial donde están escritos los diez secretos. El folio es de un material que no se puede describir: parece papel, pero no lo es; parece tejido, pero tampoco. Es visible, se puede tocar, pero la escritura no se ve. El sacerdote a quien confiaré el folio tendrá la gracia de leer solo el primer secreto. El folio viene del Cielo. Mi cuñado, ingeniero en Suiza, lo ha examinado y me ha dicho que el material con que está hecho no puede encontrarse en la tierra.

Los diez secretos no se revelarán todos a la vez, sino de modo progresivo, de uno en uno, igual que las diez plagas de Egipto, razón por la cual el sacerdote elegido solo podrá leer al principio el primero y cuando se cumpla este, el segundo, y así sucesivamente hasta el último de ellos.

El mensajero

¿Y quién es Petar Ljubicic, el sacerdote elegido en 1982 por Mirjana, y en última instancia por la Virgen, para dar a conocer los diez secretos al mundo entero?

Nacido en 1946, el padre Ljubicic tiene hoy, por tanto, setenta y cinco años y estuvo destinado durante más de una década en la parroquia de Medjugorje. En la Navidad de 1982, como ya sabemos, Mirjana recibió el último secreto y propuso al clérigo que los anunciase al mundo. Él aceptó el encargo y pronto comprendió que los propalaría durante su vida en la tierra de modo que, a juzgar por su avanzada edad, no parece que puedan transcurrir muchos años más antes de que los dé a conocer todos.

El propio padre Ljubicic nos aporta algunos detalles significativos sobre los secretos que tanto interés suscitan:

> Mientras Mirjana hablaba con Nuestra Señora —advierte el sacerdote—, observé que estaba triste. Las lágrimas rodaban por sus mejillas. Al preguntarle por qué lloraba, Mirjana me respondió: «No puedo evitar emocionarme al ver sufrir a los niños».

Ella no pudo hablar más porque se trataba de uno de los secretos.

> Sé que los tres primeros secretos —asegura Ljubicic— están relacionados con Medjugorje. Los dos primeros se

refieren a un aviso y el tercero a la confirmación de las apariciones de Nuestra Señora en Medjugorje. Será la prueba para el mundo de que los videntes dicen la verdad. El tercer secreto menciona una señal permanente en la colina de las apariciones que prueba su autenticidad. De este modo, el mundo comprobará que los videntes han estado diciendo la verdad. Será un signo irrebatible cuando muchas personas se conviertan. El resto de los secretos probablemente consistan en algún suceso devastador para la tierra que invite a las multitudes a convertirse y a no tener miedo.

En otro momento, el padre Ljubicic se muestra algo más explícito sobre los dos primeros secretos:

> Hablando conmigo, Mirjana puso de relieve que hacen referencia a Medjugorje. Contienen una advertencia y una importante amonestación dirigida a los fieles de la parroquia de Medjugorje.

Coincido también con Manetti en que los dos primeros secretos conciernen al mundo entero, y no solo a Medjugorje, dada la universalidad del fenómeno y su indudable resonancia planetaria.

Señal en el cielo

Advirtamos ahora que el signo del tercer secreto se asemeja a otros ya registrados en la larga historia de Medjugorje, como recuerda la vidente Marija Pavlovic, aludiendo con más detalle al fenómeno que ya conocemos por René Laurentin:

El 25 de agosto de 1981 —evoca Marija— hubo una señal espectacular en el cielo. En pleno día, sobre las diez de la mañana, la gente comenzó a ver la imagen de la Virgen junto a la cruz que está en el monte Krizevac. Ese día yo estaba en casa de una amiga. Sintiendo el alboroto de la calle, salí finalmente acompañada por ella y observé lo mismo que todos admiraban entonces. La imagen no era como la que se nos aparece a nosotros.

Nosotros vemos a una persona concreta, real. Pero en aquella ocasión se distinguía una figura hecha de luz blanca, que aparecía y desaparecía. La vieron muchísimas personas, incluso quienes estaban a muchos kilómetros de distancia. Los campesinos se detuvieron también, en los campos, para admirar aquel extraño fenómeno.

Y después, sobre el cielo que domina la montaña, apareció de repente en letras mayúsculas y doradas la palabra «MIR», que en croata significa «PAZ». Era una palabra gigantesca, imponente. Y entre el asombro y la maravilla de todos, brilló durante diez minutos consecutivos.

Marija rememora también esta otra nueva señal que la propia Virgen pareció relacionar con el tercer secreto:

Algunos días después se produjo otro signo espectacular. Por la noche, sobre el Podbrdo, adonde por orden de la policía ya nadie podía acercarse entonces, se divisó un enorme fuego. Era como si toda la zona estuviese ardiendo. Muchas personas se asustaron y corrieron por el pueblo pidiendo auxilio. Los policías recibieron la orden de apagar el fuego, pero cuando llegaron allí no había ni rastro de las llamas. Al día siguiente, la Virgen nos dijo: «El fuego que vio la gente era sobrenatural, uno de los signos premonitorios de la gran señal que vendrá».

Sobre el tercer secreto y la señal en el monte Podbrdo, la propia Reina de la Paz advirtió ya el 19 de julio de 1981:

> Incluso cuando os muestre en la colina el signo prometido, muchos no creerán. Vendrán a la colina, se pondrán de rodillas, pero no creerán. ¡Ahora es el tiempo de convertirse y de hacer penitencia!

La danza del sol

El fenómeno de la señal en el cielo me recuerda inevitablemente a Fátima y la denominada «danza del sol».

El sábado 13 de octubre de 1917, la Virgen había señalado el sol en el momento justo de la despedida. Lucía imitó su gesto de modo instintivo, impulsada por una fuerza interior, mientras vociferaba a la muchedumbre: «¡Mirad el sol!».

¿Y qué vieron entonces los millares de asistentes a la sexta y última aparición de la Virgen...?

El propio padre Manuel Nunes Formigão fue testigo ocular del gran milagro anunciado por la Señora, sobre el cual se publicaron numerosas e interesantes crónicas en la prensa y en folletos durante la segunda quincena de octubre y a lo largo de los dos meses siguientes.

Pese a su trayectoria desconfiada y sectaria, el periodista Avelino de Almeida, del diario *O Século,* había publicado ya sendos artículos los días 13 y 15 de octubre, titulados respectivamente «En pleno sobrenatural: Las apariciones de Fátima» y «Cosas asombrosas: Danza del sol en pleno mediodía de Fátima», los cuales le granjearon duras críticas de no pocos librepensadores.

Y ahora, tras presenciar el milagro del sol, no tuvo más remedio que rendirse de nuevo a la evidencia. Muchos lectores de *O Século* no entendieron ni perdonaron el abandono de su escepticismo inicial, pero la actitud negligente del reportero hasta entonces sucumbió finalmente ante la incontestable realidad.

Su relato no tiene desperdicio. He aquí algunos de sus párrafos más significativos:

> [...] El astro parece una placa de plata opaca —describía Almeida así el sol— y es posible fijarse en su disco sin el menor esfuerzo. No quema, no ciega. Se diría que se estaba produciendo un eclipse. Más he aquí que se levanta un alarido colosal, y a los espectadores más cercanos se les oye gritar:
>
> —¡Milagro, milagro! ¡Prodigio, prodigio!
>
> A los ojos deslumbrados de aquel pueblo, cuya actitud nos traslada a los tiempos bíblicos en los que, pálido de asombro, con la cabeza descubierta, mira cara a cara al cielo. El sol se agita y tiene movimientos bruscos nunca vistos, fuera de todas las leyes cósmicas. El sol «baila», según la típica expresión de aquella sencilla gente [...].
>
> Y seguidamente se preguntan unos a otros si vieron y lo que vieron. El número mayor confiesa que vio agitarse y bailar al sol; otros declaran haber visto el rostro risueño de la propia Virgen y juran que el sol giró sobre sí mismo como una rueda de fuegos artificiales y que bajó casi hasta quemar la tierra con sus rayos [...].

Verlo para creerlo.

El padre Petar Ljubicic pone, a mi juicio, el dedo en la llaga al referirse a los siete últimos secretos de este modo: «Probablemente consistan en algún suceso devastador para la tierra que invite a las multitudes a convertirse».

Vimos ya en su momento lo sucedido con Nuestra Señora de las Tres Espigas, La Salette, la Medalla Milagrosa, Fátima, Lourdes o Kibeho, donde la Virgen se erigió en Reina de los Profetas para alertar a la humanidad sobre grandes castigos si no se arrepentía y retornaba a Dios. La advertencia «si no os convertís, pereceréis» está presente así en las grandes mariofanías de la Historia.

Por no hablar también de Akita, en Japón, donde sor Agnes Sasagawa presenció en 1973 tres apariciones de la Virgen aprobadas en 1984 por el obispo de Niigata, John Shojiro Ito, que las proclamó de origen sobrenatural y autorizó en toda la diócesis la veneración de la Santa Madre de Akita.

Pues bien, ¿qué dijo entonces la Madre de Dios? Esto mismo:

> Si los hombres no se arrepienten y no mejoran, el Padre impondrá un terrible castigo a toda la humanidad. Será un castigo más grande que el diluvio universal, como no se ha visto jamás. El fuego caerá del cielo y arrasará una gran parte de la humanidad, tanto a los buenos como a los malos, incluidos sacerdotes y fieles. Los supervivientes se sentirán tan afligidos, que envidiarán a los muertos. Las únicas armas que tendréis serán el Rosario y el signo dejado por mi Hijo. Rezad cada día el Rosario.

Medjugorje constituye también, en este sentido, tal vez el último aviso en pleno siglo XXI para los ciegos que aún siguen sin querer ver y los sordos que se resisten a escuchar pese a la cadena interminable de advertencias marianas en los dos últimos siglos. Recordemos, si no, este mensaje de la Reina de la Paz dado el 25 de octubre de 1985:

> Sufro mucho por los no creyentes. ¡También ellos son mis hijos! ¡No saben el terrible destino que les aguarda! Todo lo que os he confiado se realizará. También las advertencias al mundo se confirmarán. Pero no debéis pensar por esto que Dios tiene un corazón duro. Observad a vuestro alrededor y os daréis cuenta de lo inmersos que están los hombres de hoy en el pecado, y así ya no podréis decir que Dios tiene un corazón duro. Deberíais rezar más por los no creyentes y pecadores.

La Virgen, como tierna Madre, invita a sus hijos a enmendarse y, en caso de obedecer sus reiterados consejos, no duda de que los castigos se aminorarán. De hecho, Vicka ha comentado en alguna ocasión que el séptimo secreto ha sido muy atenuado gracias a la oración y el ayuno de los fieles.

De esta manera, una cosa es hacer las cosas mal y arrepentirse de ello recibiendo el perdón y la gracia de Dios en la confesión, y otra muy distinta ser malo en el sentido literal del término, aliándose con el mayor infame de la Historia, el mismo demonio, para ofender a Cristo con saña y sin freno donde más le duele: en la Eucaristía, con el aborto, la eutanasia, el divorcio, la ideología de género que tanto odio engendra, los sacrilegios, la profanación de imágenes y templos, las blasfemias contra la Virgen María… En definitiva, con todo aquello causado por la completa ausencia del Amor a Dios y a los demás.

No puedo dejar de recordar, en este sentido, lo sucedido a sor Lucía de Fátima el 10 de octubre de 1925. Aquel día, mientras aún era postulante en el convento de las Hermanas de Santa Dorotea, en la localidad de Vilar, cerca de Oporto, a Lucía se le apareció la Virgen con el Niño Jesús en su celda sobre una nube resplandeciente. Le mostró su Corazón rodeado de espinas, y Jesús, señalándolo con el índice, la exhortó a «tener compasión de aquel Corazón martirizado continuamente por la ingratitud humana, sin que haya quien lo consuele con actos de desagravio».

La Virgen le dijo entonces:

> Mira, hija mía, mi Corazón rodeado de espinas que los hombres ingratos atraviesan en todo momento con sus blasfemias e ingratitudes. Tú, al menos, procura consolarme. Anuncia en mi nombre que prometo asistir en la hora de la muerte, con las gracias necesarias para la salvación, a todos los que el primer sábado de cinco meses consecutivos se confiesen, reciban la Sagrada Comunión y recen la tercera parte del Rosario, meditando en los misterios con la intención de desagraviarme.

Lo que de verdad importa

Con demasiada frecuencia Mirjana ha sufrido el asedio de los peregrinos de Medjugorje, ávidos por descubrir la menor pista relacionada con los secretos, como si les fuese la vida en ello. En una ocasión, un joven napolitano le acribilló a preguntas durante una charla, hasta que la vidente le espetó, un tanto decepcionada: «No malgastes tu tiempo preocupándote por los secretos... ¿Qué sucedería si te digo que el primer secreto tendrá lugar dentro de diez días, pero tú vas a morir mañana?».

Mirjana nos brinda, a propósito, esta aguda y certera reflexión:

> Un día, sin embargo, aquel joven morirá. También yo. Y también tú. El futuro depende de Dios y de nadie más. ¿Qué pasa si hoy es tu último día? Lo será para muchos, y ya lo ha sido para mi abuela Jela, Vesna, Vittorio, Stjepan, el padre Slavko, mi padre, el Papa Juan Pablo II y los millones de seres humanos que han vivido y han muerto en este planeta.
>
> Piensa solo en toda la gente que ha pasado por tu vida y date cuenta de que Dios puede llamarte en cualquier momento. Si supieras que vas a morir mañana, ¿seguirías viviendo del mismo modo o cambiarías algo? Si hay alguien a quien no has perdonado, o alguien a quien has hecho daño, o un pecado que no has confesado, no esperes a mañana para confesarlo. No sabes si el mañana llegará.
>
> Cuando visito a los otros videntes, solemos hablar sobre nuestras familias y nuestra misión, pero nunca hablamos sobre los secretos [...]. La gente me suele preguntar por qué no elegí al padre Slavko para revelar los secretos. Después de todo, era el tío de Marko y estábamos muy unidos a él. Pero el padre Slavko murió. El plan de Dios siempre sustituye a los nuestros.

¿Cómo deberíamos prepararnos entonces para lo que podría suceder si la humanidad sigue empecinada en desafiar a Dios cada día que pasa...?

19
Las cinco piedras

Una perla que cae en el barro sigue siendo una perla,
pero solo puedes apreciar su belleza después de limpiarla.

Stanko Cosic

En la cuarta aparición del 27 de junio de 1981, Marija Pavlovic dijo que la Virgen le había insistido, mientras descendía por la colina: «La paz, la paz... nada más que la paz. Es necesario que los hombres se reconcilien con Dios y entre ellos mismos. Para eso hay que creer, orar, ayunar y confesarse».

El 21 de julio de 1982 los seis videntes volvieron a escuchar estas otras palabras de la Señora, en el mismo sentido: «El ayuno y la oración pueden impedir incluso la guerra».

Nada nuevo, tampoco, bajo el sol de Fátima.

El 6 de agosto, la Virgen recomendó la confesión mensual y repitió hasta la saciedad ese mensaje en días sucesivos. El padre Jozo Zovko, a quien ya nos hemos referido largo y tendido, denominó en su día «las cinco piedras» a las armas necesarias para emprender el camino de la santidad y alcanzar la paz. Esto es: oración, Eucaristía, lectura de la Biblia, ayuno y confesión.

Respecto a la primera piedra de la oración, la Virgen se mostró así de explícita el 25 de abril de 1987:

> Queridos hijos, también hoy os invito a todos a la oración. Sabed que Dios concede gracias especiales en la oración. Por lo tanto, buscad y orad para que podáis comprender todo lo que yo os ofrezco aquí. Os invito, queridos hijos, a la oración con el corazón. Sabed que sin la oración no podéis comprender todo lo que Dios quiere de vosotros. Por lo tanto, orad. Deseo que a través de cada uno de vosotros se realicen los designios de Dios, que pueda crecer y madurar cuanto Dios ha puesto en vuestro corazón. Por lo tanto, orad para que la bendición de Dios pueda protegeros de todo el mal que os amenaza.

Y la oración mariana por excelencia es, cómo no, el Santo Rosario invocado por la Gospa el 12 de junio de 1986 y por la Virgen de Fátima en 1917 bajo la advocación de Nuestra Señora del Rosario, precisamente: «Queridos hijos, os invito a rezar el Rosario de tal manera que se convierta para vosotros en un compromiso que estéis dispuestos a cumplir con alegría», dijo la Reina de la Paz.

Ella misma lo había recordado dos años antes, el 14 de agosto de 1984, al manifestar: «Pido que recéis cada día al menos un Rosario completo: misterios gozosos, dolorosos y gloriosos».

La fuerza del Santo Rosario ha resultado proverbial a lo largo de la historia de la Iglesia para preservar a los fieles de las acechanzas del maligno y constituye «el arma» más poderosa, como lo denominó el Padre Pío, para pedir la intercesión maternal de María frente a cualquier peligro cierto.

Si la conversión constituye el mensaje central en Fátima y Medjugorje, la oración es también uno de los más persistentes en ambas apariciones. No en vano, la palabra más repetida por la Virgen es: «Orad, orad, orad...».

«Mirad a vuestro alrededor —pidió Ella el 13 de septiembre de 1984— y daos cuenta de lo grande que es el pecado que domina el mundo. Por lo tanto, orad para que triunfe Jesús».

La propia Mirjana comenta, a propósito de esta poderosa arma:

> A pesar de haber visto a la Virgen más de setecientas veces desde 1981, nunca me aburro cuando rezo el Rosario porque puedo visualizarla cada vez que recito el Avemaría. Pero recuerdo que cuando era niña me impacientaba cada vez que la abuela Jela dirigía la oración de la noche. Es difícil concentrarse, pero Nuestra Señora dice que nada une a una familia mejor que rezar juntos el Rosario.

Eucaristía

La segunda piedra, siguiendo la terminología acuñada por el padre Jozo, es la Eucaristía, invocada por la Gospa en este otro mensaje suyo del 25 de enero de 1998: «Que la Santa Misa no sea una costumbre, sino la vida misma. Viviendo cada día la Misa sentiréis la necesidad de la santidad y creceréis en ella», aseguró.

La Santa Misa por encima de todo lo demás: «Es mejor —advirtió Ella— permanecer en la iglesia preparándose para la Eucaristía, que estar con los videntes en el momento de la aparición».

Y a los propios videntes les previno también sin miramiento alguno: «Si tienen que escoger entre ir a Misa y encontrarse conmigo en la aparición, deben preferir la Eucaristía porque en ella está presente mi Hijo y en la aparición estoy solo yo».

Los primeros mensajes de la Gospa sobre la Misa iban dirigidos en especial a los seis adolescentes que la escuchaban y no olvidemos que Jakov tenía apenas diez años al inicio de las apariciones. Por eso mismo, sus advertencias revestían entonces un carácter más didáctico y aleccionador: «Permaneced atentos durante la Santa Misa. Sed disciplinados y no habléis durante la celebración», dijo Ella el 19 de febrero de 1982.

La Virgen pidió también a los fieles que se preparasen para la Misa al menos con quince minutos de oración y que, al finalizar la celebración, se recogiesen en acción de gracias por «los múltiples beneficios recibidos». Razón por la cual, antes de iniciarse la Misa vespertina en Medjugorje se rezan hoy diez misterios del Rosario y a su conclusión, el Credo, siete Padrenuestros, siete Avemarías y siete Glorias, para recitar finalmente la tercera parte del Rosario.

Curiosamente, algunos críticos del fenómeno de Medjugorje alegan su excesivo carácter «mariocéntrico», que relega a Jesús a un segundo plano. Pero nada más inexacto que esta objeción resuelta por la propia Virgen, el 12 de noviembre de 1986:

> Yo estoy más cercana a vosotros —aseveró Ella entonces— durante la Misa que durante las apariciones. Muchos

peregrinos desearían estar presentes en la habitación de las apariciones y por eso se apiñan en torno a la casa parroquial. Cuando se apresuren a estar cerca del Sagrario, igual que hacen ahora delante de la casa parroquial, habrán entendido todo, habrán comprendido la presencia de Jesús, porque comulgar es mucho más que ser vidente.

La Virgen ha insistido, precisamente, en que «el momento más solemne de la Eucaristía y donde más gracias se pueden recibir es durante la Consagración». Y en relación con el culto eucarístico recomienda que «se adore sin interrupción al Santísimo Sacramento del Altar».

El único protagonista y la piedra angular no es otra así que Nuestro Señor Jesucristo, si nos atenemos también a lo que cuenta Mirjana: «Una vez Nuestra Señora dijo algo que me afectó profundamente. Tuve la sensación de que era algo de gran importancia, pero nunca lo había compartido hasta ahora: "Yo fui el primer Tabernáculo —dijo—. El Santísimo Cuerpo creció primero dentro de mí"».

Lectura de la Biblia

Sin la lectura diaria de las Sagradas Escrituras, es decir, sin la tercera piedra de Medjugorje tampoco puede pertrecharse uno del todo para alcanzar la paz y la santidad.

«Nuestra Señora nos pide —manifiesta Mirjana— que la Palabra de Dios vuelva a nuestros hogares. No dejéis, por tanto, la Biblia en un rincón polvoriento como un objeto de decoración, sino ponedla en un lugar de honor donde pueda ser vista y tocada».

El mensaje virginal del 18 de octubre de 1984 resultó también meridiano y claro en el mismo sentido: «Queridos hijos, hoy os invito a leer cada día la Biblia en vuestras casas. Colocadla en un lugar bien visible para que siempre os estimule a leerla y a orar [...]», recomendó la Reina de la Paz.

Ya el 13 de julio de 1981, al cabo de veinte días de la primera aparición, la Gospa se había lamentado, entre lágrimas: «¡Os habéis olvidado de la Biblia!».

Poco después, la Virgen propuso también a las familias que dispusiesen en su hogar de un espacio reservado a la oración, una especie de altar familiar que lo convirtiese en iglesia doméstica presidida por el crucifijo, con la Biblia abierta de par en par y cualquier otra imagen de la Virgen, los santos y arcángeles alrededor suyo.

La insistencia en esta tercera piedra ha sido también incansable: «Poned las Sagradas Escrituras en un lugar visible en vuestras casas, leedlas, meditadlas y aprended cómo ama Dios a su pueblo», dijo el 25 de enero de 1999.

Y volvió a la carga el 25 de abril de 2005: «También hoy os invito a renovar la oración en vuestras familias. Que el Espíritu Santo renovador entre en vuestras familias a través de la oración y la lectura de las Sagradas Escrituras. Así llegaréis a ser educadores de la fe en vuestra familia».

La importancia de meditar cada día la Palabra de Dios tampoco debía soslayarse en su opinión, tal y como dijo el 3 de agosto de 1984: «Os revelo un secreto espiritual: si queréis estar más fuertes contra el mal, formaos una conciencia activa. Para ello, orad mucho por la mañana y leed un texto del Evangelio. Grabad la Palabra Divina en vuestro corazón y vividla a diario, sobre todo en el momento de la prueba».

Sus mensajes iban dirigidos en especial a los padres para que leyesen y meditasen los distintos pasajes de la Biblia con sus hijos, previniéndoles de que «la televisión es un peligro moral para las familias».

La lectura de la Palabra de Dios debía constituir así la roca imperturbable del hogar.

Ayuno

Tampoco debía faltar el ayuno, la cuarta piedra con la que reforzar el armazón interior de cada uno: «Hoy os invito —dijo Ella el 25 de enero de 2001— a renovar la oración y el ayuno aún con mayor entusiasmo [...]. Hijos míos, quien ora no teme el futuro, y quien ayuna no teme el mal. Os lo repito una vez más: únicamente con la oración y el ayuno pueden detenerse las guerras [...]».

Como habrá advertido ya el lector, el contenido de los mensajes resulta en muchos casos similar al de Fátima y en modo alguno contradice las enseñanzas del Evangelio ni el Magisterio de la Iglesia. Como este otro del 25 de marzo de 2007, en el mismo sentido que el anterior: «Os quiero agradecer de corazón vuestras renuncias cuaresmales. Deseo animaros a que continuéis viviendo el ayuno con un corazón abierto. Hijitos, con el ayuno y la renuncia seréis más fuertes en la fe [...]».

La Virgen ha pedido el ayuno a pan y agua los miércoles y viernes, a los que debía sumarse para algunos videntes como Vicka o Marija también el sábado, así como nueve días consecutivos antes de la fiesta de la Inmaculada Concepción, el 8 de diciembre. El viernes, como es obvio, porque en la tradición de la Iglesia se conmemora ese día la Pasión de Jesucristo y el miércoles, en honor al Santo Paráclito: «Además del viernes, ayunad a pan y agua otro día de la semana en honor al Espíritu Santo», dijo la Gospa, en septiembre de 1982.

La llamada al ayuno para conseguir la paz, como en Fátima, había sido frecuente desde el tercer día de las apariciones: «Con el ayuno —insistió la Virgen en julio de 1981— y las oraciones se pueden detener las guerras y hasta suspender las leyes de la naturaleza. La caridad no puede sustituir el ayuno. Aquellos que no pueden ayunar sí pueden ofrecer en cambio la oración, la caridad y una confesión. Pero todos, excepto los enfermos, deben ayunar».

La Reina de la Paz reiteraba una vez más la necesidad de aferrarse a esta cuarta piedra:

> Haced penitencia, renunciad, sacrificaos por vosotros mismos, por vuestra salvación y por la salvación de los hermanos. El ayuno es un don, una gracia que cada persona puede recibir de Dios. Fue y sigue siendo la ayuda más segura para encontrar la paz del corazón y la familia, y para librarse de toda adicción y esclavitud. El ayuno todavía se percibe como el medio más seguro para que el hombre retorne a Dios, de quien se ha apartado. El ayuno nos ayuda a enfrentarnos con nosotros mismos, con todos nuestros lados oscuros: fallos, deficiencias, demandas y deseos pecaminosos… Ayunar es una experiencia en la lucha por la pureza del corazón. Ayunar nos ayuda a vivir siempre en la presencia de Dios y a reparar los pecados y ofensas que le hacemos a Dios y al prójimo.

La necesidad de acudir al sacramento de la Reconciliación al menos una vez al mes es también una llamada constante de la Gospa desde el primer momento. Aludimos a la quinta y última piedra sin la cual no puede alcanzarse la verdadera paz ni santidad, de acuerdo con el mensaje mariano de Medjugorje.

Ya desde el 26 de junio de 1981, con motivo de la tercera aparición, la Reina de la Paz invitó a los hombres a reconciliarse con Dios en el sacramento de la Penitencia. No existe ni un solo hombre sobre la tierra que no necesite confesarse al menos una vez al mes, según dijo la Gospa a los videntes. Quiere eso decir que, conforme se está más cerca de Dios, se desarrolla una finura de alma que invita a hincarse de rodillas en el confesonario una vez por semana o incluso menos, dependiendo de cada uno.

Se dice, y con razón, que una imagen, y en este caso un solo hecho, vale más que mil palabras. El suceso se remonta al 2 de agosto de 1981 cuando, a petición de los videntes, la Reina de la Paz accedió a que otros fieles presentes en la aparición se acercasen a Ella para tocar su manto. Se formó así enseguida una fila de personas que, guiadas por los seis videntes, cual lazarillos, posaron sus manos a tientas donde ellos señalaban el borde del vestido de la Virgen. Muchos aseguraron luego que habían sentido el tacto de la ropa. Y por increíble que parezca, la Gospa mostró a los muchachos su atuendo manchado, diciéndoles: «Los que han ensuciado mi vestido son aquellos que no están en gracia de Dios. Confesaos con frecuencia. No dejéis que permanezca mucho tiempo en vuestras almas ni el pecado más leve. Confesaos y reparad vuestros pecados».

El 25 de febrero de 2007, casi dieciséis años después de su primera aparición, la Gospa seguía invitando a la confesión: «Abrid vuestro corazón a la misericordia de Dios en este tiempo cuaresmal. El Padre Celestial desea liberar a cada uno de vosotros de la esclavitud del pecado. Por eso, hijitos, aprovechad este tiempo y a través del encuentro con Dios en la confesión abandonad el pecado y decidíos por la santidad».

El padre Stanko Cosic recurría a una certera metáfora para señalar la gran importancia de este sacramento: «Una perla que cae en el barro sigue siendo una perla, pero solo puedes apreciar su belleza después de limpiarla. Así sucede con nuestras almas en la confesión».

Insistamos, por último, en que ninguno de estos mensajes sobre las denominadas «cinco piedras» de Medjugorje contradice el Catecismo de la Iglesia Católica: oración, Eucaristía, lectura de la Biblia, ayuno y confesión.

¿Por qué entonces la Virgen insiste una y otra vez en la imperiosa necesidad de cultivar todas y cada una de estas «piedras» para aspirar a la santidad? Sencillamente, porque el mundo de hoy necesita tal vez más que nunca ser evangelizado. La sociedad moderna, que algunos prefieren llamar «progresista», ha renegado de Cristo y nadie mejor que Ella sabe que sin su Hijo resulta imposible la salvación.

20
Vicka

Mi médico ha tenido un viaje imprevisto y ahora estamos tú y yo aquí.

La vidente, al autor

El mismo día de nuestra llegada a Medjugorje, en la vieja furgoneta blanca mimetizada con la nieve que cubría las calles del pueblo, conocí a un hombre excepcional por su sencillez y sonrisa contagiosa que irradiaba gran paz en medio del sufrimiento que pude atisbar desde el principio en el trasfondo de su mirada. Vino aquella tarde a charlar con un amigo suyo en la pensión donde me alojaba y, poco después, acabamos reunidos los tres solos en torno a una discreta mesa situada en una esquina del comedor.

Supe entonces que se llamaba Mario Mijatovic y que se había desposado con la vidente Vicka el 26 de enero de 2002. El matrimonio residía en Krehin Gradac, a diez minutos en coche de Medjugorje, en el mismo municipio de Citluk. Tenían dos hijos en común, Marija-Sofía y Anthony, y el profundo amor a Jesucristo y a su Madre mantenía unida a la familia con lazos indestructibles.

Tras un rato de distendida charla en italiano, Mario quedó en recogerme con su coche a la mañana siguiente para conducirme hasta su casa, donde me aguardaba una inolvidable experiencia con Vicka. Me llamó poderosamente la atención que en tan solo unos minutos de agradable conversación y de mirarnos a los ojos como si nos conociésemos de toda la vida, aquel hombre tan natural y campechano me invitase a compartir con semejante generosidad el santuario mismo de su hogar.

Una vez que se marchó, se me acercó mi hija Inés, de dieciséis años, con gesto complacido.

—¡Qué cariñoso es, papá! —celebró ella.

—¿Mario? —pregunté.

—Sí, me ha abrazado nada más verme.

—¿Y eso…? —repuse yo, extrañado.

—Parecía como si ya me conociese y llevara demasiado tiempo sin verme, porque puso cara de asombro al reparar en que estaba allí. ¿Le dijiste que me llamaba Inés y que era hija tuya, verdad? —dijo ella, guiñándome un ojo.

—Yo no le dije nada —aseguré.

Más tarde, indagué en la pensión y nadie le había comentado a Mario una sola palabra sobre Inés, ni su nombre ni mucho menos que era hija mía.

El pasmo

A la mañana siguiente, Mario vino a buscarme con su hijo Anthony. Tuve la sensación, durante el corto viaje por la carretera comarcal y los caminos de tierra, de que me conducían hasta un lugar secreto donde sería incapaz de llegar si tuviese que regresar allí solo alguna vez.

Al apearme del automóvil, me sentí como en casa antes incluso de cruzar el umbral de entrada de la vivienda, dado que de la misma puerta colgaba un gran retrato de Juan

Pablo II que parecía darme la bienvenida. Permanecí contemplándolo en silencio unos segundos, sin saber aún que dos años después dirigiría una película sobre el Papa polaco titulada *Wojtyla. La investigación*.

Finalmente, accedimos Mario y yo al salón, mientras el joven Anthony subía por las escaleras a su habitación.

—Siéntate —me invitó él, amable.

Me acomodé en el centro del tresillo, junto a una mesa rectangular con tablero de cristal y sofás en ambos extremos. En la pared de enfrente había un cuadro de la Última Cena de Jesús con los doce apóstoles y justo debajo, sobre un aparador de madera, una talla de la Virgen de Medjugorje con su manto gris y la corona de doce estrellas, tal y como la había contemplado Vicka, rodeada por una pareja de angelotes dorados.

—Vicka viene enseguida —me indicó Mario, sentado a mi derecha.

Asentí con la mirada y le comenté la agradable sorpresa de toparme con el retrato de Juan Pablo II a la entrada.

—Mi padre ofreció su vida por el Papa el mismo día del atentado en la plaza de San Pedro —me sinceré.

En ese preciso instante, él se acercó a mí más todavía y empezó a susurrarme al oído palabras incomprensibles con la misma voz de Juan Pablo II.

—Cierra los ojos —me dijo.

Obedecí y tuve la sensación de que el mismo pontífice volvía a agradecerme entonces, con su característico timbre de voz, la ofrenda hecha por mi padre el 13 de mayo de 1981.

Cuando terminó de imitarle, formuló una pregunta que me dejó helado:

—¿Qué tal tu hermana?

—¡Cómo dices! —repliqué, aturdido.

—Tu hermana, sí —repitió él, muy calmado.

—Falleció el pasado 9 de febrero —dije, todavía con un nudo en la garganta.

Mario asintió con la cabeza, como si ya lo supiese, y me dio a entender que mi única hermana estaba en el Cielo.

«Mujercita»

En aquel momento irrumpió Vicka en el salón enfundada en un vestido rojo, con jersey de cuello alto a juego y pantalón y zapatos negros. Parecía una «mujercita» con el cabello negro alisado, sus oscuros ojos algo achinados y una sonrisa resplandeciente estampada desde niña en su rostro como un carisma extraordinario.

Portaba una bandeja repleta de aperitivos y bebidas, que se había entretenido en preparar en la cocina mientras Mario y yo charlábamos a solas, y la posó sobre el mantel colocado en la mesa de centro. Me saludó con dos besos y tomó asiento en una butaca justo enfrente de mí. Desde el primer instante, entablamos ella y yo una conversación fluida y cordial en nada parecida a una rígida entrevista, supeditada en ocasiones a convencionalismos y respuestas de concurso.

Tuve la sensación, desde el principio, de dirigirme a ella como a mi propia hermana, de modo que el guion de la entrevista quedó relegado ante el incesante halo de inspiración. Con razón, invocamos juntos al Espíritu Santo y a la Gospa antes de empezar a hablar.

—¿Cómo has visto a la Virgen la última vez? —le pregunté.

Ella torció el gesto con cierta inquietud:

—Está alegre, pero veo en su corazón la tristeza y preocupación por los jóvenes y las familias tan atacadas hoy por Satanás. La Iglesia necesita también nuestras oraciones. La Virgen me pide que recemos por el Papa, los cardenales, los obispos y los sacerdotes. Dice que hay muchos sacerdotes buenos, pero también algunos malos, y los anima a todos a rezar el Rosario. También pide que oremos por las vocaciones sacerdotales que tanta falta hacen hoy.

—¿Cómo se te aparece Ella?

—En Navidad la veo con el Niño Jesús en brazos. En Semana Santa, el Viernes Santo en concreto, la he visto con Jesús ya adulto, coronado de espinas y los estigmas sangrantes en sus manos, pies y costado. La Virgen me dice entonces: «Así sufre mi Hijo por todos vosotros».

—Descríbeme físicamente a Jesús y a la Virgen...

—Él tiene el cabello castaño y los ojos marrones. Ella, el pelo negro y los ojos azules. Pero ninguna de las imágenes que conocemos de ellos les hace la menor justicia.

—¿Tampoco tu detallada descripción de la Gospa?

—La veo vestida de gris, sí, con un velo en la cabeza y la corona de doce estrellas, flotando sobre una nube... Pero mis palabras tampoco le hacen justicia, porque Ella es mucho más hermosa de lo que yo soy capaz de expresar.

—Una hermosura que procede sobre todo del interior...

—¡Exacto! —prorrumpe Vicka, como si acabase de descubrir la piedra filosofal—. La Virgen me dijo en cierta ocasión: «Soy hermosa porque amo». Y a continuación se lamentó por las personas que conceden más importancia a su aspecto físico que a su belleza interior.

—¿Cómo se logra ser hermoso por dentro?

—Antes de nada, acudiendo al sacramento de la confesión para pedir perdón a Dios de corazón por las ofensas infligidas. La Virgen ha dicho que debemos confesar al menos una vez al mes, pero eso depende, claro, del estado del alma de cada uno.

—¿Cómo es un día cualquiera en tu vida?

—Me levanto a las cinco y media de la mañana, como muy tarde. A veces, a las cuatro y media cuando celebro algún encuentro con peregrinos. Voy a Misa, rezo el Rosario, confieso... La Virgen nos pide que recemos las tres partes del Rosario cada día y que hagamos oración y ayunemos. Me gusta también abrir al azar la Biblia y meditar el pasaje que sale a mi encuentro. Yo abandoné mis estudios para ponerme al servicio de la Virgen. Lo dejé todo por amor a Dios y a los demás.

Camino del Gólgota

—¿Qué importancia tiene el sufrimiento para ti?

—Toda. En 1984 la Virgen me pidió que aceptase el sufrimiento como purificación para mi alma y sobre todo para las de los demás. Me rogó que ofreciese el sufrimiento venidero por sus intenciones y yo, naturalmente, acepté. El sufrimiento me hace feliz porque es el modo que tengo de demostrarle a la Virgen mi amor a Ella y a su Hijo.

Vicka calla, tal vez por modestia y pudor, sobre su particular Vía Crucis, cuya primera estación comenzó poco después de aquella aparición de la Virgen, cuando le diagnosticaron un tumor en la parte posterior del cerebro.

Al principio, ella se negó a ir al hospital de Zagreb, pero finalmente accedió en cuanto oyó que la Virgen le decía a

Jakov que debía someterse al cuidado médico, aunque la ciencia nada pudiese hacer para curarla. La intensidad del dolor llegó a tal extremo que la sumió más de una vez en estado de coma. Hasta que sanó de milagro en 1987.

Y vuelta a empezar con una nueva estación en su camino hacia el Gólgota: la de una apendicitis que volvió a postrarle una vez más en cama en el hospital de Zagreb para someterse a una intervención quirúrgica. Los médicos y enfermeras se quedaron petrificados al verla mover los labios, como si conversase con alguien invisible, sentada en la mesa de operaciones del quirófano. Y según ella, claro que hablaba. Hablaba con la Virgen. Igual que las monjitas que comprobaron cómo Vicka se dirigía a ellas con toda normalidad en la capilla, tras la aparición, tan solo dos horas después de que la hubiesen operado de la garganta en un hospital de Italia.

Y para colmo, ella sufría entonces también unos dolores inhumanos en la columna vertebral…

—¿Tienes devoción al Padre Pío? —inquirí.

—¡Claro que sí! —asintió ella, feliz—. Hace tres años [en marzo de 2015] fui a San Giovanni Rotondo y pude rezar junto a su tumba.

—Un maestro del sufrimiento el Padre Pío, ¿verdad?

—Desde luego: crucificado de amor durante cincuenta años con los estigmas de Jesús.

—Yo soy hijo espiritual suyo.

—Lo sé… —dijo, como si lo hubiese adivinado nada más verme—. Conservo unas piedrecitas de la gruta de Monte Sant'Angelo que me regalaron.

—Maravillosa la cripta, por cierto, donde se apareció el Arcángel San Miguel. El Padre Pío enviaba allí a los poseídos por el demonio —observé.

Ella asintió, como si ya lo supiese, y dijo:

—Para ahuyentar a Satanás es también muy importante llevar encima objetos bendecidos, como escapularios, medallas, crucifijos…

A esas alturas de la conversación, Vicka me había convencido de su autenticidad. No era una impostora, por mucho que algunos la acusasen de serlo para desacreditarla a ella y a las apariciones.

—Al Padre Pío también le calumniaban… —dejé escapar yo, a propósito.

—Pobre, lo que tuvo que aguantar por ser fiel a Cristo.

—¿Y tú…?

—Yo no guardo rencor a nadie. Algunas personas que nos perseguían venían aquí para hablar conmigo. Muchas ya han muerto. Todavía rezo por ellas.

—¿Qué les dirías a quienes denuncian que en Medjugorje hay demasiadas apariciones?

—Yo solo puedo decirles la verdad: que veo a la Virgen. Y Ella me ha dicho que Medjugorje es una prolongación de Fátima.

—¿Qué significa Juan Pablo II en tu vida?

—Tuve el privilegio de estar con el Santo Padre alrededor de diez veces. La primera, durante la guerra, cuando acompañé al difunto padre Josipa en una caravana de autobuses abarrotados de viudas, huérfanos y heridos para encontrarnos con el Papa en una audiencia especial en la Basílica de San Pedro. Recuerdo que él me dijo ya al despedirse: «Reza por mí».

—Pues algo parecido te digo yo ahora a ti: ¿Le pedirás a la Virgen que me ayude a amar a Cristo como se merece?

—Cada día veo a la Gospa y esta misma tarde, durante la aparición, le pediré por ti y por tu familia. Por cierto, ¿a que no sabías que hoy mismo tenía cita con el doctor en el hospital de Roma?

—Pues la verdad es que no.

—Mi médico ha tenido un viaje imprevisto y ahora estamos tú y yo aquí.

La intrahistoria

Desde mi llegada a Medjugorje, la Providencia había seguido actuando sin descanso. Antes de subir al coche de Mario para regresar a la pensión, Vicka y yo nos fundimos en un abrazo como si fuese de cera. Una vez allí, Mario me tendió un precioso retrato de Santa Filomena: «Es para Inés», me dijo. ¡Guardaba un asombroso parecido físico con mi hija!

Jamás podré olvidar aquel providencial encuentro con Vicka y Mario, que me sirvió para disipar cualquier recelo sobre Medjugorje y los videntes. Al igual que la aparición de Mirjana al día siguiente. Llegué a convencerme así de que aquellas personas eran de Dios, y que la Virgen las utilizaba como instrumentos para contagiar su amor a los demás, avisándoles de su necesaria conversión.

Pero llegar hasta allí había supuesto un sufrimiento enorme también para nosotros. En diciembre de 2017 le habían diagnosticado a mi hermana Rosario —tampoco su nombre es casual— un tumor en el colon. Le dieron la noticia a Paloma, mi mujer, pero ella guardó silencio entonces, como tantas otras veces en nuestras vidas, por obediencia a su director espiritual, dado que yo permanecía enfrascado en la escritura de mi próximo libro *El Santo. La revolución del Padre Pío* y era preferible, según le dijo, esperar unos días a que lo terminase.

Entre tanto, Paloma retuvo aquel aldabonazo del destino en su corazón sin que la viese derramar una sola lágrima en mi presencia ni pudiese detectar su gran sufrimiento interior. La resonancia magnética había revelado la existencia de un tumor maligno que el cirujano debía extirparle a Rosario el 1 de febrero.

Aquel mismo día, por si fuera poco, mi hermano Javier se desplomó en plena calle y tuvieron que hospitalizarlo de urgencias. A esas alturas ya había concluido el libro del Padre Pío y seguía muy pendiente del curso de la enfermedad de mi hermana. Pero ahora, el diagnóstico del médico volvió a ser descorazonador: a juzgar por el tumor tan grande en el abdomen de Javier, había pocas esperanzas de que se recuperase tras la complicada intervención.

Paloma y yo nos preguntábamos un millón de veces qué sentido tenía todo aquel calvario en plena mudanza de casa y con el proyectado viaje a Medjugorje, el 26 de febrero. Fueron días de tanta tensión e incertidumbres que no hay palabras para describirlos. Refugiados en la oración, operaron a Rosario el 1 de febrero en Palencia. Todo pareció salir bien. Poco después, nos comunicaron que el 11 de febrero, festividad de la Virgen de Lourdes, intervendrían también a Javier.

Jamás olvidaré la noche del 9 de febrero, mientras Paloma y yo bajábamos con Inés por las escaleras mecánicas del centro comercial cargados con bolsas de comida y, de repente, sonó la familiar melodía de su teléfono móvil. Enseguida la oímos gritar: «¡No, Rosario no, por favor!».

Al día siguiente, Paloma, Borja, Inés y yo viajamos a Palencia para velar el cuerpo inerte de mi hermana durante toda la noche, y el mismo 11 de febrero en que le dimos cristiana sepultura, operaron a Javier. Seguíamos pidiéndole al

Padre Pío sin desmayo que dejase por lo menos a Javier con nosotros, desafiando así el desalentador cálculo de probabilidades de los médicos.

Una de aquellas tardes, Paloma y yo visitamos a mi hermano en el hospital con una reliquia del Padre Pío: un trocito del paño que cubría, precisamente, su costado llagado. Paloma se la aplicó en el abdomen a Javier, mientras recitábamos los tres en voz alta la Novena al Sagrado Corazón de Jesús que el santo capuchino rezaba cada día por las almas.

Y llegó el temido día de la operación. El cirujano nos advirtió que podía demorarse más de tres horas. Pero apenas una hora después ya había terminado. Resultó todo un éxito, aunque nos adelantó la probabilidad de que sometiesen a Javier a uno o varios ciclos de quimioterapia con resultado incierto, razón por la cual no era aún momento de cantar victoria.

Durante esos días, Paloma había encomendado la salud de Javier de modo muy especial a mis padres, convencida de que también nos ayudarían desde el Cielo, y a mi hermana Rosario, un alma elevada que solía llamarla cariñosamente «Vida», como su abuela Rosa.

Partimos finalmente a Medjugorje el 26 de febrero, con Javier aún convaleciente de la operación. Llevábamos también con nosotros, como ya sabe el lector, a nuestro perro Pío, un yorkie muy especial de tres meses que había llegado a casa el 25 de enero y que a Rosario le hubiese encantado acariciar. El primer día de viaje íbamos felices hacia Montpellier, entre oraciones, música y animada conversación, pese a las predicciones meteorológicas de tanto frío y nieve.

Al segundo día llegamos a Verona. Paloma estaba en contacto telefónico con Joseba, un prestigioso oncólogo que a su vez permanecía conectado con el hospital donde habían operado a Javier. Joseba era el marido de Esther, la amiga sevillana que nos acompañaba en el viaje con su hermano Gabriel y su primogénito Javier.

Aquella mañana, en Verona, saltó un wasap en el móvil de Paloma: era de Joseba. Como los buenos médicos, él también iba al grano: «Javier está bien. Resultado negativo». Acabábamos de rezar el Rosario, y la Virgen ya había empezado a actuar antes incluso de nuestra llegada a Medjugorje.

Epílogo
¿Son auténticas las apariciones?

¿Hay que prohibir acaso al Cielo los contactos prolongados?

René Laurentin

El mariólogo René Laurentin se hacía esta misma pregunta tras investigar lo sucedido en Medjugorje desde que empezó a hablarse de las apariciones, en otoño de 1981, y presenciar por primera vez un éxtasis de los videntes el 24 de diciembre de 1983. ¿Qué vio Laurentin aquella Nochebuena y al día siguiente, Navidad, en la reducida estancia de cuatro metros de largo por cuatro y medio de ancho, situada en el lado derecho del altar de la parroquia de Santiago Apóstol?

Advirtamos antes que Laurentin es, en mi opinión, el rey indiscutible de cuantos investigadores, incluido yo mismo, se han aproximado al fenómeno de Medjugorje con más o menos acierto en los últimos cuarenta años. Licenciado en Filosofía por la Universidad de París en 1938, fue hecho prisionero de guerra por los alemanes durante la segunda gran conflagración mundial en su condición de soldado del Ejército francés, y confinado en un campo de concentración nazi durante cinco largos años. Igual que la doctora Wanda Póltawska, con quien, como ya sabemos también, compartió las pruebas médicas realizadas a los videntes de Medjugorje y participó en la reunión sobre los resultados de la investigación, celebrada en septiembre de 1985.

Distinguido con la Orden Nacional de la Legión de Honor, la condecoración más importante de Francia, Laurentin obtuvo dos doctorados, uno en Teología y otro en Mariología, en la Universidad de la Sorbona, tras ordenarse sacerdote el 8 de diciembre de 1946.

Desde ese momento se interesó por las apariciones marianas y compuso la historia definitiva de Lourdes en siete volúmenes. A él se debe también la mayor parte de la doctrina mariana recogida en la Constitución Dogmática del Concilio Vaticano II en su calidad de perito experto.

Primera experiencia

Ciñéndonos a Medjugorje, su obra es la más extensa que se conoce y, curiosamente también, una de las más desconocidas. Palmaria contradicción. Baste con citar los principales estudios suyos publicados en su idioma original, que el lector hallará en la introducción a estas páginas.

Fallecido el 10 de septiembre de 2017, a los noventa y nueve años de edad, Laurentin había sido también vituperado por su trabajo, como advertía el conocido vaticanista Vittorio Messori:

> Toda la vida —denunciaba Messori, declarado admirador de la obra de Laurentin— fue acosado en el ámbito académico. En Francia, los arrogantes teólogos franceses miraban por encima del hombro a alguien que se ocupaba de cosas que eran una pérdida de tiempo, como las apariciones

marianas, que para ellos resultaban irrelevantes. Y él sufría en silencio ese ostracismo que lo presentaba como un visionario.

Con semejantes credenciales y un marcado sentido de prudencia en espera del juicio definitivo de la Iglesia sobre Medjugorje, René Laurentin acudió a la parroquia de Santiago Apóstol poco antes de las seis de la tarde de aquella Nochebuena de 1983, la hora en que solían dar comienzo las apariciones. Mientras la multitud recitaba la última parte del Rosario, los videntes entraron en la pieza paralela a la sacristía. Rezaban en voz alta, en comunión con todos. Poco después, sus rostros se iluminaron y, arrodillados en perfecta sincronía, detuvieron sus miradas amorosas y felices en el mismo punto fijo y elevado. Laurentin observó a Vicka, la más extrovertida de todos, prodigarse en sonrisas y gestos de asentimiento, mientras multiplicaba las palabras inaudibles en sus labios.

Apenas dos minutos después, se reanudó su oración en voz alta con las palabras del Padrenuestro, «[...] que estás en los Cielos». No se oyó a la Virgen, que ya debía de estar allí. Al cabo de un minuto, concluyó la plegaria y los videntes se incorporaron. El fin de la aparición no reflejaba en ellos el menor síntoma de tristeza o decepción, sino la dicha más absoluta.

Al día siguiente, fiesta de Navidad, Laurentin contempló la misma escena que la jornada anterior, solo que esta vez uno de los padres franciscanos presionó el brazo de Vicka durante el éxtasis sin que la conversación inaudible ni las sonrisas de la muchacha se alterasen en modo alguno. Luego levantó al pequeño Jakov a un palmo del suelo, como si pesase más sumido en el éxtasis, y tampoco el chico apartó su mirada de la visión. Poco después, el padre preguntó a Vicka y Jakov si habían sentido algo y ambos lo negaron.

Objeciones

Comparto con Laurentin, de principio a fin, su agudo y sosegado análisis sobre los «pros» y «contras» de las apariciones, al margen de la opinión formada que tanto él como yo podamos albergar sobre la autenticidad del fenómeno de acuerdo con nuestras propias vivencias en Medjugorje.

La primera objeción es obvia: ¿Demasiadas apariciones? Medjugorje constituye, en este sentido, un fenómeno inédito en la historia de las mariofanías. Advirtamos que la escasez de apariciones ha sido un indicio de autenticidad si nos atenemos a las aprobadas por la Iglesia. Pensemos, por ejemplo, en la única aparición que tuvieron los videntes de Pontmain, el 12 de enero de 1871.

Bernadette Soubirous solo tuvo dieciocho apariciones de un cuarto de hora o menos, distribuidas las diecisiete primeras en menos de dos meses, y la última del 16 de julio de 1858 al cabo de tres meses.

Aun así, se pregunta un consumado experto como Laurentin: «¿Hay que prohibir acaso al Cielo los contactos prolongados?».

Y acto seguido, reflexiona sobre la necesidad de los mensajes continuados y repetitivos en medio del ateísmo de los países del Este y de la renuncia a Cristo en el resto del mundo paganizado. Una larga duración podría entenderse así en el marco mediático actual, donde lo que no se repite, se olvida e incluso desaparece. Además, el gran número de apariciones se compensa en parte por su excepcional brevedad. De hecho, a Laurentin le sorprende que, habiendo oído hablar de diez minutos a un cuarto de hora, las apariciones de los días 24 o 25 de diciembre de 1983 en Medjugorje durasen apenas dos minutos cada una.

Otro reparo esgrimido a menudo para cuestionar las apariciones de Medjugorje es la acusada locuacidad, demasiadas palabras pronunciadas al parecer por una «Virgen parlanchina» frente al laconismo de Lourdes, donde se registró tan solo una docena de frases breves a la medida de la memoria poco cultivada de Bernadette. Por no hablar ya del silencio sepulcral de la Virgen en Pontmain, donde el mensaje apareció escrito letra por letra.

Aleguemos en favor de Medjugorje el hecho de que las palabras del mensaje propiamente dicho son escuetas y se resumen en conceptos como paz, oración, conversión o ayuno, como parte de una pedagogía hecha de reproches y sugerencias en el marco de un diálogo abierto con los videntes.

Laurentin se pregunta también si habría que lamentar o temer algunos excesos de fervor en Medjugorje: «¿Tantas horas de oración, tantos días de ayuno, no son excesivos? ¿No se corre el riesgo de que una subida tan vertical pierda pronto velocidad, como los aviones que al forzar la ascensión caen en picado?».

La objeción más grave, a juicio de Laurentin, consistía entonces en la férrea oposición del obispo de Mostar, la cual, como ya sabemos, ha dado paso con los años a la constitución de la Comisión Ruini a instancias de Benedicto XVI, favorable a las siete primeras apariciones. Aunque el fenómeno, como es natural, debe investigarse todavía en profundidad por la autoridad eclesiástica competente.

Coincido también con Laurentin en que la autenticidad doctrinal es innegable en Medjugorje. «La pastoral y la vida son conformes a la más estricta ortodoxia», asevera él. Los mensajes cotidianos de la Virgen que hemos tenido oportunidad de condensar a lo largo de estas páginas conducen a Cristo Eucaristía. Su contenido es claramente teocéntrico y responde a lo que representa la Virgen a la luz del Evangelio.

Otro aspecto destacable es la normalidad de los éxtasis. Cuando rezan los videntes, a menudo comienzan el Padrenuestro con «[...] que estás en los Cielos». La Virgen ya ha dicho entonces «Padre Nuestro» sin que nadie más que ellos lo oigan. Sus voces se apagan de modo simultáneo al comienzo del éxtasis. Recordemos que los chicos están asombrados de que nadie les escuche, porque tienen la sensación de «hablar normalmente». Los seis pares de ojos siguen luego a la aparición cuando desaparece de su vista elevándose en el aire.

El psiquiatra Ludvik Stopar se interpuso un día entre la vidente Marija y la aparición. La muchacha siguió en éxtasis como si nada sucediese. Más tarde, le dijo el doctor:

—No has podido verla, porque yo me interponía entre tú y Ella.

A lo que Marija repuso:

—¡Sí, la he visto! Pero había una especie de neblina.

El corpulento doctor no había supuesto para ella más que una ligera niebla.

Remito ahora también al lector a los dos capítulos dedicados a las pruebas médicas practicadas en su día a los videntes, en los cuales se aprecia la normalidad en los éxtasis de que hablamos, así como la de los propios muchachos. Los médicos que ya los habían examinado a requerimiento de la policía comunista, como en otros tiempos se hizo con Bernadette de Lourdes, confirmaron también su perfecto estado de salud física y mental.

A los exámenes de los médicos se suma ahora la opinión de un experto en mariofanías de la talla de Laurentin:

> Lo que yo he observado en los videntes —manifiesta— es una verdadera simplicidad, sin complicaciones ni simplismos. Con su temperamento personal, mantienen todos una comunicación excelente con los demás, sean enemigos o admiradores. Su actitud se mantiene justa y firme sin nada de signos neuróticos. Viven llenos de una experiencia dichosa.

Tal y como yo también los he visto, comprobando al mismo tiempo los sorprendentes frutos de alma y cuerpo cosechados en aquel privilegiado lugar.

Anexo 1
Conversiones y curaciones

Por sus frutos los conoceréis: ¿es que se recogen uvas de los espinos o higos de las zarzas? Así, todo árbol bueno da frutos buenos...

Mateo 7, 16-17

Medjugorje es un mar de gracias para muchos de los que se acercan allí: no creyentes, miembros de otras religiones, católicos de boquilla, matrimonios desunidos, mujeres y hombres desesperados... Se cuentan por millares los testimonios de conversiones de personas alejadas de Dios que en algún momento de sus vidas, desde hace ya cuarenta años, aseguran haber renacido al Amor de Dios tras poner los pies en aquella remota aldea de Bosnia-Herzegovina.

Yo mismo he tenido acceso a centenares de testimonios que servirían de sobra para componer un extenso trabajo; pero no son estos el único objetivo del libro que el lector tiene ahora en sus manos, razón por la cual me he visto obligado a seleccionarlos lo mejor que he sabido y podido.

«¿Con qué criterio?», se preguntarán muchos. Dicen, y creo que con razón, que no hay milagros más grandes que los del alma. Y en Medjugorje, como comprobará hasta el lector más escéptico o desconfiado, y ha reconocido el Papa Francisco recientemente, han surgido vocaciones para el sacerdocio y la vida conventual en personas que vivían al margen de Dios.

Y no solo en ellas: también en casados, viudos y solteros de todas las edades y condiciones sociales. ¿No constituyen acaso en sí mismas todas esas conversiones y llamadas una verdadera cadena de prodigios inexplicables a la sola luz de la razón?

En varios casos, incluso, la transformación del alma va unida estrechamente a la curación del cuerpo. Recordemos, si no, el pasaje evangélico donde el mismo Jesús asegura que habrá más alegría en el Cielo por un solo pecador que se arrepienta, que por cien justos que cumplan escrupulosamente los designios divinos.

Y en Medjugorje, a juzgar por los numerosos testimonios a los que he podido acceder, las conversiones por intercesión de Nuestra Señora de la Paz evidencian la infinita dicha que debe reinar allí Arriba por esa misma razón.

En el Centro de Información de Medjugorje se conservan centenares de informes de curaciones y conversiones de personas de todo el mundo, junto con la preceptiva documentación expedida por reputados médicos y teólogos de diversos países.

Consta allí, por ejemplo, el impresionante caso de la italiana Diana Basile, oriunda de Platiza, cerca de Consenza. Afectada por una esclerosis múltiple desde hacía catorce años, Diana trabajaba como enfermera en Milán. Hasta que visitó Medjugorje en mayo de 1984, incapaz de caminar por sí misma y hasta de arrodillarse.

El 23 de mayo, tras orar con los videntes en una de las supuestas apariciones, exclamó de repente: «¡Estoy curada!». La protagonista lo explicaba así: «Cuando los videntes se arrodillaron, se produjo un impresionante silencio y yo sentí que tenía fuerzas para arrodillarme».

Al día siguiente, pudo caminar como si tal cosa los doce kilómetros que separaban su hotel de Ljubuski del santuario. Y hasta subió ella sola hasta la colina de las apariciones.

En Medjugorje se conservan otros muchos casos de curaciones tanto o más sorprendentes que el suyo, como el del estadounidense Arthur Boyle, diagnosticado de cáncer de riñón. Un amigo mío, sin ir más lejos, desahuciado por los médicos a causa de otro tipo de cáncer, viajó a Medjugorje para pedirle a la Gospa que le dejase vivir unos años más, en lugar de los escasos tres meses que le habían dado de vida los médicos, para poder criar a sus hijos, como así fue.

Y qué decir de los cambios de vida, como el del célebre tenor José Carreras, quien visitó Medjugorje en 1996. Ochos años antes, en 1988, había creado la Fundación que lleva su nombre contra la leucemia que él mismo padeció. Desde la aldea de Bosnia-Herzegovina, donde ofreció un memorable concierto, Carreras proclamó: «De algún modo, mi fe me trajo a Medjugorje. Desde aquí quiero transmitir un mensaje de paz. En los tiempos más difíciles de mi vida, la fe jugó un papel trascendental. Todos somos iguales a los ojos de Dios, y comprender eso es importante».

Por no hablar del archiconocido actor Jim Caviezel, a quien le cupo el inmenso honor de interpretar a Jesús en *La Pasión,* de Mel Gibson. Amigo del vidente Iván Dragicevic, sus palabras explican por sí solas la devoción que profesa a este lugar, donde está convencido que se aparece la Virgen: «En Medjugorje he sentido un amor y una paz inexplicables y he apreciado que podía creer con toda libertad [...]. Si yo fuera periodista, escribiría sobre mi visita a Medjugorje de este modo: Si uno quiere, encuentra tiempo para orar. Yo doy gracias a Dios por todo lo que me ha concedido», declaró.

La relación de ilustres peregrinos de Medjugorje es interminable: desde el expresidente italiano Francesco Cosigga, hasta los actores Michael York y Martin Sheen, pasando por el grupo de música pop Boney M. o los tenistas croatas Goran Ivanisevic y Marin Cilic.

Pero hay otras muchas personas a quienes Medjugorje ha cambiado también la vida, razón por la cual ofrecemos ahora una selección de veinte testimonios.

1. La mujer adúltera

Macarena Magirena dejó en Medjugorje una vida de adulterio, se convirtió profundamente y halló incluso la sanación de un cáncer. Su impresionante testimonio se lo contó ella misma a Ana Beatriz Becerra, del digital *Portaluz*.

Nacida y criada en Madrid, Macarena se educó en un prestigioso colegio disfrutando del bienestar económico y social en el seno de una familia católica, de Misa dominical, pero donde también se habían creado «muchos muros y máscaras», reconoce ella.

Con el paso de los años, ni su historia familiar —la formación recibida, los vínculos sociales...—, como tampoco su trabajo o el dinero que podía gastarse en lujos resultaron suficientes. «Cuánto más tenía, más vacío sentía. Vivía muerta», comenta.

Aunque había tenido la experiencia del voluntariado en Calcuta, dos veranos completos junto a la Madre Teresa, a su regreso del segundo viaje se alejó por completo de la Iglesia. Ella cree que se debió a no saber «encajar lo que yo experimenté en la India con la riqueza material en la que vivía aquí».

Confusa espiritualmente, la ansiedad desembocó en una anorexia nerviosa que le obligó a visitar con asiduidad al psiquiatra durante una década entera. «Enfermé como consecuencia de mi desorden interior. Como me dijo un sacerdote: "Dios permitió que yo cayese para reconstruir lo que Él realmente pensó para mí"».

En aquellos años, Macarena vivía en permanente adulterio con un chico ateo que para colmo practicaba yoga. «Estaba en pecado muy grave, porque él era un hombre casado, aunque estuviese separado de su mujer», explica.

Cierto día, de visita en casa de los padres de Macarena, él se detuvo ante una imagen de la Virgen de Medjugorje en el despacho de su padre. Bastó un instante para que pudiese leer la frase estampada al pie: «Si supieses cuánto te amo, llorarías toda la vida». Fue él quien quiso viajar luego a Bosnia-Herzegovina para conocer la aldea de Medjugorje. Macarena ahora ya sabe por qué: «Como mi centro era él y no Jesús, la Virgen sabía que si le invitaba yo lo seguiría como un corderito [...]».

Desde entonces, estuvieron juntos en Medjugorje nada menos que en catorce ocasiones. Durante los primeros cinco años vivieron en castidad. «Íbamos a Misa y yo ya tenía padre espiritual cuando recibí la gracia [...]». Alude Macarena al arduo proceso que le permitió tener discernimiento y voluntad para zanjar su relación sentimental, persuadida de que él jamás obtendría su nulidad matrimonial.

Pero aún le quedaba por vivir otra experiencia extraordinaria: «Yo fui sanada en Medjugorje. Tuve cáncer, metástasis, muchas operaciones... En un momento dado dejé todo y fui a Medjugorje para decirle que sí a Dios». Macarena aceptó su enfermedad para reparar las ofensas al Señor, enfrentándose con pasmosa serenidad y paz a un mes interminable de hemorragias, a la primera operación, a otra más dos meses después, a una tercera... «Mi cáncer fue mi bendición. El mejor médico es Jesús. Me daban tres meses de vida, pero puse mi cáncer en los brazos del Padre. Sentía que estaba en sus brazos [...]», proclama.

Desde entonces, ella reza el Santo Rosario cada día, dedica horas enteras a la oración contemplativa, comulga con frecuencia y adora al Santísimo Sacramento. Y, entre tanto, Macarena ha encontrado un sentido trascendente a su vida. Uno de aquellos días, durante la adoración eucarística en Medjugorje, sintió que Jesús le decía: «¡Tráeme almas!». Surgieron así las peregrinaciones a Medjugorje que ella organiza.

2. Novelistas de éxito

Rezar el Rosario, ayunar, asistir a Misa y confesarse con frecuencia... Un matrimonio de escritores italianos, residentes en Viena y autores de novelas de éxito, ha incorporado a Dios en sus vidas. Así lo explican al portal digital *Cari Filii News*.

Se trata de Francesco Sorti y Rita Monaldi, quienes, además de formar una familia, hacen pareja también en lo profesional. Ambos son autores de novelas que han vendido millones de ejemplares en todo el mundo, traducidas a veintiséis idiomas en más de sesenta países. En todos estos años no solo han descubierto el éxito editorial, sino algo mucho más importante para ellos: a la Virgen María, inmersos en un proceso donde su fe ha ido aumentando hasta constituir el centro de su familia.

En una entrevista al semanario italiano *Credere* relatan el viaje a Medjugorje en 2011 que transformó sus vidas. «Un amigo jesuita —cuenta Francesco— nos dijo que en nuestra vida faltaban las peregrinaciones marianas: nunca habíamos hecho una juntos. Rita solo de niña, con sus padres. Yo ni siquiera eso. Así fue como finalmente decidimos hacerla. El primer pensamiento fue ir al Santuario austríaco de Mariazell, en las montañas de Estiria».

Entre tanto, Rita explica que su madre, muy devota de la Virgen de Lourdes, les recomendó que fuesen al santuario francés. Y así se decidieron a buscar viajes en las vacaciones para visitar la gruta en la que María se apareció a Santa Bernadette. «Pero solo encontrábamos viajes a Medjugorje. Francesco nunca había oído hablar de ese lugar y a mí me sonaba vagamente como uno de los muchos sitios de apariciones marianas», explica Rita.

Francesco y Rita vieron como una señal el extraño hecho de que en su búsqueda en Internet («Peregrinaciones de Viena a Lourdes») solo apareciesen viajes a Medjugorje. De modo que reservaron finalmente una peregrinación a Bosnia. Fue el inicio de un viaje que no olvidarían nunca y que cambiaría su existencia.

«El comienzo ya fue singular —advierte Rita—. El taxista que nos condujo a la estación de autobuses era un joven de familia islámica bosnia que no conocía la parada y nosotros solo sabíamos que estaba cerca de la estación de tren. Cuando estábamos perdidos, una anciana pobre y triste se acercó con una maleta y un papel en la mano para pedirnos que telefoneásemos a ese número porque ella no tenía móvil. Resultaba que... ¡había perdido el autobús a Medjugorje y quería localizar al conductor!».

En medio de la multitud, esta humilde anciana se había dirigido directamente a Francesco y Rita, que habían perdido el mismo autobús que ella. ¿Casualidad...? «Llamamos de inmediato y el taxista y el conductor del autobús se pusieron de acuerdo: nos esperarían en una estación de servicio en la autopista, pero teníamos que darnos prisa», cuenta Francesco.

En el taxi iban el matrimonio, sus hijos y la anciana. Pero ahora había que añadir el entusiasmo del taxista, que calificaba de milagro lo sucedido y quería saber todo sobre Medjugorje. Incluso empezó a alabar a la Virgen María, tal y como se la cita varias veces en el Corán. Así fue el inicio del viaje.

De su experiencia en Medjugorje, Rita afirma que la primera lección que aprendió fue la humildad. «Nuestros compañeros de peregrinación eran en su mayoría mujeres ancianas con dolorosas historias personales y familiares, pero siempre con una sonrisa en los labios. Esto fue un gran milagro, incluso más que los fenómenos que cualquier persona familiarizada con Medjugorje conoce bien», recalca la escritora. Desde aquella peregrinación, «nuestra vida ha cambiado», agrega ella.

El matrimonio ha regresado a Medjugorje hasta siete veces y afirma que «al volver a casa, sentimos que María está con nosotros».

Francesco recuerda además que «el mensaje de nuestra Madre es muy claro y sus enseñanzas no dejan lugar a dudas: actuar por el bien del prójimo de la manera más efectiva y divina». Rita asegura, por su parte, haber aprendido allí otra lección: el perdón.

Ambos cuentan que para combatir al demonio, el mundo y la carne, la Virgen propone las célebres cinco piedras: ayunar con pan y agua dos días a la semana, rezar el Rosario, leer diariamente la Biblia, confesar al menos una vez al mes y la Misa diaria. «¡Y podemos testificar que, pese a los ajustes inevitables de las contingencias de la vida, podemos hacerlo!», concluyen al unísono.

3. Blasfemo e infiel

Antonino Cuomo era blasfemo, promiscuo e infiel, pero aceptó ir a Medjugorje con su esposa… y todo cambió. El digital *Portaluz* recoge en español el testimonio de este italiano que llevaba una doble vida familiar, odiaba a la Iglesia y a la fe, hasta que María lo transformó de modo asombroso.

Desde fuera parecía un hombre correcto, casado, joven padre de dos hijos. Pero engañaba a su esposa acostándose con otras mujeres desde antes de casarse. Incluso algunas de sus amantes, por increíble que parezca, estuvieron presentes el día de la boda. «Me propuse encontrar una buena chica a la que amar y al mismo tiempo llevar una vida paralela, entregado a la transgresión, para satisfacer mis instintos animales. Estaba bien con mi esposa e hijos, pero no era suficiente para mí», confirma el propio Antonino.

No recordaba haberse confesado ni rezado jamás. Enganchado a las drogas, el alcohol y la lujuria, sentía un rechazo visceral hacia la Iglesia, los sacerdotes y la propia Virgen María. «Honestamente no sé la razón —aduce él—, pero creo que todo fue consecuencia de la forma en que vivía. Probablemente el diablo tuvo algo que ver en ello».

A veces miraba a sus hijos y sentía cierto remordimiento, pero enseguida se disipaba. Cuando dejaba embarazada a alguna de sus amantes, le decía que abortara. Cierto día, abandonó a su mujer, hogar e hijos y se fue a vivir con una de sus mujeres. De vez en cuando visitaba a sus hijos y se decía a sí mismo, para colmo, que era un buen padre.

La esposa de Antonino no era una mujer de Iglesia, pero oyó hablar de Medjugorje y decidió ir a allí a pedir ayuda a la Virgen. Regresó de Bosnia transformada, entregada a Dios por completo. Empezó a leer la Biblia, a confesarse con regularidad e incluso a ir dos veces a Misa cada día: una ofrecida por ella y la otra por su esposo. Se volcó en rezar numerosos Rosarios diarios y en ayunar pidiendo la conversión de su esposo.

Uno de aquellos días, Antonino Cuomo tuvo una pesadilla. Recuerda con horror haberse visto en un charco de sudor y haber distinguido, al pie de su cama, una figura negra e imponente que le miraba fijamente con ojos rojos. Fue el momento más aterrador que recuerda: «Por la vida que llevé puedo decir que fui siervo del diablo, viví en adulterio, puse la impureza en primer lugar, recomendé abortar, blasfemé todos los días, especialmente contra la Virgen María. Era siervo del maligno», afirma hoy Antonino, arrepentido.

Más adelante tuvo otro sueño especial: vio a su hija rogándole que volviese al hogar. Poco después, aceptó la invitación de su esposa para pasar unos días con ellos en Medjugorje. «Cuando llegué a Medjugorje —evoca Antonino—, el primer día que entré en la iglesia estaban rezando el Rosario y abandoné de inmediato el templo sin dejar de blasfemar. Empecé a fumar, me sentía sofocado por esa oración».

Estaba muy enfadado. Tan solo mirar a su esposa ya le irritaba. Por si fuera poco, le molestaba ver que ella parecía estar en paz consigo misma y que «transmitía una luz de amor muy fuerte», comenta él. En aquellos días, Antonino llegó a tener pensamientos suicidas y lloraba sin parar.

Su crisis espiritual tocó fondo cuando un día, al ver rezar a su esposa, él comenzó a blasfemar sin control e incluso la escupió en plena cara. Tras esa violenta escena, quedó en estado de *shock* y decidió confesarse poco después.

> Me desahogué con el sacerdote —explica Antonino— y al salir del confesonario comenzó mi verdadera peregrinación. Ya no sentía la rabia de estar en aquel lugar ni rechazaba las imágenes sagradas o las oraciones. Poco después, estando con el padre Jozo, nos consagró a Ella. Durante la ceremonia, lloré mucho y a mi manera me consagré a la Virgen.
>
> Antes del último día de la peregrinación —concluye Antonino— confesé de nuevo todos mis pecados. El sacerdote me impuso

como penitencia el rezo de diez partes del Rosario. Luego asistí a la Santa Misa y, en el momento del intercambio de la paz, sentí que me tiraban de la camisa por detrás, me giré y vi a una niña de unos ocho años que me dijo: «Paz», mientras me tendía su manita. Antes de eso, la niña no estaba allí. Me dio el signo de la paz solo a mí y luego regresó a su lugar, cerca de la estatua de la Virgen.

Antonino volvió a nacer aquel día: «Sé que gracias a la Reina de la Paz me salvé de una vida sin reglas ni frenos que me estaba llevando a la perdición», asegura.

4. A TUMBA ABIERTA

Sofía Gamiz es una terapeuta familiar que vive en Barcelona y ha grabado su testimonio de encuentro con Dios en un vídeo de veinte minutos de duración presentado el verano de 2020 en el Festival de la Juventud de Medjugorje y difundido por el canal Fruits of Medjugorje y el portal *Cari Filii News*.

Ella pasó de estar a punto de romper con su familia y de un total desinterés por Dios, a rezar hoy el Rosario cada día con su esposo y sus cuatro hijos. Su historia da fe de la enorme fuerza del Rosario, del poder de la confesión y de la intercesión maternal de la Virgen María.

Yo era egoísta, comencé una relación con otra persona y decidí dejar a mi esposo —explica Sofía—. Nuestro matrimonio iba bien, no faltaba trabajo, bienes materiales, lo teníamos todo y éramos felices. Vivía sin Dios, no oraba, simplemente no me importaba, pues solo pensaba en vivir y no quería tener hijos, hasta el punto de que esperamos seis años a que llegara nuestra primera hija. Al cabo de tres años, nació nuestro segundo hijo, qué lindo, tenía todo lo que quería en la vida. Todo estaba bien para mí, hasta que hace ocho años comencé a salir con otra persona y decidí poner fin a mi matrimonio... Alberto, mi marido, sufrió terriblemente, pero me quería tanto que un día me dijo: «Si crees que eres feliz sin mí, de inmediato firmaré tus papeles de divorcio».

El padre de Sofía, un hombre de sólida fe, fue el instrumento que la Providencia puso en su espinoso camino.

> Observaba con dolor —advierte ella— las consecuencias que provocó la ruptura de mi matrimonio, así que fue a una iglesia en Barcelona donde había una Virgen. Era Nuestra Señora de Medjugorje y rezó con todo su corazón por mí. Al salir del templo, vio el anuncio de una peregrinación y, sin decir nada, vino aquí a Medjugorje. Regresó varias veces. También estuvo aquí el día de diciembre, después de la separación, que le entregué mis hijos a Alberto.

Poco después, el padre de Sofía invitó a toda la familia a Medjugorje.

> No sé exactamente cómo, pero, de repente, algo estaba cambiando en mí —comenta Sofía—. Después de unos meses, mi padre me llama y me dice: «Me gustaría que aceptaras, te invito a Medjugorje».
>
> Acepté traer a mi esposo y a mis dos hijos pequeños. Mi corazón estaba completamente cerrado, no tenía a Dios en mi vida, no me importaba si Nuestra Señora realmente se aparecía. Escuché con desconfianza el testimonio de la vidente Mirjana, aunque sentía fuertemente dentro de mí que estaba escuchando la verdad absoluta.

Pero no acabó ahí la cosa. En el viaje de regreso, su padre le regaló un libro sobre las apariciones de la Virgen, pero ella ni siquiera se molestó en abrirlo. Pensó que era mejor dárselo a la madre de un amigo suyo, enferma de cáncer. Y al cabo de nueve meses, la mujer enferma le telefoneó para agradecerle el libro y el

Rosario que le había regalado. Acto seguido, la mujer le dijo a Sofía que anhelaba ir a Medjugorje para darle las gracias a la Virgen por conservarle la vida, estaba entonces al borde de la muerte y ahora seguía luchando por ella. El médico acababa de confirmarle que las pruebas evidenciaban una reducción inexplicable de los marcadores tumorales. Le rogó a Sofía que la acompañase hasta allí. Incapaz de decirle que no, Sofía se embarcó de nuevo en un viaje a Medjugorje el 24 de junio, aniversario de las apariciones. «Yo no podía explicar por qué tanta gente hacía fila para confesar, pensaba que estaban todos locos», dice.

Pero todo cambió desde aquel instante. Empujada por una fuerza inexplicable, Sofía se incorporó y fue derecha hacia los confesonarios. Llevaba más de veinte años sin confesar. Localizó a un sacerdote con una bandera de España y entró en el habitáculo. No sabía por dónde empezar. Rompió entonces a llorar por haber ofendido a Dios durante tantos años, mientras el sacerdote colocaba finalmente las manos sobre su cabeza y le decía una sola frase: «Tus pecados te son perdonados». Nada más pronunciarla, todo el dolor que ella sentía desapareció y experimentó una gran paz interior. En el momento de la Comunión, Sofía se sintió abrazada por Jesús.

Y una vez más, se dejó sorprender por el Señor. Al salir de la iglesia, se reencontró con su padre. Estaba allí con otra peregrinación sin que ella lo supiese. Asombrada una vez más, le dijo a Dios: «¡Tú existes! Te di la espalda durante veinte años, pero ahora te quiero todos los días, no deseo dejarte, he encontrado el mayor tesoro».

Ahí empezó un proceso que reconstruyó su matrimonio. El crecimiento en la fe de su marido Alberto también lo atribuye ella a la oración y a la Virgen. Ella rezaba el Rosario y él siempre lo rehuía. Más tarde, supo que él había empezado a rezarlo por su cuenta, a su regreso del trabajo. «Ahora tenemos cuatro hijos, rezamos el Rosario juntos todos los días, y cada vez que Nuestra Señora nos llama a Medjugorje siempre respondemos con un "sí"», asegura, pletórica de alegría.

5. El camarero y su dama

La historia de la madrileña Inma García con Medjugorje comenzó hace ya más de una década, a la edad de veintitrés años. Era ya entonces, como reconoce al portal *Aleteia,* una «persona triste, enfadada y solitaria», que para colmo vivía «muy peleada con Dios y en una oscuridad tremenda». Llegó un momento en el que sus padres no tuvieron más remedio que intervenir y le pagaron un viaje al Festival de la Juventud de Medjugorje, como informa también el portal *Cari Filii News*.

Inma no quería ir a rezar a un festival de ese tipo ni conocía a ninguno de sus compañeros de autobús. Estaba, según reconoce ella misma, «plenamente convencida de que Medjugorje era mentira» y de que se intentaba «engañar a la gente». Solo accedió a viajar hasta allí porque de camino pararían en ciudades que deseaba conocer.

Una vez en Medjugorje, su principal objetivo era sortear todas y cada una de las actividades religiosas. Y un modo de hacerlo era precisamente tomarse unas cañas de cerveza en un bar cercano mientras los demás rezaban. Lo que ella ni siquiera imaginaba entonces era que el camarero que le servía aquellas cervezas acabaría convertido en su propio marido y en el padre de sus hijos.

Sin explicarse cómo, lo cierto es que poco después Inma acabó hincada de rodillas en el confesonario. «El gran don que recibí fue el del perdón. Necesitaba ser perdonada para aprender a perdonar y recibir la gracia de perdonarme y perdonar a los demás. Fue el gran regalo que cambió mi vida», manifiesta.

Desde ese momento se sintió profundamente amada por Dios. Cuando regresó a España, ya no era la misma persona. Así lo recuerda: «Es en tu cruz diaria, para mí en la carrera universitaria en aquel momento, donde noté las gracias que Dios me dio en Medjugorje para recargar las pilas. Lo que antes me resultaba inaccesible, ahora era como si se abrieran las ventanas y fuera todo más fácil. Tenía una paciencia que no era mía y una capacidad de sacrificio que tampoco era mía».

Diez años después, su vida está profundamente ligada a este lugar mariano. Contrajo matrimonio con aquel camarero, ha tenido tres hijos y vive allí. «Medjugorje es todo para mí», afirma, rotunda.

Ahora organiza peregrinaciones a este santuario que se ha convertido en fuente inagotable de conversiones. «A cualquiera que le preguntes y que venga habitualmente a Medjugorje, te dice que aquí está pasando algo. Tú notas que hay una presencia viva de alguien que te quiere muchísimo. La gracia actúa y te cambia el corazón en este lugar», concluye.

6. Orar por los difuntos

Paula Martínez-Cubells es una diseñadora afincada en Madrid, separada, con dos hijos, que ha contado en Mater Mundi TV su testimonio de crecimiento en la fe y de una mayor cercanía a la Virgen a raíz de su peregrinación a Medjugorje.

El portal mariano *Cari Filii News* se hizo eco también de su historia personal. A Paula la trataban mal en su trabajo para que arrojase la toalla y abandonase la empresa. Muy desanimada, aceptó ir con su hermana a Medjugorje. «Como no había tenido vacaciones, pensaba que esas iban a ser las mejores para descansar ese año», explica.

Una vez allí, descubrió que el anhelado descanso brillaba por su ausencia. Era una peregrinación espiritual. Nada de vacaciones a cuerpo de reina: les hacían madrugar, subir a un monte, rezar un

Rosario tras otro y tantas cosas más... Pero ella empezó a calmarse y a sentir una enorme alegría.

Recuerda que cuando regresó a Madrid experimentó una gran ligereza y felicidad, «como en una nube, flotando». «Solo le pedía a la Virgen María que me diese alegría, que estuviese contenta por dentro, porque por fuera es muy fácil».

Pero ese cambio interior no evitó que la expulsasen finalmente de su empleo. Su experiencia en Medjugorje no supuso, ni mucho menos, el fin de los disgustos a su vuelta a Madrid. Si en algún momento pensó en una vida idílica, los hechos demostraron que estaba muy equivocada. Los problemas seguían estando ahí, algunos graves, pero ella sí había sufrido un cambio fundamental pues ahora los afrontaba con una inmensa confianza y paz. «Desde entonces —añade ella—, mi vida la enfoco de otra manera. Siento mucha paz en el corazón, los problemas siguen ahí, pero puedo con ellos. Me siento acompañada de la mano de María».

Pese a que Paula se formó en una familia católica donde le enseñaron a rezar desde niña, Medjugorje significó para ella un encuentro muy especial con Dios. «El Señor me hizo ver cómo me amaba desde siempre y cómo yo había estado mendigando el amor».

Paula sintió, al mismo tiempo, una necesidad imperiosa de adorar al Santísimo Sacramento y de rezar por las benditas ánimas del Purgatorio. Ella alude al Purgatorio como un «hospital de misericordia» donde los difuntos desean más que nada unirse a Dios por toda la Eternidad. «En ese sanatorio somos nosotros los enfermeros», comenta. Paula ora así intensamente por todas esas almas que tanto anhelan estar en presencia de Dios.

A su regreso de Medjugorje tuvo un conocimiento exhaustivo de sus antepasados, uno de los cuales había infligido mucho daño a su familia y sintió la necesidad de rezar por su alma, siguiendo así el consejo de Jesús: «Amad a vuestros enemigos, orad por los que os persiguen».

Toda esta experiencia que comenzó hace más de ocho años la han querido hacer realidad ella y su hermana también en 2020. «La gente se muere, pero no nos morimos, seguimos vivos en otro sitio y estamos necesitados. Esas benditas almas, las personas fallecidas en gracia de Dios que no pueden disfrutar todavía de su luz y su presencia, por la misericordia del Señor pueden estar en el Purgatorio», explica Paula, que lamenta que hoy no se hable de la muerte.

Con su hermana lanzó unos boletines para repartir en parroquias animando a los fieles a orar por los difuntos. «No dudo que mis padres estén en el Cielo, porque eran muy buenos, pero en realidad no lo sé», admite.

En su opinión, existe un «ejército de María», de «pequeños soldados de la Virgen» que piden la intercesión de la Madre de Dios por los difuntos, también mediante la liturgia de las horas.

7. Los siervos del castillo

En Medjugorje, escribe Pablo J. Ginés en el portal *Cari Filii News,* hay una casa de retiros llamada «Nuestra Señora del Sagrado Corazón», con aspecto de castillo de parque temático. Es la morada de un matrimonio que fue transformado por el poder de Dios, el de Nancy y Patrick Latta. Allí acogen continuamente a peregrinos y, sobre todo, a sacerdotes.

Patrick Latta, canadiense de Vancouver, fue monaguillo de niño y su madre siempre rezó por él. De pequeño, fue a una escuela católica, pero era cara y a los dieciséis años dejó la escuela y se dedicó a lavar coches. Con lo que ganó, compró su primer automóvil por doscientos dólares. Lo arregló un poco, le puso un cartel de «se vende» y lo transfirió por ochocientos. «En un minuto aprendí a vender coches», cuenta a Pablo Ginés con humor. Se olvidó de cualquier cosa relacionada con Dios y se dedicó a vender.

Se casó dos veces, adúltero en ambos casos, y las dos se divorció. «Nunca estaba en casa, solo vivía para el dinero y las fiestas». Tuvo varios hijos. Uno le dijo: «Papá, me bauticé en la escuela, ahora soy anglicano». «¿Cómo? Se supone que somos católicos», respondió Patrick algo confuso. «Tú nunca me has dicho nada sobre la Iglesia, ni siquiera me bautizaste», alegó el chico.

Nancy, por su parte, nació en Croacia y creció en un pueblecito cerca de la capital. Aunque era la época comunista, en su pueblo había bastante libertad religiosa. Su casa estaba llena de imágenes de la Virgen. Su familia, como otros vecinos, iba a Misa con tibieza, por cumplir.

Con doce años, la familia emigró a Vancouver y Nancy buscó a Dios en todo tipo de filosofías orientales, budismos, taoísmos, *new age*... No dudaba de que Dios existía y era bueno, pero necesitaba encontrarlo. Terminó sus estudios de Derecho y conoció a Patrick.

Patrick tenía muchos años más, se había divorciado dos veces y ya era padre de cuatro hijos. Los padres de Nancy se espantaron, pero ella respondió: «Yo vivo mi vida a mi manera». Y se fueron a vivir juntos.

Pasado el tiempo, un hermano de Nancy les dio un libro de mensajes de Medjugorje. Hoy Patrick conserva ese libro y lo lleva a todas partes. Nancy lo hojeó, vio que hablaba de convertirse y pensó «yo estoy bien, que se convierta mi marido [...]».

Patrick leyó esto mismo: «Por última vez, te llamo a la conversión», rezaba el mensaje. «No sé lo que pasó, pero mi corazón empezó a latir y rompí a llorar», recuerda él. «Supe que eso era completamente cierto, que era un mensaje de la Virgen. Yo llevaba treinta años sin ir a la iglesia, pero dije: "Nancy, esto es verdad". Y lloré porque llevaba toda mi vida en pecado mortal y sabía que yo era católico».

¿Dónde ir? ¿Qué hacer a continuación? En un encuentro, un sacerdote les orientó. «Quiero que consagréis a vuestros hijos al Inmaculado Corazón de María», les dijo. Al hijo «anglicano» lo habían expulsado del colegio por drogas. Otro bebía tanto que no podía encontrar en un *parking* su coche amarillo. Su hija se casó a los diecisiete, tuvo un bebé con dieciocho, se divorció a los diecinueve… Y así Patrick hizo su primera oración a Dios desde que era niño: «Santa Madre de Dios, toma a mis hijos. Sé tú el padre que yo nunca he sido, porque yo soy un fracaso».

Y con los años las cosas cambiarían: el hijo expulsado llegó a ser un buen profesor de colegio católico, el otro dejó el alcohol, la niña ordenó su vida… Patrick y Nancy lo atribuyen al rezo del Rosario y a la oración con ayuno.

«Lo que más me impresionó de la vida cristiana fue la confesión», explica Patrick. Leyó en el libro de mensajes de Medjugorje: «No podrás empezar la conversión sin la confesión». Cuando el sacerdote le dijo «yo te absuelvo», Patrick rompió a llorar y abrazó al cura. «El verdadero milagro de Medjugorje se da ahí, en los sacerdotes que confiesan y perdonan pecados», insiste.

En su casa de retiros en Medjugorje recibe a muchos sacerdotes «porque les quiero de verdad, me gusta acogerlos», cocluye.

8. El diácono escocés

En 2004 Alan Brown, escocés, casado y con dos hijos, no era cristiano ni estaba bautizado. Pero su esposa católica Maureen y los chicos habían estado el año anterior en Medjugorje y habían vuelto cambiados, con una fe más fuerte y viva.

La familia quería regresar allí. Alan decidió acompañarles, pero dejó claro que ellos iban como peregrinos, pero que él solo pretendía relajarse en Bosnia. No fue así, según cuenta Pablo J. Ginés en *Cari Filii News*. Aquel nuevo viaje cambió la vida de Alan. «Desde la primera mañana allí, sentí que había algo muy especial en aquel lugar. Una sensación real de calma, paz, claridad y limpidez», recuerda Alan al *Scottish Catholic Observer*.

Al día siguiente, conoció al párroco de su esposa, el padre Dominic Towey. «Me dijo que si necesitaba hablar, que simplemente le buscase. Me pregunté: ¿Para qué iba a necesitar yo hablar con un cura?».

Alan conoció luego a Philip, uno de los guías británicos, que impartió una charla introductoria centrada en su propia experiencia de fe, la cual le emocionó. El 2 de julio estaban invitados a la supuesta aparición con Mirjana Dragicevic, una de los seis videntes de Medjugorje.

> Había mucha emoción en ir a la aparición de Mirjana —recuerda Alan— y pensaba que sería bueno comprobar de qué iba todo eso. Llegamos pronto al Cenáculo, un centro inspirador junto a Medjugorje.
>
> Me quedé fuera, mirando hacia dentro de vez en cuando. Todos los ojos parecían fijarse en las tres mujeres sentadas frente a la estatua de Nuestra Señora. En un momento dado, percibí un cambio en una señora, que luego supe que era Mirjana. Su rostro, firme y reconcentrado hasta entonces, se avivó de repente como si alguien hubiese pulsado un interruptor. Su sonrisa pareció igualarse en calor al sol que salía de nuevo. Sus ojos se expandieron con una mirada de amor.
>
> Al cabo de unos minutos, la aparición terminó. La multitud se dispersó y nos encaminamos al desayuno. Me senté junto a una prima de Maureen y hablamos de lo que había visto. Ella, simplemente, me preguntó si yo creía en lo que había presenciado y le respondí que sí.

Ese mismo día, Alan decidió darle una oportunidad a Dios. Entró en la iglesia y rezó así: «Señor, te abro mi corazón, que se haga tu voluntad».

El último día pasó un rato junto a la Cruz Azul, en la colina de las apariciones, y después decidió hablar con el padre Towey. Explicó al sacerdote su cambio profundo, comunicándole su intención de bautizarse para unirse a la Iglesia.

De regreso a Escocia, Alan se inscribió en el curso de Iniciación Cristiana para Adultos en 2005. «Me bauticé y pronto me impliqué en la vida de la parroquia de Saint John the Baptist en Uddingston», añade. Tenía un gran deseo de aprender más sobre la fe y leía para seguir creciendo en conocimientos.

Años después, sintió la llamada de Dios para ser diácono permanente. «No ha sido fácil combinar el trabajo con la familia y los estudios durante siete años, pero Dios me acompañó», comenta. «Cuando el obispo Joseph Toal me ordenó diácono, el sábado 14 de septiembre de 2019, fue una ceremonia excepcionalmente emotiva y hermosa. Sentados en primera fila estaban mi esposa Maureen, nuestros hijos Paul y Emma, mi nuera Jen y mi yerno Frankie. Mis nietecitos Jacob y Adam se portaron muy bien. Detrás había un mar de amigos, parientes y parroquianos».

Así fue como Alan Brown, que durante más de cuarenta años permaneció alejado de la iglesia, se convirtió en un fiel servidor suyo.

9. Adiós leucemia

Simona es una madre italiana que vive en Roma y ha contado en *BrujulaCotidiana.com* su testimonio de agradecimiento a la Virgen María, convencida de que fue su intercesión desde Medjugorje la que cambió la vida de su hija pequeña amenazada de muerte por una terrible leucemia.

En junio de 2014, una maestra previno a Simona de que Chiara, su tercera hija, sufría fuertes dolores en el empeine y se quejaba mucho. La madre pensó que podía tratarse de un esguince o de un golpe similar al jugar en el patio del colegio, pero a la mañana siguiente la niña gritó ya de dolor: «¡Llevadme al médico!», suplicó.

Una vez en el Hospital Umberto I de Roma, los médicos tardaron demasiado en decidir el diagnóstico mientras las piernas de la niña perdían movilidad, y la pobre no podía ingerir medicamentos para que no afectasen al resultado de las pruebas.

«Tras cinco días de hospitalización, el médico jefe nos llamó para decirnos: "Espero que su hija tenga leucemia, porque así sabré cómo proceder. De lo contrario, y con los análisis que tengo en la mano, debería darle el alta porque nunca he visto nada igual"», recuerda Simona.

«En un instante —añade ella—, mi vida dio un vuelco total: me hallé en una cama de hospital con la esperanza de que mi hija de tres años, que creía estar sana... ¡tuviese leucemia!». Y así fue: la leucemia se había extendido con rapidez y sin ningún síntoma. «La oncóloga nos advirtió que, si hubiésemos acudido al hospital un mes después, la situación habría sido desastrosa».

Durante dos años, Simona y su marido Ambrogio se volcaron en luchar contra la enfermedad de su hija. «Mi reacción inicial —admite Simona— fue de rebelión y rabia total. El dolor era demasiado grande, agravado por una situación muy dura que había involucrado a mi familia de origen destrozándome psicológicamente. Me enojé mucho con Dios y permanecí así durante demasiado tiempo».

Simona estaba entonces muy alejada de la fe, pero un amigo de su esposo Ambrogio pertenecía a un grupo mariano de oración y, al enterarse de lo sucedido, puso a orar a todos sus miembros. Poco después, su marido le propuso viajar a Medjugorje con la niña y el grupo de oración. «En esa época —comenta Simona—, si oía hablar de lugares como Lourdes, Fátima o Medjugorje se me ponían los pelos de punta de los nervios. Además, Chiara todavía recibía ciclos de quimioterapia».

Los miembros del grupo de oración se ofrecieron a pagarles la peregrinación. Aun así, ella telefoneó al amigo de su esposo para decirle que no, pero él alegó: «Simona, no soy yo quien te invita: es Nuestra Señora. Nos vemos en Medjugorje». Y le colgó el teléfono. Simona se enfadó mucho. «Le dije a mi esposo que solo los irresponsables podían llevar a una niña de tres años y medio, con leucemia, a una tierra tan remota... Incluso fui a hablar con los oncólogos buscando el respaldo médico». Pero a los médicos les pareció bien que la niña fuese a Medjugorje, de modo que Simona se quedó sin argumentos y la familia acudió finalmente allí.

Una vez en Bosnia, a Simona le molestaba mucho que se hablase tanto de la Cruz, «de cómo aceptar la Cruz, de cómo amar la Cruz», comenta. En cambio, la niña disfrutaba de lo lindo. «Hacía la quimio como si bebiera agua dulce y escalaba las montañas como una cabra montesa. Estaba muy feliz y cantaba a menudo», recuerda su madre.

De regreso en Italia, la niña sufrió una crisis en su segundo año de quimioterapia. «¡Señora, su hija se está muriendo!», vociferó el médico, alarmado. «Las pruebas son un desastre, todos los valores de glóbulos blancos, rojos y plaquetas son casi nulos y la niña podría sangrar en cualquier momento». Simona se desmoronó por primera vez y recurrió a algo insólito: contactó con el grupo de oración para pedir oraciones por su hija.

A la mañana siguiente, cuando se temía lo peor, Simona oyó gritar de nuevo al médico: «¡Señora, señora! ¡El ángel ha salvado a su hija!». La mujer supo entonces que su padre le había mostrado una foto muy especial tomada en Medjugorje. «¡Señora, créame! —exclamó el doctor— El ángel de esa foto salvó a su hija porque las pruebas de médula son perfectas». Y en efecto, la niña mejoró de modo asombroso.

Desde entonces, sus padres agradecen la bondad de Dios y de la Virgen. «Medjugorje se ha convertido en un segundo hogar donde acudimos todos los años, y Nuestra Señora es la verdadera Reina de la familia», concluye Simona.

Gisela Barreto es una conocida exmodelo y presentadora de televisión argentina, que en la década de 1990 participó incluso en programas de Telecinco y Televisión Española. Tras vivir de explotar su belleza ante las cámaras, en 2010 experimentó una profunda conversión en Medjugorje y desde entonces se dedica a hablar del amor de Dios y de la Virgen, según informa Javier Lozano. Su vuelta a Dios la ha comprometido también con una defensa a ultranza de la vida, pese a que ella misma abortó en su juventud.

Tal y como recoge *Cari Filii News* en un vídeo emitido por «El Rosario de las 11», Gisela habla de todo su proceso de cambio desde niña, educada como católica, a la joven *vedette* y modelo que fue, pasando por su condición de mujer divorciada y de abortista que salió de Medjugorje hace una década convertida en otra persona.

Hasta entonces, ella se consideraba católica, «pero a la carta», reconoce. Acomodaba «los mandatos de Dios a mi placer y voluntad... Tenía todo lo material, viajé por el mundo, trabajé en ocho países distintos, pero nada de eso me daba esplendor ni satisfacción», añade.

Por si fuera poco, su matrimonio resultó ser un fracaso. La exmodelo relata hoy, entre lágrimas, que «el gran pecado de mi vida fue quitarle la vida a mi hijo con un aborto. Todavía estoy en proceso de sanación. También gracias a eso Dios me encomendó la misión que tengo: defender la vida, la familia, los valores, pedir a gritos con el corazón que las mujeres no aborten, que no maten a sus hijos».

El segundo mayor dolor de su vida fue la muerte de su madre, una mujer de profunda fe que siempre intentó mostrarle el camino hacia Dios. «Cuando yo estaba en plena carrera —evoca—, mi madre me pedía ya que fuese a Medjugorje, pero yo no quería. Ella había ido tres veces. Once años después de su muerte, decidí ir yo también. Entonces vivía en Madrid y trabajaba en Telecinco».

Gisela comenta que viajó finalmente a Medjugorje porque su madre siempre le decía que aquel lugar «era como tocar el cielo con las manos». Y recuerda que cuando nacieron ella y sus hermanos lo primero que hizo su madre fue consagrarlos al Corazón virginal de María.

«Cuando llegué a Medjugorje, la paz que sentía en mi corazón no era humana», asegura. Hallándose en el interior de la iglesia de Santiago, le sucedió algo que jamás olvidará: «Me arrodillé, me puse a rezar y entonces percibí un olor a estiércol. Abrí los ojos para ver quién olía así y cuando miré comprobé que no había nadie. La Madre me hizo ver que era yo quien desprendía ese mal olor… Sabía que estaba en pecado».

«En Medjugorje —afirma Gisela— empezó mi cambio. Vivía en adulterio. Me había divorciado, pero no había pedido la nulidad matrimonial. Trabajaba explotando mi figura sexy. Todo eso lo comprendí entonces».

Ahora ya no trabaja en televisión ni tiene la fama de antes. «Mi vida a día de hoy es lo más hermoso: Misa diaria, confesión habitual, Adoración todos los días… Mi vida es vivir para Dios. Conseguí la nulidad matrimonial, me arrepentí de todo lo que hice y Dios me perdonó», sonríe.

Ella lo tiene muy claro: «La Virgen de Medjugorje me salvó la vida», asegura.

11. Drogas, magia… y luz

Miriam Cairós es una joven canaria que vivía alejada de Dios. Sin saber cómo, acabó en Medjugorje, donde vivió una experiencia que cambió su vida y donde gracias a una oración de liberación encontró la paz tras haber probado en varias ocasiones la magia, en especial la santería cubana, tal y como recoge *Cari Filii News* e informa también Javier Lozano.

Durante una entrevista en el programa «Cambio de Agujas», de la Fundación Euk Mamie, esta joven afirma que proviene de una familia católica y que había recibido los sacramentos hasta la confirmación, alejándose poco después de la iglesia. Las malas compañías la indujeron a sumirse «en temas oscuros», como los califica ella misma, incluidas las drogas. La relación con sus padres se deterioró por completo. «Gritaba, rompía cosas... mi gasolina era el odio. Me alimentaba de eso», recuerda Miriam, con veintinueve años.

Coqueteó también peligrosamente con la magia, en concreto con la santería cubana, la cual practicaba uno de sus amigos. Su primera experiencia tuvo lugar de madrugada. Había ingerido demasiado alcohol. A bordo de su coche, de cuyo espejo retrovisor delantero colgaba un Rosario por tradición familiar, de repente reventaron las cuentas. «Me entró miedo y pensé que me habían echado mal de ojo. Telefoneé a mi amigo, que contactó a su vez con su santero», relata Miriam. Explicaron a la joven que debía hacer un conjuro mezclando agua con huevos y ron. «Seguimos los pasos y pasaron cosas muy raras —añade—. Este chico lo había hecho otras veces, pero entonces ocurrió algo anormal. Debía pasarme un huevo por el cuerpo y de pronto me estalló sin motivo alguno».

Entre tanto, ella se pasaba los días llorando, con una sensación de gran vacío interior y desolación. Fue entonces cuando sus padres la invitaron a una peregrinación en Medjugorje. El primer «cachete» de la Virgen —así lo califica ella— se produjo durante el viaje de ida. Llevaba los cascos puestos para que no la molestasen en el autobús. En un momento dado, se organizó un juego para entretenerse durante el viaje. Los peregrinos se repartieron papeles con los nombres de cada uno, comprometiéndose a rezar de modo especial por la persona que les tocase.

«Cogí el papel, lo abrí y, para mi sorpresa, me tocó a mi querida madre... ¡De sesenta personas me tocó ella!», exclama. Entonces pensó que «tenía que rezar por ella... Era mi madre. Fue una cachetada de cariño de la Virgen», advierte. Pero Miriam seguía sin soportar los cánticos y oraciones en el autobús.

Una vez en Medjugorje, decidieron confesar. Miriam se animó también. Encontró a un sacerdote que hablaba español que le hizo gestos para que se acercara. Ella pensó al principio que la llamaba por su atuendo y tatuajes, pero se equivocó. Llevaba desde su confirmación sin confesar.

Cuenta ella misma que su intención era decirle solo lo más básico, pero no sabe por qué razón acabó contándoselo todo. «No le noté sorprendido y me dijo que rezara tres Avemarías, pero yo le dije que no, porque siempre me he negado a rezar». Sin embargo, mientras aguardaba a que su madre saliese del confesonario, se sorprendió a sí misma recitando oraciones. Y cuando pronunció el último «amén», rompió a llorar.

Llegó el día de la supuesta aparición de la Virgen. «Se hizo el silencio y noté en mi pecho un miedo, una presencia horrible que me asustó mucho. Me aferré al Rosario que me habían regalado y empecé a escuchar gritos y gemidos. Estaba muy asustada. Eran personas poseídas», comenta.

De regreso en el hotel, se fue a duchar y entonces volvió a percibir «esa misma presencia como de miedo». En la cena estaba bloqueada y solo miraba a la puerta por si aparecía el sacerdote que la había confesado. Cuando irrumpió en el comedor, Miriam se puso a llorar y le contó lo sucedido. Él, muy serio, le dijo que subiera a una habitación con sus padres y otro matrimonio con intención de someterla a una oración de liberación. «Una vez allí, les dijo a todos que rezaran. Empezó a orar por mí. Y según lo hacía, noté que el cuerpo me temblaba. No lo controlaba y empecé a llorar», afirma, todavía estremecida.

A continuación, el sacerdote inclinó la cabeza de la joven hacia atrás. «Recuerdo que seguía temblando y en un momento dado sentí que me colocaba un crucifijo en la frente y lo apretaba... Me relajé poco a poco y cuando abrí los ojos me preguntaron qué había sentido. Dije lo del crucifijo, como si me lo estuviesen clavando, pero el sacerdote aseguró que solo me lo puso encima».

Desde entonces, Miriam reconoce que su vida ya no es la misma. «Intento poner a Dios en el centro, pero aún me queda mucho por aprender», reconoce.

12. Casada con Jesús

Elena Braghin fue un poco «cabra loca» en su adolescencia y juventud: tan pronto se acercaba a la fe, como se alejaba de ella según los novios y amigos que tuviese. Así vivía la que es hoy Sierva del Hogar de la Madre, según cuenta Javier Lozano y publica *Cari Filii News*.

En Medjugorje conoció de verdad el amor de Dios y se fraguó su vocación religiosa. Esta monja italiana relata en la página web del Hogar de la Madre cómo fue este proceso nada sencillo para ella, pero muy necesario para llegar al lugar donde hoy se encuentra.

Nació en una familia católica, con una madre muy religiosa y un padre creyente pero no practicante. «Podría decir —admite Elena— que hasta los dieciséis años yo era una niña más o menos buena». Pero lo cierto es que en su vida «Dios no pintaba nada», como ella misma reconoce.

En ese momento su madre oyó hablar de Medjugorje y fue allí toda la familia de peregrinación con un grupo organizado.

> Ya en el autobús —recuerda Elena—, la gente rezaba muchos Rosarios, una oración que yo no conocía para nada y en la que se repite muchas veces el Avemaría. Al principio, me parecía una oración muy aburrida... ¡Siempre repitiendo lo mismo! Pero, como estaba en el autobús y no me podía escapar, repetía las oraciones con la gente de manera mecánica. En un momento dado, de repen-

> te, al rezar el Avemaría caí en la cuenta de que estaba hablando con mi Madre del Cielo y sentí todo el cariño maternal hacia mí. Esta sensación de experimentar a la Virgen como madre, muy cerca de mí, se repitió en los dos meses siguientes cada vez que rezaba el Rosario. Por eso cogí el gusto a esta oración. Esta fue mi primera experiencia de Dios.

Elena manifiesta también que en aquella peregrinación «se me cruzó por la mente el pensamiento o, mejor dicho, empecé a tener como una certeza de que no me casaría». Esa semilla estaba ahí, pero pasaron años antes de que germinase.

En la universidad, Elena se alejó completamente de Dios. Hizo amigos y salía de fiesta con ellos por las noches. Esto generó un conflicto permanente con sus padres cada fin de semana, hasta el punto de que se planteó abandonar el hogar.

Sus padres, desesperados, le propusieron emprender otro viaje a Medjugorje en Semana Santa. «El Viernes Santo —evoca ella— rezamos el Vía Crucis, que allí se hace subiendo una colina, y yo fui con todos. De repente —y no fue por ninguna oración que hiciera el sacerdote ni nada parecido, aclara—, sentí todo el amor que Jesús me tenía, hasta el punto de haber muerto por mí en la Cruz. Sentía que yo le estaba crucificando otra vez con la vida que llevaba. Eso me conmovió tan profundamente, que empecé a llorar [...]».

En Medjugorje sintió la necesidad de ir a Misa todos los días y de comulgar para poder vivir. A su regreso de la peregrinación, dejó a todos los amigos que tenía, pues de lo contrario «me habrían arrastrado otra vez a la vida que llevaba», asegura.

Ya en su tercer año de Ciencias Políticas, Elena obtuvo una beca Erasmus para permanecer ocho meses en Bélgica. «En esa época tenía un novio muy bueno y religioso, todo iba bien... Pero empecé a sentir que ese amor humano le estaba quitando algo a Dios. Era como si mi corazón estuviese dividido y eso me producía desasosiego», afirma.

Prosiguió su vida con nuevos altibajos. Entre tanto, hizo con su familia una peregrinación a Italia y España. En Lisieux sintió la necesidad de confesar. Y en España, las Siervas del Hogar de la Madre la invitaron a ella y sus hermanos a volver a Italia con una peregrinación de jóvenes. Finalmente, supo que «el período más feliz de mi vida había sido el de los dos años posteriores a mi conversión en Medjugorje, durante los cuales había vivido muy cerca de Dios... ¡Lo que me faltaba para ser feliz era Dios!», prorrumpe de alegría.

13. El *coach* mariano

Borja Milans del Bosch es un popular *coach* o entrenador de dirección empresarial de Madrid, que comparte ideas de liderazgo y trabajo en webs como Coaching 360. Empezó un camino de retorno a la fe en 2009, y le guio un «equipo vencedor» con experiencia en trabajar juntos: el apóstol Santiago y la Virgen María, tan ligados a la tradición española desde la aparición del Pilar. De camino hacia Medjugorje, rezó el primer Rosario de su vida y allí se confesó después de doce años alejado de los sacramentos. Esta es su historia condensada y ofrecida en primera persona a *Cari Filii News:*

> Me hablaron de Medjugorje por primera vez —comenta Borja— en septiembre de 2008 y se despertó una llamada fuerte en mi interior. En aquella época vivía la fe a mi manera y a la medida de mi comodidad.
>
> En un viaje de trabajo a Galicia, en diciembre de ese mismo año, me acerqué a Santiago de Compostela, donde, ante el Santo Patrón de España, pedí por varias intenciones. De rodillas, le prometí al apóstol que haría el Camino de Santiago y que sería testimonio de fe allá donde fuese. A cambio le pedí que me ayudase en lo profesional.

En julio de 2009 hice el Camino de Santiago. Sin saberlo, acababa de convertirme en peregrino. Pero, ¿qué tiene esto que ver con Medjugorje? Gracias a una nulidad eclesiástica, volvía a mi condición de soltero. Tenía un gran vacío interior y sufría grandes decepciones en cada intento de rehacer mi vida. Estaba tentado por lo terrenal y mi vida era mundana. Era imposible encontrar el verdadero amor.

A finales de septiembre de 2010, recibí un correo electrónico con las peregrinaciones a Medjugorje previstas para lo que quedaba de año. Supe en mi interior que era el momento de ir. El 5 de octubre llamé a un teléfono que aparecía y reservé plaza en la peregrinación del puente del Pilar. Solo quedaba una plaza; alguien había fallado y los organizadores habían estado rezando para que apareciese un «peregrino *last minute*».

La tarde del 8 de octubre, llegué a Barajas y localicé al grupo de peregrinos. Acostumbrado a viajar por todos los rincones del mundo en solitario, me repetía a mí mismo: «¡Ya estás aquí, es lo que querías!». Desde luego era incapaz de imaginar la aventura interior y espiritual que me esperaba.

Después del vuelo y al llegar a Dubrovnik, nos subimos a los autobuses. De repente comenzamos a rezar un Rosario. A mis cuarenta y dos años, era el primer Rosario que rezaba en toda mi vida. «¿Qué hago yo rezando un Rosario en un autobús camino de Bosnia?», me pregunté.

Inmediatamente sentí como si la Madre estuviera esperándome con los brazos abiertos, como si volviera a casa después de mucho tiempo ausente. En la mañana del 9 de octubre, fuimos hasta la parroquia de Santiago (¡qué coincidencia, Santiago!) donde nos explicaron la historia de las apariciones y que era característico confesarse allí. Al instante sentí la necesidad de confesión y le pedí la posibilidad al sacerdote que nos acompañaba. Él me propuso hacerlo en el monte de las apariciones.

Subiendo el monte Podbrdo comencé a rezar mi segundo Rosario. Llegamos hasta la imagen de la Virgen Blanca y busqué con la mirada al padre Cruz. Hacía más de doce años que me había confesado por última vez y ahora lo estaba haciendo en el monte de las apariciones.

Al acabar, feliz y liviano, me acerqué hacia la imagen de la Gospa y me quedé mirándola arrodillado. Estaba sereno y con una inmensa y desconocida paz en el corazón. Hacía mucho tiempo que no me encontraba así de bien.

En la mañana del 10 de octubre, hice mi primer Vía Crucis en el monte Krizevac. En cada estación, un peregrino del grupo leía el pasaje correspondiente del libro *Ora con El Corazón,* del padre Slavko Barbaric. Cuando me ofrecieron la lectura rehusé, pero inmediatamente dije: «¡Espera, claro que sí!». Era la décima estación y era un mensaje directo para mí. El texto me impactó... describió mi vida hasta ese momento.

Subimos al Podbrdo de madrugada a rezar el Rosario. Al llegar a la Virgen Blanca, después de un rato de oración en silencio y de rodillas ante la Gospa iluminada, grité desde el alma, pero en silencio: «¡Por favor, Madre mía, ponme delante la mujer de mi vida; no aguanto más, quiero dejar de dar tumbos; ninguna me llena...!».

La Misa internacional de esa noche transcurrió con normalidad. Al acabar, comenzó la oración de sanación. Iba hacia la escultura del Cristo resucitado de bronce cuando las palabras croatas e incomprensibles que un sacerdote anónimo recitaba con fuerte aplomo entraron en mí como un bálsamo. Noté que una herida que tenía en el interior de mi nariz, por la cual sangraba casi todas las semanas, cicatrizaba. No entendía nada, pero de mi corazón solo brotaba gratitud. Al llegar a la estatua de bronce de Cristo, di gracias. Estaba desbordado de un amor desconocido, algo difícil de decir con palabras.

El 12 de octubre (fiesta del Pilar), regresando en autobús, comencé a llorar porque sentía el desgarramiento emocional que tiene un bebé cuando lo arrancan de los brazos y el pecho amoroso y de seguridad de su madre. Comprendí que había experimentado el cobijo del amor infinito del corazón generoso y absolutamente desinteresado de la Virgen María, pero en la tierra.

Ya en Madrid, el 13 de octubre por la mañana, al levantarme y mirar por la ventana de casa me sentí aturdido: «¿Y esta gran mentira, qué es?», me preguntaba una y otra vez. Estaba ante la jungla de las tentaciones, las apariencias, las mentiras y los miedos, pero algo había cambiado en mi interior. Ahora tenía un Rosario como arma y el corazón limpio y renovado, rebosante de amor para repartir a todos los de mi entorno privado y de trabajo.

El domingo 17 de octubre, mi única ilusión era ir a Misa. Cada palabra pronunciada por el sacerdote tenía un eco en mi interior más allá de la mera comprensión de algo dicho. Era como si me hubieran puesto oídos en el alma. Desde entonces descubro el sentido en cada lectura del Evangelio. Lloro con frecuencia al rezar el Padrenuestro y me emociono durante las consagraciones y en las adoraciones. Siento que cada Avemaría es una poesía para la Virgen. Además, desde entonces, rezo el Rosario todos los días.

En las jornadas de trabajo que desarrollo dentro de mi actividad profesional, descubrí que impactaba en las personas de forma especial. Todos coincidían en decir que mis ojos brillaban «con otro brillo» y que rebosaba paz y amor. Notaba cambios en mí, pero nada que fuese capaz de explicar con palabras. Eran cambios en la profundidad de mi persona y en la intimidad de mi ser que me ayudaban a conectar de lleno con las personas.

Un frío día coincidí con la vecina que vivía en el piso de arriba. Me pidió que quitase de mi terraza un toldo que hacía ruido. Estaba quitándolo cuando, desde su ventana, se disculpó por las posibles molestias que me pudieran ocasionar sus dos hijos. «Los niños son una bendición de Dios; donde hay niños hay alegría y eso es una suerte», le dije.

Me preguntó si tenía hijos y le contesté que «mientras Dios no me ponga delante a la mujer de mi vida, no los tendré». Nos intercambiamos los números de teléfono por si fuese necesario contactar en un futuro en calidad de vecinos y seguimos cada uno con lo suyo.

Pasaron tres días y sonó mi móvil, era mi vecina. Me explicó que quería organizar una cena para presentarme a su hermana aún soltera. Su propuesta me sorprendió mucho, incluso me pareció descabellada, pero el caso es que acepté. A los tres días estábamos cenando los cuatro. Mi vecina y su marido, y su hermana y yo. Sentado frente a su hermana, pensé: «Esta mujer es distinta, a ver qué puedo ofrecerle de mí». Charlando durante la cena, descubrimos que, al menos quince años atrás, habíamos coincidido en encuentros con amigos comunes. Desde ese día comenzamos a quedar.

A finales de diciembre, ella tenía que ir a Zaragoza por temas de trabajo y me pidió que la acompañase. Mientras resolvía sus temas, aproveché para acercarme a la Basílica del Pilar. Arrodillado, le dije a la Virgen: «Si ella es la mujer de mi vida, por favor, haz que volvamos juntos a besar tu Pilar», besé el Pilar, recé un Avemaría, me levanté y me fui.

Nuestra relación tomó tal rumbo y con tal fuerza que muy pronto buscamos fecha para casarnos. Los dos nos decidimos por el 14 de octubre de 2011. A los pocos días caí en la cuenta de que coincidía con el primer aniversario de mi regreso a Madrid, el comienzo de mi nueva vida después de la peregrinación de octubre de 2010.

En mayo quise volver a Medjugorje para dar gracias. Ella se animó a acompañarme. Una vez allí, por la mañana del 28 de abril de 2011, nos fuimos al monte Krizevac. Los dos decidimos ofrecer en silencio y de forma individual cada estación del Vía Crucis a alguien de nuestro entorno. La última estación nos la habíamos dedicado mutuamente sin habérnoslo dicho…

Desde entonces, he enfocado mi vida profesional como conferenciante y formador hacia el Amor Inteligente y los Valores Humanos en los profesionales de empresa. El impacto de las formaciones y conferencias que ofrezco es muy bueno y genera un halo de esperanza muy especial en las audiencias.

También, desde hace unos años, dirijo un programa en Radio María que se llama «Profesionales con Corazón». Un programa que está comprometido con llevar Valores Humanos y Amor Inteligente a los profesionales de empresa. Se emite los viernes alternos. Hace unos años ingresé en la Congregación del Cristo de los Alabarderos y ya he salido en procesión varias veces.

14. De *playboy* a peregrino

Ha sido tal vez el hombre más deseado de Italia en los últimos años. Hijo de una familia aristocrática de las más poderosas de la industria textil, solía abrir de par en par las portadas de la prensa rosa por sus romances y noviazgos, incluido el de la actriz y modelo británica Naomi Campbell, según informa Javier Lozano en *Cari Filii News*.

Hablamos de Matteo Marzotto, quien durante mucho tiempo dirigió la exclusiva firma de moda Valentino y ahora sigue embarcado en ese mundo de vanidades. Aunque ya no es el mismo. Lo tenía todo materialmente, pero no era feliz. Solo en la fe católica ha encontrado la dicha que tanto añoraba.

El cambio fue paulatino, tras peregrinar a Lourdes, Loreto y, finalmente, a Medjugorje, donde su vida experimentó un giro copernicano. «Matteo Marzoto, la redención del playboy», titulaba de modo tan explícito la revista *Vanity Fair* haciéndose eco de la conversión de este singular empresario.

El propio Matteo explicaba en esta publicación: «Sentía que me faltaba algo y ese algo era una vida espiritual. Empecé a acercarme a la religión y mi vida cambió. A veces es necesario parar para poder seguir adelante».

Matteo acude ahora a Misa con frecuencia, tiene director espiritual y lee incluso a diario vidas de santos. Por eso no resulta extraño que su cambio radical confunda ahora a muchos en Italia. Ha perdido los respetos humanos para anunciar a los cuatro vientos: «La Resurrección de Cristo es el mayor acto de amor y esperanza en la historia y es razonable y racional basar en él toda la vida».

Este vuelco en su vida no ha sido siempre bien entendido entre la alta burguesía donde se crio, pues sus padres jamás le educaron en la fe ni fueron precisamente un ejemplo de familia unida a raíz de su sonado divorcio.

En una entrevista a la revista *Famiglia Cristiana,* Matteo Marzotto explica su gran descubrimiento: «La fe es vida y necesitamos radicalismo para vivirla: abandonarnos completamente a Dios seguros de que Él nos toma de la mano y nos acompaña siempre».

Pero para llegar hasta ahí, Matteo debió sufrir una crisis existencial. Sucedió en 2006 y coincidió con su cuarenta cumpleaños. «Sentí el peso de un vacío, pero no sabía qué era o qué buscar. Lo tenía todo: un trabajo prestigioso, éxito, fama... Empecé a hacerme muchas preguntas. Recé, pero de manera banal», recuerda. Entonces sucedió algo que transformó su vida. Él mismo asegura que, antes de su conversión, «tenía una gran atracción por los lugares marianos», razón por la cual decidió visitar algunos en plena crisis personal. Así fue como peregrinó a Lourdes, luego a Loreto, a continuación al Santuario de la Virgen del Monte Berico en Vicenza y, finalmente, a Medjugorje, «un lugar que me intrigó y atrajo mucho», asegura.

En Medjugorje, precisamente, conoció a don Roberto, un sacerdote de Nuevos Horizontes de quien enseguida se hizo amigo. «Regresé meses después. Fue una experiencia importante que me hizo reflexionar mucho. Fue él quien me presentó a Chiara Amirante [fundadora de Nuevos Horizontes] de la que también me hice amigo enseguida», añade.

Marzotto afirma que Medjugorje es un lugar de «conversiones inmediatas, espontáneas, incluso violentas, aunque no fue mi caso. Pero es innegable que ha habido un cambio en mi vida allí. La guía que no tuve en mi familia, la encontré en Nuevos Horizontes». Aun así, él no considera su gran cambio de vida como una «conversión real», en sus propias palabras, pues siempre «tuve una conciencia latente de la existencia de Dios, a pesar de que vivía en una familia de cultura liberal donde la religión era un asunto privado y nadie me enseñaba cosas sobre el cristianismo».

Ahora, en su nueva vida, Matteo está volcado en los proyectos sociales. Nunca olvidará el fallecimiento de su hermana Annalisa a causa de una fibrosis quística. Hoy preside una fundación que recauda fondos para la investigación de esa enfermedad y ya ha conseguido treinta millones de euros.

15. Perdonar lo imperdonable

La vida del padre Ciril Cus estuvo marcada por el sufrimiento desde niño, hasta que un día puso los pies en Medjugorje, donde halló el perdón, el amor y la vocación al sacerdocio, según publica *Cari Filii News*.

Ciril nació en una aldea situada en la actual Eslovenia, en una familia católica de cuatro hermanos, el mayor de los cuales murió siendo un niño. Creció en una granja en el campo, pero la vida familiar se vio de nuevo alterada cuando su padre, de profesión albañil, cayó al suelo desde una altura de dieciséis metros. No murió, pero permaneció en coma durante más de un mes. Cuando despertó, ya no era el mismo. Empezó a beber hasta convertirse en un alcohólico.

Entre tanto, Ciril era el blanco de las tremendas palizas de su padre. Él mismo relata a *Aleteia* y *La Nuova Bussola Quotidiana* su particular calvario: «Con diez años, tenía que llevar siempre puesto un gorro, incluso en verano, para que la gente no pudiese ver mis heridas». La frecuencia de las palizas era tal que Ciril decidió huir por la ventana y dormir en el establo, donde cada noche le asaltaban horribles pesadillas. Pensó incluso en suicidarse, aunque explica que «algo me detuvo».

Con catorce años quería irse de casa, «porque me pegaban muchas veces, todo lo que hacía estaba mal y siempre tenía miedo a mi padre», recuerda. Logró terminar la enseñanza secundaria y salir de casa para trabajar en una taberna donde dormía entre ratas.

Para intentar apaciguar toda la ira y el resentimiento que llevaba dentro, Ciril empezó a practicar karate y *kickboxing*, disciplina esta última en la que llegó a convertirse en campeón nacional.

La fe no significaba ya nada para él. Aunque procedía de una familia católica, el joven Ciril había abandonado la Iglesia. Pero al igual que en el deporte descargaba su furia, halló también una vía de escape en sus visitas a la biblioteca. Uno de aquellos días se enteró de la existencia de las supuestas apariciones de la Virgen María en Medjugorje. Movido por la curiosidad, decidió viajar hasta allí y se confesó. A su regreso, empezó a sentir una paz que nunca antes había tenido. Uno de los peregrinos que conoció en Medjugorje le invitó a un grupo de oración de espiritualidad carismática. «Tenían todos las manos en alto, y pensé que estaban drogados, que no eran normales», recuerda el ahora sacerdote.

Tras presenciar aquella escena, decidió que nunca más volvería allí. Pero la insistencia de su amigo peregrino le hizo regresar por segunda vez. Fue entonces cuando escuchó a una mujer hablar sobre el perdón a su esposo después de resultar agredida por él. «Por primera vez en mi vida me di cuenta de cuál era mi mayor problema», reconoce. Desde entonces, frecuentó el grupo carismático. Cada vez que rezaban por él, lloraba como un niño y experimentaba la paulatina cicatrización de sus heridas. El sacerdote le recomendó rezar el Rosario cada día como una forma de recibir la gracia del perdón.

Al cabo de un año, Ciril creyó llegado el momento de volver a ver a su padre. «Le estreché la mano», afirma, pero de nada sirvió. El muchacho entró de nuevo en crisis. Lejos de desanimarse, se abrazó aún más a Dios y comenzó a rezar dos Rosarios diarios. Año y medio después, comprendió que debía perdonar a su padre y decirle que le quería. Pero no tenía fuerzas para hacerlo. Finalmente, se sobrepuso y fue a verle. Pero el padre le recibió, amenazante, empuñando un cuchillo: «¡Te mataré como a un cerdo!», bramó. Ciril escapó corriendo.

Durante los meses siguientes, Ciril añadió un nuevo Rosario al día. Ya eran tres. Vio claro que debía hablar con su padre y abrazarle. Era urgente que lo hiciese, porque los médicos le habían dado tan solo un mes de vida a raíz del alcohol.

«Fui al encuentro de mi padre cuando regresaba del bosque —explica Ciril—. Siempre le tuve miedo, pero entonces estaba en paz conmigo mismo. Le tomé de la mano y, mirándole a los ojos, le dije que le perdonaba y quería. Hasta puse su cabeza en mi pecho. Fue la primera vez en mi vida que abracé a mi padre», añade, feliz.

Desde entonces, su padre dejó de beber. «Por primera vez, vi a mi madre en brazos de mi padre. Lloramos de alegría y nos dijo que nos quería», comenta. Su padre vivió dieciséis años más, en contra del pronóstico de los médicos.

«La experiencia del perdón es tan poderosa, que trae felicidad. El encuentro con Dios es más fuerte que todo el odio, infortunio y sufrimiento del mundo… Si no perdonamos, evitamos que la bendición de Dios entre en nuestras vidas y Él no puede obrar en nosotros», concluye Ciril.

16. El Roland Garros de la fe

Mara Santangelo ha sido una de las tenistas italianas más destacadas en las últimas décadas. En su carrera deportiva, que acabó precipitadamente en 2011 con tan solo treinta años, ganó numerosos torneos de dobles y también alguno individual, informa Javier Lozano en *Cari Filii News*.

De hecho, destacó sobre todo en la modalidad de dobles, donde en 2007 ganó Roland Garros y fue semifinalista en Wimbledon y el Open de Australia. Pero, además, fue campeona con Italia de la Copa Federación, la versión femenina de la Copa Davis.

Todos estos logros le valieron la Orden al Mérito de la República Italiana.

Su vida sigue en buena parte vinculada al tenis y al mundo del deporte. Ahora dirige el equipo italiano de la FedCup, preside el Comité de Atletas de la Federación Italiana de Tenis y representa a los deportistas en el Consejo Nacional del Comité Olímpico Italiano.

Pero no siempre su historia ha estado centrada en el éxito. Ha sufrido mucho y experimentado un vacío interior que se le hizo insoportable y que cambió por completo gracias a una inesperada peregrinación a Medjugorje. Su vida dio un vuelco y por fin encontró la paz.

En una entrevista en el semanario italiano *Credere,* Mara Santangelo habla de su vida de fe y de cómo la luz acabó con las tinieblas de su vida, pese al dinero que ganaba o el éxito que cosechaba. Su historia había empezado de niña. Su madre era devota de la Virgen María, como su abuela.

Su gran referente deportivo era la tenista Martina Navratilova. Mara prometió a su madre que cumpliría su sueño de verla jugar en la hierba de Wimbledon. Esta fue la motivación que la llevó a entrenar horas interminables cada día, sacrificando su niñez y adolescencia, tan distinta de la del resto de los jóvenes de su entorno. Pero, a punto de cumplir su sueño, sucedió algo que marcaría su vida. «Tenía solo dieciséis años —comenta Mara— cuando perdí a mi madre a causa de un accidente y solo por una "incidencia de Dios" no subí al mismo automóvil en el que ella murió».

Este hecho le provocó a Mara un dolor inmenso que difícilmente lograba superar, hasta que su encuentro con la Virgen cambió su vida. Sucedió, cómo no, en Medjugorje. «Corría el año 2010 y entonces sabía poco o más bien nada de los videntes y las apariciones», advierte ella. Conoció allí a Paolo Brosio, un famoso presentador italiano con una vida muy turbulenta que tuvo una profunda conversión en Medjugorje.

«Se encendió una luz que me permitió entender que ya era hora de colgar la raqueta», comenta. El Señor le había mostrado este nuevo camino nada fácil para ella, dado que suponía retirarse con apenas treinta años. Pero estaba convencida de que era lo mejor para ella.

Mara acudió a Medjugorje porque era un modo de reencontrarse con su Madre y, por medio de Ella, también con Dios. Su fe era entonces muy tibia y cómoda. Pero en Medjugorje volvió a nacer el 2 de noviembre de 2010, fiesta de los fieles difuntos. Antes de la aparición, ella participó en una larga noche de oración y experimentó luego fuertes signos de la presencia de Dios.

La extenista italiana asegura: «En esa colina hubo un punto de inflexión: antes no miraba al prójimo ni al amor. Pero en las siguientes semanas cogí fuerzas y comencé a participar en un grupo católico. Al principio me resultó difícil, en parte porque mis amigos no lo entendían. Dejé el tenis renunciando al dinero y a los éxitos durante varios años más. Bajé del pedestal y de la gloria que me dio el deporte. Lo tenía todo, pero no era feliz. Abandonándolo todo encontré paz y alegría. Ahora vivo una vida de fe, a la que ya no podría renunciar, con oración, Misa y frecuencia de sacramentos», proclama con alegría.

Años después de su conversión, también pudo valorar la importancia de la semilla que sembró su familia. «Mi abuela es creyente y cuando era niña nos hacía ir a Misa y nos contaba cómo se recitaba el Rosario durante la guerra».

Fue precisamente la Virgen la que ablandó finalmente su corazón y se presentó a ella como su Madre, llenando así su vacío. La preparó para el encuentro con Cristo. Por eso, ahora ella considera que su pasaje favorito de las Sagradas Escrituras es, sin duda, el mandamiento del amor contenido en el Evangelio de San Juan: «"Amaos unos a otros como yo os he amado" es una especie de brújula para mí», asegura.

David Parkes jugó en varios equipos del fútbol irlandés entre 1967 y 1977, y llegó a ganar la Copa con el Bohemians, en 1970. Ya retirado, en 2001 vivió una conversión en Medjugorje relatada al portal mariano *Cari Filii News.*

Parkes se enfrentó a algunos de los más grandes futbolistas de la historia, como Pelé o George Best. Pero años después, le detectaron la enfermedad de Crohn, a raíz de la cual los médicos le dieron tan solo dos meses de vida. David era ateo, pero ante la machacona insistencia de su mujer decidió peregrinar a Medjugorje. Allí experimentó una curación física durante una oración de sanación, seguida de una profunda conversión. Desde 2001 vive una parte del año en este lugar mariano, a donde organiza peregrinaciones y se dedica a la música cristiana.

En el canal Fruits of Medjugorje, el exfutbolista ha contado con detalle todo su proceso de conversión y curación. «Desde ese día hasta hoy, los dolores, náuseas, vómitos y diarrea propios de la enfermedad de Crohn desaparecieron en un instante», asegura. «Estaba enfadado con Dios y realmente no quería ir a Medjugorje, pero como parecía que iban a ser mis últimas vacaciones con mi esposa... Llegamos allí sin fe, acompañados de un cura muy especial de Chicago que se llama Peter Mary Rookey», recuerda.

Corría el año 1989 cuando viajó a Medjugorje con su esposa. Entonces era una pequeña aldea y no deseaba estar allí. Quería regresar a Dubrovnik, la bella ciudad costera de Croacia. «Yo anhelaba la acción, mucha acción —comenta David—, pero a cada uno de mis argumentos para abandonar Medjugorje, mi esposa hallaba una respuesta convincente para permanecer allí».

Fue entonces cuando su mujer le dijo que el padre Rookey iba a celebrar una Misa de sanación. David fue rotundo: «Me voy de aquí, estoy muy enfermo, el dolor por la enfermedad de Crohn es insoportable». Pero ella repuso: «Piénsatelo bien, David: si vienes conmigo a la oración de sanación, en cuanto termine yo iré a la pensión a hacer las maletas para viajar juntos a Dubrovnik».

Una vez allí, el sacerdote estadounidense empezó a imponer las manos a cada uno de los asistentes. David contempló escandalizado con sus propios ojos cómo había personas que «descansaban en el Espíritu Santo» y caían al suelo. «¡Esto es de histéricos!», le dijo a su esposa y se marchó de allí. Pero al cabo de un rato regresó.

El padre Rookey le comentó entonces: «David, hay algo que me quieres decir, ¿verdad?». Él accedió y le explicó que estaba muy enfermo, que el dolor era insoportable y que los médicos le habían dado dos meses de vida. El sacerdote extrajo una cruz del bolsillo con siete reliquias de los siete fundadores de la Orden de los Servitas (Siervos de María), fundada en Florencia. «Me puso la cruz en la mano derecha —indica David— y acto seguido mojó el pulgar en el aceite bendecido y con él consagró mi frente. En ese instante colocó sus manos sobre mi cabeza y empezó a rezar [...]».

David recuerda que permaneció recostado en el suelo boca arriba alrededor de veinte minutos. No había sido consciente de lo sucedido, salvo del calor que calentaba su cuerpo de la cabeza a los pies. «Desde ese día —afirma— desaparecieron por completo los dolores, malestares, vómitos y diarreas propios de la enfermedad de Crohn».

Pero si la sanación física fue impresionante, la de su alma no lo fue menos. Vivía sin paz, entre otras cosas porque era incapaz de aceptar que su hijo Ken hubiese nacido con fibrosis quística. «Eso provocaba conflictos entre Anne y yo, así que por dos veces la abandoné. Pero ella tiene una capacidad enorme para perdonar y lo hizo».

Tras su sanación física, David no quería marcharse de Medjugorje: «No podía dejar de ir a la iglesia de Santiago, donde asistíamos a Misa de siete en croata, luego desayunábamos y regresábamos a Misa en alemán y, por supuesto, también en inglés».

En Medjugorje, David abrazó a su esposa y le pidió perdón por todo el daño que le había infligido en los últimos años. Ella empezó a llorar y, poco después, él también. Lloraron abrazados alrededor de diez minutos. David sintió una paz interior inexplicable. Había vuelto a nacer.

18. Nada de reiki

La sevillana Lourdes Pérez se educó en una familia no practicante y vivió con una tristeza mundana, sin Dios. Hasta que su peregrinación a Medjugorje marcó un antes y un después en su vida. Ella misma lo ha contado en «Cambio de Agujas», el programa de testimonios de HM Televisión.

Durante su adolescencia, Lourdes se sumió en períodos depresivos, mientras frecuentaba las salidas con amigos y las fiestas nocturnas, donde ingería a veces demasiado alcohol. Pero todo eso le producía un gran vacío interior. «Era una tristeza muy profunda —recuerda ella—. Mi madre me llevó al psicólogo y de nada me sirvió. Para el segundo psicólogo, la solución era que yo fuese al teatro a distraer mi mente, pero yo sentía que esa no era la solución».

Creía entonces que la felicidad llegaría con un buen trabajo y la independencia económica. No pensaba en casarse. Convivió, de hecho, durante cinco años con un chico. Llegó a tener dinero, coche, casa… Pero nada de eso evitó que cayese una y otra vez en crisis de tristeza.

Hasta que la Virgen se cruzó en su camino. Anheló en un momento dado saber más sobre Ella. «Mi actual marido me llevó a Lourdes y al año siguiente a Garabandal. Fue un proceso. Pero lo que me marcó de verdad fue el Santuario de Medjugorje, en Bosnia», asegura.

Antes de viajar allí, un conocido suyo le introdujo en el esoterismo. «Desconocía el mundo espiritual —comenta Lourdes—.

Pensaba que solo existía lo visible. Conocí así el reiki, me echaban las cartas… Todas esas prácticas detrás de las cuales se oculta el demonio. Entré ahí pensando que podría ser feliz y, en medio de ese *cacao,* la Virgen me llevó a Medjugorje […]».

Su percepción sobre este lugar santo no deja hoy lugar a dudas: «Es un centro espiritual impresionante, grandísimo, donde se palpa la presencia de Dios. Fui allí con mi mochila bien cargada de pecados. Yo y mi actual marido, porque entonces vivíamos en pareja. Allí me confesé por primera vez. Rompí a llorar delante del sacerdote. Le conté mis remordimientos, todo lo que había hecho… Ahí empezó el cambio de verdad, porque mi marido me pidió matrimonio… Hice ayuno, lo que la Virgen me indicaba, le pedí luz y así fui saliendo de todas esas cosas», añade, en alusión al esoterismo.

Comprendió allí que debía rezar el Rosario con el corazón, leer la Biblia, practicar la confesión frecuente… «Y eso me lo tomé en serio. Ya no puedo bajar la guardia», afirma.

Lourdes lo tiene muy claro: «El verdadero sentido de la vida —explica— no es dejarnos llevar por el mundo: no seamos borregos. La vida no es hacer lo que te da la gana, sino nuestro deber. No tengamos miedo si Dios está en el centro de nuestras vidas. Él nunca me ha defraudado».

19. Suicidio, no… ¡Vida!

La muerte de un hijo hace añicos el corazón de los padres. Un matrimonio italiano la sufrió en propia carne y ese aldabonazo del destino estaba destrozando su convivencia y deseos de vivir.

Hasta que en una peregrinación a Medjugorje los atribulados padres reencontraron la esperanza. Lo han contado ellos mismos en un vídeo titulado «Don de conversión. La historia de Romano Magnani y Silvana Spalanzani», cuyo contenido en italiano recoge el portal mariano *Cari Filii News*.

Romano y Silvana resucitaron en Medjugorje. Su vida era silencio, vacío, oscuridad y desesperanza desde que Andrea, su único hijo, falleció en un accidente de tráfico con tan solo dieciocho años. Era una familia acomodada, con influyentes contactos, una buena empresa y todo lo que en apariencia proporcionaba la felicidad. Pero un aciago día todo se vino abajo, y en esa espiral del dolor Romano llegó incluso a plantearse el suicidio.

Romano Magnani afirma haber recorrido el mundo entero, desde Chile hasta Japón, pero ahora solo sale de Italia para viajar a una pequeña aldea en Bosnia. «¡Medjugorje lo es todo para mí, el mundo entero!», proclama, convencido. Este padre de familia ha encontrado allí el consuelo de Cristo y de su Madre.

Relacionado con el mundo del automovilismo y del motociclismo, Romano ha estado con los mejores pilotos (Giacomo Agostini, Valentino Rossi, Alain Prost, Nigel Mansell...) y sus inventos han sido fundamentales para aumentar la seguridad de los cascos. Con Silvana tuvo a su hijo único Andrea, un niño al que definen como atento, bueno y siempre positivo. Con dieciséis años, dijo que no quería estudiar y su padre le puso al frente de su tienda especializada en ropa para motoristas. En tan solo dos años, Andrea quintuplicó los beneficios.

Romano tenía grandes planes para su hijo, pero el 25 de marzo de 2001 Andrea murió en accidente de automóvil. El mundo se le vino encima a esta familia. «El dolor era insuperable», asegura su padre en un documental sobre su conversión. Este dolor empezó a afectar al matrimonio. Ella veía con preocupación la crisis profunda de Romano, pero, a su vez, Silvana también estaba lacerada por el dolor. «Pasábamos días enteros en silencio, nos abrazábamos para consolarnos, pero sin cruzar una sola palabra. No teníamos nada que decirnos el uno al otro, porque si lo hacíamos rompíamos a llorar», recuerda Romano.

Sin saber cómo, este matrimonio que no había necesitado a Dios, pero ahora se hundía en el sufrimiento, acabó en Medjugorje.

«Allí recibí la misericordia de la conversión. Encontré la luz intensa, la voluntad para vivir más. Y eso no lo tenía antes, cuando contemplaba el suicidio. Esa luz la vi en Cristo, justo en Medjugorje», añade él.

Silvana, por su parte, afirma que en Medjugorje le dijo a su hijo mientras miraba al cielo: «Andrea, yo te cuidé durante dieciocho años, sabes que nosotros no podemos más. Ahora que estás cerca de Dios, te toca ayudarnos. Y creo que desde el Cielo él lo movió todo».

Desde aquella conversión en Medjugorje, el matrimonio ha regresado allí numerosas veces. «Quiero mucho a la Virgen porque sé que siempre la tengo cerca. Siento su amor a mi lado. Y cuando algo ocurre, siempre le pido a Ella: "Ayúdame en esta situación"», asegura Silvana.

20. Un ángel llamado Eugenia

Nacho y Paula forman un matrimonio al que le ha tocado sufrir mucho, pero precisamente por ello han podido experimentar la misericordia de Dios pese a la grave enfermedad de su hija, según publica *Religión en Libertad*. Los médicos les presionaron incluso para que abortasen a su bebé, pero ellos se mantuvieron firmes y hoy se han embarcado en numerosas iniciativas para ayudar a su pequeña y a otros niños enfermos como ella.

Este joven matrimonio tenía ya dos hijas cuando Paula se quedó embarazada de nuevo. Poco después, ella se empezó a encontrar muy mal y, finalmente, descubrieron que la niña había sido afectada por un virus, que en su caso se alimentaba del cerebro del bebé.

A este enorme sufrimiento se sumó el hecho reprobable de que todos los médicos a los que se les derivaba les animaban a abortar, asegurando que su hija nacería como un vegetal. No les importó tampoco a los facultativos que Paula hubiese sobrepasado el umbral legal para acabar con la vida de su hija. Pero el matrimonio no claudicó y empezó a rezar para que su hija naciese sana y, en caso contrario, poder acogerla con todo el corazón. Las peticiones se multiplicaron al formarse una gran cadena de oración por el bebé por toda España que se extendió a otros países.

Eugenia, finalmente, nació, algo que ya era un milagro de por sí. Vino al mundo con una afectación cerebral muy severa y sorda por completo. Empezó así el trasiego de Nacho y Paula con los médicos para tratar a su hija y la adquisición de costosos medicamentos.

No tardó en surgir otra iniciativa del matrimonio: Nacho anunció que empezaría a correr con la esperanza de que alguna empresa les ayudase a sufragar los elevados gastos para atender a la pequeña Eugenia. Esta carrera acabó convirtiéndose en la asociación Run4-smiles o «Yo corro por Eugenia», que ahora ayuda a muchas familias con niños con parálisis cerebral.

Pero había más sorpresas para este matrimonio: Paula volvió a quedarse embarazada, pero esta vez de gemelos. El agotamiento físico y mental se hizo abrumador. Irrumpió de modo providencial la Virgen de Medjugorje cuando Nacho aún culpaba a Dios de la enfermedad de Eugenia.

Si la Virgen ayudó a Paula, los retiros de Emaús lograron también reconciliar al marido con Dios. Una vez que aceptaron la cruda realidad de sus vidas, Nacho y Paula viajaron juntos a Medjugorje para dar gracias a la Virgen por todos los dones que habían recibido y hallaron allí la certeza y la fuerza con que ayudar a otras muchas familias.

Anexo 2
La personalidad de los videntes

Hemos dedicado ya dos capítulos enteros a las pruebas médicas practicadas a los seis videntes de Medjugorje por una comisión francesa, otra italiana y las propias autoridades sanitarias de la extinta Yugoslavia. Tuvimos oportunidad de aludir ya entonces a este desconocido informe del psicólogo Slavko Barbaric, redactado en 1982 y que ahora, por su gran interés, reproducimos íntegro en este segundo anexo, una vez traducido por primera vez al castellano:

Introducción

El grupo de videntes de Bijakovic, una parroquia de Medjugorje (municipio de Citluk), existe desde hace más de quince meses. Desde el primer día hasta hoy, este grupo desafía al mundo con sus declaraciones sobre las apariciones diarias de la Virgen. Todo lo que dicen ellos y lo que se dice sobre ellos ha traspasado con creces los límites de la aldea, la parroquia y el municipio, extendiéndose por todos los lugares del mundo. Los videntes se han convertido, aunque ellos no lo quieran, en una especie de movimiento nunca visto dentro de la Iglesia.

Según la crónica de la parroquia de Medjugorje, alrededor de 1,3 millones de personas han venido ya a este lugar en estos últimos quince meses. Y mientras crece el número de visitantes que agradecen el fenómeno de Medjugorje como un regalo de Dios, existe una fuerte resistencia en contra a diferentes niveles.

El grupo de videntes ha centrado la atención de todo el mundo, examinados por doctores, entrevistados por psiquiatras e interrogados por sacerdotes. Las primeras hipótesis que advertían sobre algún tipo de enfermedad en los videntes se descartaron finalmente por la persistencia del grupo.

Personalmente, he estado interesado en este fenómeno por varias razones. Completé mis estudios universitarios en Friburgo, Alemania. Escribí la tesis sobre la educación de adultos en la fe con referencia particular a la conversión, examinando la relación del grupo (comunidad) con el individuo, y la del individuo hacia el grupo.

Como he podido observar de cerca lo que está sucediendo en Medjugorje, en las siguientes páginas trataré de acercarme al grupo de videntes desde el punto de vista psíquico; es decir, presentar y describir a nivel psicológico lo que es perceptible para la experiencia humana. No pretendo hacer juicios definitivos sobre el grupo ni sobre lo que sucede a su alrededor, pero sí deseo utilizar en la medida de mis posibilidades todos los conocimientos teóricos y experiencias adquiridas con otros grupos para describir el fenómeno en su totalidad y poder formular una opinión propia y útil para todos aquellos que no tienen la oportunidad de estudiar estos fenómenos directamente. Debo aclarar que fui a Medjugorje sin ningún prejuicio.

El método

Empleé varios métodos de estudio:

A) He examinado a todo el grupo durante cinco meses.

B) Hablé con todo el grupo.

a. Entrevisté a los miembros del grupo individualmente.

b. Preparé preguntas y pedí a sus integrantes que respondiesen de modo independiente de los demás.

Criterios

En este trabajo seguí mi propio criterio, como Rogers: afrontar el grupo como un fenómeno que existe, funciona y es saludable. No declaré a nadie enfermo, considerando a cada uno como colaborador y no solo como sujeto de investigación.

El grupo de Medjugorje es un hecho. Yo lo observo. No trato de englobarlo en ninguna categoría. Me tomo en serio su colaboración cuando los chicos se explican a sí mismos como un grupo y trato con todas mis fuerzas de convivir con ellos. En este momento, lo más conveniente, en mi opinión, es hacer preguntas y buscar respuestas.

Descripción grupal

Estructura

El grupo consta de seis miembros. La diferencia de edad entre ellos es de seis años. Al principio, el más joven tenía once años y el mayor contaba dieciséis. Cuatro de ellos son mujeres y dos, niños. Las vacaciones escolares estaban teniendo lugar en el momento de la formación del grupo. Hasta entonces, todos fueron a la escuela (y continúan yendo allí incluso ahora, excepto un vidente que dice quedarse en casa hasta que las visiones hayan terminado). Todos ellos provienen del entorno de la aldea y pertenecen a la burguesía media. Dos videntes residen en la ciudad durante el curso escolar, mientras que sus vacaciones las pasan en el pueblo.

El comienzo

Este grupo de videntes comenzó los días 24 y 25 de junio de 1981. Es un tipo de grupo secundario, lo cual significa que al principio tenían intereses comunes, con sus propias reglas y objetivos. Solo dos de ellos estaban vinculados por lazos de sangre de hermano y hermana.

En este grupo no puede señalarse quién lo organizó... Escuché la explicación con la que el grupo se presenta. El grupo se estableció cuando Nuestra Señora se apareció a los videntes. Por eso ninguno de ellos tiene más predicamento que otro, excepto la Virgen. El grupo así lo quiere y este hecho debe tenerse en cuenta cuando desea averiguarse quién organizó el grupo. Algunos dicen que fue el párroco de Medjugorje, pero este afirma que ni siquiera los conocía a todos porque había tomado posesión de la parroquia justo antes del inicio de las apariciones. Además, dos de sus seis miembros residieron en la ciudad durante el año escolar y solo estuvieron en el pueblo durante las vacaciones. Por si fuera poco, el comportamiento del párroco después de formarse el grupo fue contrario al mismo. De hecho, incluso trató de disolverlo. Otra prueba de que el párroco no organizó el grupo es que durante aproximadamente un año estuvo en prisión, mientras el grupo continuaba existiendo y operando.

La experiencia demuestra que los grupos se desintegran y dejan de existir si su organizador externo falla y ya no los dirige con sus propias iniciativas. Entonces surge la pregunta de cómo es posible que el grupo haya permanecido.

Estabilidad y duración

El grupo ha persistido y trabajado durante más de quince meses consecutivos. Su dinámica, estabilidad y duración merecen singular atención. Sus miembros no saben hasta cuándo seguirán existiendo como grupo. No hacen cálculos ni preguntas sobre esto. La respuesta siempre es: «Mientras que Nuestra Señora lo desee». Aunque el elemento de la duración de un grupo es distinto del de su estabilidad, ambos están estrechamente relacionados. En este grupo aparecen elementos que normalmente aniquilan al propio grupo. Si lo consideramos como una estructura psicosocial vertical, podemos decir que tiene dos líderes en su dinámica interna: uno se impone porque ha frecuentado la escuela y se expresa con mayor confianza, y el otro por su temperamento y el papel que se le confiere por permanecer en el lugar de las apariciones. Este hecho indujo al grupo a dividirse de modo horizontal con la creación de subgrupos... Si bien esta dimensión psicosocial muestra debilidad e inestabilidad, amenazando la propia pervivencia, a la hora de transmitir los mensajes y declarar lo que ven y experimentan con la Virgen, los videntes demuestran una estabilidad absoluta. Incluso en los momentos de tensión, cuando se manifiesta la división en subgrupos, jamás se cuestionan las visiones, sino que cada vez se defienden con mayor firmeza.

Obviamente, uno esperaría que en esos momentos de tensión el nivel de las relaciones humanas y la unidad del mensaje fuesen menores, pero esto no sucede. Los miembros permanecen estables. Y explican su unidad porque ven a la Virgen y hablan con Ella.

Los «intereses»

Cada grupo debe tener intereses y objetivos comunes. Para los jóvenes pueden ser el juego, el estudio, la planificación de un ingreso determinado, etcétera. Los grupos resisten siempre que estén vinculados por estos intereses comunes, pero este grupo de videntes no los tiene.

Puedo decir con toda seguridad que para ellos, y debido a la estructura psicofísica del grupo, ni siquiera pueden existir esos intereses. Estos son jóvenes en desarrollo. Una parte del grupo vive lejos del otro y, en lo que respecta a los intereses personales, son tan diferentes que es muy difícil imaginar una empresa que pueda realizarse de forma duradera y estable con ellos.

A la pregunta de por qué están juntos y cuáles son los intereses que los unen, responden que Nuestra Señora les ordenó llevar al mundo su mensaje de paz e invitar a la conversión. Cuando se les pregunta hasta cuándo van a hablar en nombre de Nuestra Señora, responden: «Hasta que Nuestra Señora quiera». Por lo tanto, no tienen otro interés común que lo que ordena Nuestra Señora.

Dadas las circunstancias, debe considerarse que este «interés» de Nuestra Señora se dirige contra sus propios intereses personales y privados. Y es un hecho probado que, cuando en un grupo los intereses del organizador colisionan con los de cada uno de sus individuos, se abandona el grupo o se crean subgrupos de oposición a esa línea de desarrollo.

Si tenemos en cuenta que, con el giro de los acontecimientos, la vida privada y personal de los jóvenes de Bijakovic ha sido completamente alterada, que todos los días pasan dos o tres horas en la iglesia, viéndose obligados a repetir a los visitantes las mismas cosas un número infinito de veces, podemos afirmar que sus intereses personales han sido descuidados y que el principal «interés» se ha vuelto contra ellos. Cuando los acusaron de asegurar que veían a Nuestra Señora por el afán de protagonismo de tener gente a su alrededor, un vidente respondió: «La gente solo nos molesta. A nadie le pedimos que venga y tenemos que decir lo que vemos».

El interés principal que trasciende al grupo no solo se ha dirigido contra cada vidente, sino también contra parte de sus familias, el pueblo, la parroquia e, incluso, contra el párroco. De todo esto se deduce la fuerte presión psicológica a la que tuvieron que someterse. De hecho, los chicos son perfectamente conscientes de que el párroco está encarcelado por haber celebrado la homilía durante la Misa vespertina que comenzó a realizarse con motivo de sus visiones y por el contenido de la misma. Pero permanecen firmes en su mensaje. Incluso los miembros de su familia deben sacrificar un tiempo precioso, sin darse por vencidos. En cuanto a la aldea misma, muchas personas han tenido que hacer guardias varias veces. Los videntes son conscientes de esto, lo sufren, pero a pesar de todo defienden ese «interés principal» sin separarse de él. También debe recordarse que entre los individuos existen enfrentamientos sobre la responsabilidad de cada uno en el conjunto de las apariciones. Si uno de los videntes, por fatiga o por cualquier otra razón, se va de la iglesia antes de terminar las oraciones o si uno llega tarde, se lo reprochan mutuamente.

Por un lado, el anuncio del mensaje sigue siendo el elemento estable en todas las situaciones, incluso si supone un daño personal o comunitario; por otro, sin ningún temor (complejo) también informan de sus debilidades individuales y grupales.

Conclusión

Después de todo, puedo afirmar lo siguiente: el grupo de videntes de Bijakovic (parroquia de Medjugorje), por su propia estructura, estabilidad, duración e «intereses», constituye un fenómeno inexplicable a la luz de las experiencias actuales y de la psicología del grupo. En todos estos elementos, el grupo se supera y trasciende a sí mismo.

El enfoque psicológico alcanza un límite ante el cual debe admitirse que existe un factor externo a ellos, a través del cual los propios videntes se explican a sí mismos. Y en este punto hallamos la regla aplicada al cliente: siempre que no se pruebe lo contrario, uno debe creerle. La psicología solo puede hablar en su propio nivel, es decir, limitarse a observar y concluir. La teología tiene la tarea de investigar este elemento metafísico (sobrenatural).

El grupo durante la visión

Con el concepto de «visión» nos referimos aquí a lo que sucede con los jóvenes de Bijakovic en el momento en que dicen ver a Nuestra Señora. Las «visiones» tienen lugar todas las tardes, con independencia de si los videntes están juntos o falta alguno de ellos. Estas «visiones» tienen su propio desarrollo y también sus «condiciones». En otra parte de este informe pretendo tratar el fenómeno también en este nivel.

La visión

En un momento específico (por lo general alrededor de las seis de la tarde) el grupo tiene su propia reunión con la Virgen. Como sus miembros ya no acuden al lugar de la aparición, en la montaña, las reuniones generalmente se celebran en la iglesia y también en el hogar de las familias. Los videntes que no están presentes tienen su propia «visión» en un momento posterior, de acuerdo con sus propias declaraciones, ya sea antes o después.

Antes de cada «visión» rezan siete Padrenuestros, Avemarías y Glorias, y finalmente comienzan a recitar el Credo. (Es la oración, como dicen, que Nuestra Señora les recomendó). Pero durante los cinco meses de mi estancia en Medjugorje nunca recitaron la oración completa. Mientras rezaban el primero, segundo, tercero o cuarto Padrenuestro, de repente se arrodillaron como fulminados. Desde entonces, y durante toda la «visión», todos miran hacia el mismo punto fijo y determinado. La comunicación con el mundo exterior cesa para ellos. Dicen, entre otras cosas, que hablan en voz alta, pero los presentes no los escuchan. Esto constituye para ellos un gran asombro, ya que se aseguran no variar su tono de voz. Los presentes pueden ver a los videntes moviendo los labios todos juntos mientras, como ellos dicen, hablan con Nuestra Señora. Pese a estar de rodillas en una sola fila y no verse entre ellos (sobre todo, no pueden verse quienes están en los extremos), jamás he percibido que hablen dos al mismo tiempo con Nuestra Señora. La primera parte de la «visión» (como yo la llamo) dura unos minutos, hasta que todos los videntes comienzan a orar al unísono: «[...] que estás en los Cielos», aunque ninguno de ellos haya pronunciado antes «Padre Nuestro».

Jamás recitan el Avemaría. Después de estas oraciones, todos los presentes advierten cómo se impone el más absoluto silencio y pueden seguir el movimiento de los labios de cada miembro del grupo. Al final, el silencio se interrumpe por algún grito o cántico suave. Puestos en pie, los videntes hacen la señal de la Cruz, escriben los mensajes y respuestas que acaban de recibir y se marchan juntos para asistir a la Misa.

Dos veces he presenciado que, tras las «visiones», el grupo ha recitado las oraciones indicadas por Nuestra Señora. En una ocasión fueron siete Padrenuestros y la segunda vez, tres.

Las modalidades de las visiones

El contenido y la forma de las «visiones» no pueden controlarse ni medir de ningún modo. Según las declaraciones de los videntes, la imagen que tienen de la Virgen es tridimensional. Pero si Nuestra Señora les muestra algo más, la visión que tienen ellos es como la de una película.

Cada vez que miraba a los chicos, tenían los ojos bien abiertos en dirección a un punto determinado. Podían «ver» incluso con los ojos cerrados. En cierta ocasión, uno de los presentes les pidió que rezasen con los ojos cerrados. Obedecieron, comportándose exactamente igual que cuando veían y hablaban con Nuestra Señora. También afirman que no ven nada a su alrededor durante las «visiones». Y aseguran que tampoco se dieron cuenta de que una cámara les filmaba durante la «visión», como el día en que la televisión alemana estuvo presente.

Cuando se les preguntó por qué se arrodillaron de repente, respondieron que distinguieron una luz acercarse «desde arriba» y enseguida vieron a Nuestra Señora. Y a la pregunta de por qué rezan comenzando por las palabras «[...] que estás en los Cielos», en lugar de por el principio, responden que Nuestra Señora entona primero esta oración y ellos se limitan a seguirla.

Con Nuestra Señora jamás recitaron el Avemaría, pasando de inmediato a entonar el Gloria. Hasta ahora, nunca han cometido errores con este orden. Las repeticiones frecuentes indican que este orden o estándar se vuelve mecánico. Por eso, a nivel psicológico es muy importante que durante las «visiones» nunca se hayan equivocado.

Sobre la base de lo descrito hasta ahora, puede afirmarse que la «visión» proviene del exterior. Todos ven de la misma manera, todos reaccionan igual, todos describen la «visión» de modo idéntico. Por lo tanto, se excluye la experiencia meditativa o carismática de la imagen, es decir, la tendencia a «transformar» los deseos de cada uno en imágenes que luego se perciben como reales.

El contenido de las visiones

El contenido de la «visión» se circunscribe a la oración con Nuestra Señora, a sus mensajes y a las respuestas a las preguntas que los videntes le plantean. Aquí no entro en la dimensión teológica del contenido.

En el nombre de Nuestra Señora, los chicos invitan al mundo a la paz, a la conversión, a la penitencia y a la oración. Los secretos que Nuestra Señora revela a los chicos también son parte del contenido. Estos secretos conciernen a toda la humanidad, a la Iglesia universal y a la vida personal de los videntes. Las diversas respuestas a las preguntas formuladas también se incluyen en los contenidos. Según mi examen, las respuestas obtenidas exceden su capacidad intelectual. Les entregué diversos papeles con preguntas, justo antes de la «visión», para excluir cualquier contacto o posible consulta con alguna persona ajena al grupo. Se trataba de preguntas que incluían palabras cuyo significado ellos no podían saber, pese a lo cual las respuestas recibidas fueron plenamente consistentes. Hubo casos en que no obtuvieron respuesta y los chicos explicaron que la Virgen, por ejemplo, había sacudido la cabeza o simplemente sonreído.

Quiero mencionar también la experiencia del día en que preparamos una intervención concreta, aprobada por los videntes. Cuando todo estaba listo para comenzar, le preguntamos a la Virgen: «¿Tenemos que hacerlo o no?». La respuesta de Ella fue contundente: «¡No! ¡Habría consecuencias desagradables!». La reacción de todo el grupo fue unánime: «Desafortunadamente no podemos hacerlo. ¡Nuestra Señora no está de acuerdo!», alegaron los videntes.

Mi hipótesis es que el contenido del mensaje principal siempre es lógico en sí mismo, incluso si no sucede todas las tardes. También en este caso el grupo va más allá de sí mismo.

Las «condiciones»

La «visión» se produce con independencia del estado de ánimo de cada individuo y de las relaciones dentro del grupo. No condiciona a ninguno de los videntes. Su cansancio o deseo de reposo nunca han sido un obstáculo para la «visión». De acuerdo con esto, puede afirmarse que en el grupo no hay intermediarios ni un jefe del que dependa todo. En este sentido, debemos recordar dos hechos.

Primero, que no hubo «condición» ni siquiera al principio; y segundo, que los videntes tenían «visiones» incluso en circunstancias muy extrañas. En los primeros días, cuando los chicos fueron invitados a un viaje, no estaban en casa ni en la montaña en el momento de la «visión». Pero no por eso dejaron de tenerla. A la hora señalada, pidieron salir del coche y tuvieron su «reunión» con la Virgen. Una vez concluida, regresaron al coche para proseguir el viaje.

También hay otro hecho digno de atención: durante cinco noches no tuvieron «visiones». Algunas personas vinieron de lejos para estar presentes en la «visión». Tras las oraciones rituales y la espera innecesaria, los videntes dijeron a los presentes: «¡Esta noche no llega!».

Durante un mes entero hablé con los videntes todas las noches, tras la «visión»... No he puesto condiciones a los videntes, ni como individuos ni como grupo. Advirtamos que el grupo tiene su propia respuesta que debe tomarse en serio: «Ven» a Nuestra Señora porque ella «viene» a ellos cuando comienzan a rezar a la hora señalada. Es importante recordar, una vez más, que incluso la oración de los siete Padrenuestros no es una condición, porque a menudo recitan esta misma plegaria en casa o con la gente después de la Misa de la noche sin tener por eso «visiones».

¿Alucinaciones?

La cuestión de la alucinación se plantea como una posibilidad de respuesta a nivel psicológico. Hay alucinaciones de la vista (óptica), olor y gusto (olfativa y gustativa), tacto y órganos de los sentidos. También se conocen alucinaciones de movimiento y equilibrio, y finalmente alucinaciones combinadas.

Los hombres sanos o enfermos pueden tener alucinaciones. Lo saludable puede ser alucinado en situaciones de tensión particular, por ejemplo, cuando el soldado, por miedo, ve al enemigo. Aquellos que tienen hambre y sed o se encuentran encerrados en completo aislamiento sufren también alucinaciones. Bajo la influencia del alcohol, las personas a menudo tienen alucinaciones.

Estas también pueden provocarse artificialmente, como en el caso de los drogadictos. Los hombres con trastornos psíquicos (en particular los esquizofrénicos), epilépticos y aquellos que sufren complejos a menudo experimentan igualmente alucinaciones.

Las alucinaciones pueden consistir en imágenes, voces, olores y sabores. Con respecto a las de la vista, los expertos coinciden en que son muy raras en los estados de consciencia y en especial durante el día, mientras que son comunes en casos de conciencia impactada, sobre todo en delirios.

Puede afirmarse que las alucinaciones se manifiestan en personas psíquicamente poco estables con un diagnóstico claro de enfermedad (esquizofrenia), y en personas sanas cuando atraviesan por momentos de fuerte tensión espiritual.

De acuerdo con lo que yo he visto, ninguno de los que se reunieron con los chicos (psicólogos, psiquiatras, sacerdotes y público en general) dijo que se trataba de personas o de un grupo que padecía alguna enfermedad mental. De acuerdo con mi experiencia de cinco meses con el grupo y las personas, puedo afirmar que los videntes son personas mentalmente sanas. En los chicos no he encontrado situaciones difíciles que puedan conducirlos a sufrir alucinaciones. Además, la consistencia, la lógica, la naturaleza positiva de los eventos verificados en el grupo durante más de quince meses no pueden explicarse con alucinaciones, sobre todo porque se sabe que estas siempre tienen consecuencias negativas.

El fenómeno del secreto

Todo el grupo y también cada individuo que lo compone manifiestan que Nuestra Señora les confía algunos secretos. Ha prometido, según ellos, confiarles diez en total. Algunos secretos se comparten con todo el grupo, pero otros solo de forma individual. En el nivel actual, las consideraciones sobre los secretos son un factor muy importante en el grupo porque la capacidad de preservarlos permite extraer conclusiones sobre su estabilidad, así como sobre la de sus individuos.

Es un hecho generalmente conocido y aceptado que cada hombre puede guardar un secreto. Esto también se aplica a los chicos, incluso si hacen un mayor esfuerzo. Tanto entre adultos, como en niños, se requieren al menos dos condiciones para preservar el secreto. Por un lado, depende de la autoridad de quienes lo confían y aún más del valor existencial que tiene el secreto. De modo que los niños guardarán un secreto si sus padres les comunican algo de vital importancia para toda la familia o para alguno de sus miembros, o si transfieren a un dominio secreto un hecho que han experimentado por sí mismos. Se sabe que en el momento de la persecución racial en Alemania, las familias escondieron a numerosos judíos. Si esto se hubiese descubierto, habría habido graves consecuencias para todos. También es frecuente que intervenga alguna autoridad para recordar la importancia de guardar el secreto. Cuando este grupo de videntes comenzó a hablar de secretos, todas las autoridades intentaron conocer su contenido. El obispo y la Comisión teológica lo han intentado, al igual que los sacerdotes que trabajan aquí, yo mismo, y los padres y amigos. Pero al mismo tiempo, todos y cada uno de nosotros hemos comprobado la imposibilidad absoluta de arrancar a los videntes algún secreto. Uno de ellos afirma que a veces estaba casi lista para revelar uno u otro secreto, pero que al sentirse reprendida por una voz interior solo así podía guardarlo.

Sobre la base de mis observaciones puedo concluir que, si existen tales secretos, han sido confiados por una autoridad y son de vital importancia. El grupo y los individuos tienen su respuesta: «Nuestra Señora nos los ha confiado y los revelaremos solo cuando nos autorice». Este hecho también va más allá de los límites de las posibilidades del grupo.

A la luz de la pedagogía

La libertad de elección de la profesión

Todos los videntes dicen que Nuestra Señora ha sugerido que vayan al convento, que este sería su deseo y que también sería la mejor solución para ellos. Cuando se les pregunta cuándo irán y si saben dónde, los chicos han respondido que no son ellos los que deciden. En cualquier caso, se sienten libres ante este «consejo» de Nuestra Señora. El hecho es que hasta ahora solo uno ha emprendido el camino del sacerdocio. El miembro más joven está ya al tanto de esta sugerencia, pero aún no sabe qué hará. Dos videntes afirman haber decidido ingresar en un convento, pero todavía están en casa. Los dos últimos siguen reflexionando sobre el asunto y aducen que de momento no están listos para emprender la vida conventual.

El hecho de que los videntes puedan distinguir entre las sugerencias libres y las demandas categóricas de la Virgen es un síntoma de su integridad mental. De hecho, está comprobado que, en el caso de las alucinaciones acústicas, su contenido reviste a menudo un carácter imperativo, incluso si afecta a actos tan negativos con este tipo de órdenes como «mátate», «tírate por la ventana», «mata a tus hijos», «préndele fuego a la casa» y cosas por el estilo.

Las alucinaciones son a menudo la causa de acciones criminales. Por lo tanto, vale la pena destacar este elemento de la libre elección de la vocación que activa una capacidad de reflexión y decisión. También es sabido que algunos grupos de jóvenes se vuelven fácilmente ideologizados y fanáticos, tratando de ajustarse a un modelo, y que en ellos solo hay espacio para mandar u obedecer.

Por eso, el hecho de que las decisiones se tomen de modo individual distingue al grupo de los videntes. Estos chicos no muestran ninguna ideología ni buscan el consejo de los demás, lo cual es también una señal de que no están sujetos a la presión de nadie.

La defensa de la personalidad

A la luz de la pedagogía, otro detalle muy importante se revela en el grupo. Los videntes en su conjunto y de modo individual dicen a menudo que Nuestra Señora los amonesta y reprende. El contenido del reproche son sus errores personales o grupales. Cuando el reproche concierne al grupo, todos sus miembros lo oyen; en cambio, si va dirigido a un sujeto en particular, el resto no lo percibe como suyo, aunque sea consciente de ello.

Sobre el modo del reproche, Nuestra Señora regaña con mansedumbre y sin cambiar la expresión o el tono de voz. A la pregunta de cómo se sienten los videntes al ser reprobados, responden unánimes: «Mal e incómodos». Y sobre si antes de la visión presagiaban la advertencia, algunos contestan que «sí» y otros que «no». Este detalle también es importante respecto a la integridad mental del grupo.

Conclusión

De todas las reflexiones y detalles expuestos hasta ahora podemos extraer una conclusión general sobre el grupo de los videntes de Bijakovic (Medjugorje). Considerado desde un punto de vista psicopedagógico, el grupo se trasciende por completo y de forma positiva. Del mismo modo puede afirmarse que es un grupo saludable en sí mismo y también desde el punto de vista de cada uno de sus miembros. Todo ello no excluye, como es natural, debilidades ni errores. Este informe no demuestra aún que los videntes tengan «visiones» sobrenaturales. Pero ellos se refieren a un elemento sobrenatural que explica su comportamiento. Las siguientes preguntas deben ser formuladas ya por la teología.

Gran cronología de Medjugorje

1981

24 de junio, miércoles: Primera aparición.

25 de junio, jueves: Segunda aparición (primera a los seis videntes).

26 de junio, viernes: Tercera aparición, donde la Virgen revela su nombre: «Yo soy la Bienaventurada Virgen María». Y repite la palabra clave: «¡Paz, paz, paz!».

27 de junio, sábado: Cuarta aparición y primer interrogatorio de la policía comunista en Citluk. El padre Jozo Zovko interroga también a Mirjana en su despacho parroquial de Medjugorje sin estar convencido de la veracidad de lo que sucede allí.

28 de junio, domingo: Quinta aparición, a la que acuden quince mil personas.

29 de junio, lunes: Sexta aparición. Invitación a la fe: «No hay más que un Dios y una fe». Los videntes piden la curación del pequeño Daniel Setka, mudo y paralítico, que llegará a sanar.

Tras confinar a los videntes en la morgue, rodeados de cadáveres, uno de los doctores comunistas los encierra en una habitación repleta de enfermos mentales. Los pacientes deambulan alrededor de los chicos sin rumbo fijo, gritando y haciendo aspavientos. Gracias a Dios, una enfermera los saca finalmente de allí.

30 de junio, martes: Séptima aparición en Cerno, de regreso de una excursión en coche organizada a instancias de los enemigos de las apariciones para distraer a los videntes de su encuentro con la Virgen.

2 de julio: Se establece la Misa diaria en la parroquia de Santiago Apóstol tras la aparición.

13 de julio: La Policía impide el acceso a la colina. Al cabo de veinte días de la primera aparición, la Gospa se había lamentado, entre lágrimas: «¡Os habéis olvidado de la Biblia!».

7 de agosto: La aparición convoca a los videntes en la montaña hacia las dos de la madrugada y solicita: «Que se haga penitencia por los pecadores».

17 de agosto: Arresto y encarcelamiento del párroco Jozo Zovko.

18 de agosto: El vicario Zrinko Cuvalo, también franciscano, es nombrado párroco de Santiago Apóstol, mientras Tomislav Vlasic se hace cargo de la vicaría.

25 de agosto: La palabra «MIR» (PAZ) aparece inscrita en el horizonte.

Finales de agosto: Tras una aparición en la aldea de Bijakovici, dice Ella: «Yo soy la Reina de la Paz».

1 de septiembre: Carta del obispo de Mostar al presidente de la República Federal Socialista de Yugoslavia. La epístola de Pavao Zanic a Sergej Kraigher es valiente y sin el menor rodeo a la hora de rechazar las gravísimas acusaciones difundidas por la propaganda comunista.

21-22 de octubre: Proceso y condena del padre Jozo Zovko a tres años y medio de prisión, rebajados luego a un año y medio.

1982

Mirjana, y en última instancia la Virgen, eligen al sacerdote Petar Ljubicic para dar a conocer los diez secretos de Medjugorje al mundo entero.

14 de enero: Las apariciones tienen lugar ya en la iglesia, tras el rezo del Rosario y antes de la Misa, en la estancia contigua a la sacristía.

20 de agosto: El vicario Zrinko Cuvalo dimite. El nuevo párroco es T. Pervan.
15 de diciembre: Comienzo del carisma de Mirjana, que «ve con el corazón» y percibe los mensajes.
25 de diciembre: Mirjana recibe el décimo secreto que solo ella conoce.

1983

17 de febrero: Liberación del padre Jozo Zovko, tras el cumplimiento de la pena reducida a un año y medio de cárcel.

1984

24-25 de marzo: Primera reunión de la nueva Comisión Episcopal.
5 de agosto: Celebración del segundo milenio del nacimiento de María, evocado ya por Juan Pablo II en Lourdes, con tres días de ayuno y una jornada de oración.
14 de septiembre: Aparición a Mirjana para una revelación posterior sobre los secretos.
11 de octubre: Nueva decisión de la Comisión Episcopal. Invitada a endurecer las decisiones sobre la peregrinación, mantiene el *statu quo* que desaprueba las «peregrinaciones oficiales», según la interpretación autorizada de la Conferencia Episcopal.

1984-1987

Durante este período continúa el ritmo semanal, cada jueves, de las apariciones, con alguna que otra excepción.

1985

Publicación en Francia del estudio médico realizado a los videntes por un equipo de la Universidad de Montpellier bajo la dirección del doctor H. Joyeux, titulado *Etudes médicales et scientifiques sur les apparitions de Medjugorje* (O.E.I.L., París).
8 de octubre: Reunión celebrada en Faina, provincia de Milán, sobre los resultados de la investigación realizada a los seis

videntes en la aldea de Bosnia-Herzegovina los días 7, 8 y 9 de septiembre del mismo año.

1986

Publicación en Italia del *Dossier scientifico su Medjugorje* (Editorial Regina della Pace, Milán), investigación realizada por un equipo de médicos y psicólogos italianos bajo la dirección del profesor Marco Margnelli. Tanto este estudio de Milán, como el de Montpellier, concluyen que los jóvenes videntes tienen un comportamiento normal, no enfermizo, y descartan cualquier simulación.

También durante este año, la Santa Sede encomienda a la Conferencia Episcopal Yugoslava la creación de una Comisión para la investigación de los hechos.

1987

25 de abril: Respecto a la primera piedra de la oración, la Virgen se muestra así de explícita: «Queridos hijos, también hoy os invito a todos a la oración. Sabed que Dios concede gracias especiales en la oración. Por lo tanto, buscad y orad para que podáis comprender todo lo que yo os ofrezco aquí».

23 de julio: Mirjana visita a Juan Pablo II en su residencia veraniega de Castel Gandolfo, donde recibe el respaldo personal del pontífice a las apariciones de Medjugorje. El Papa ha tenido ocasión de bendecir a la vidente dos veces durante una audiencia celebrada la víspera en el Vaticano.

1989

Primavera: La masiva afluencia de peregrinos de todo el mundo obliga a construir un altar exterior en 1989, circundado por cinco mil asientos, donde se celebran grandes acontecimientos en verano.

16 de septiembre: Mirjana se desposa con Marko Soldo.

1990

2 de febrero: Mirjana tiene una nueva aparición en Estados Unidos donde la Virgen le dice: «He estado con vosotros durante nueve años y, desde hace nueve, os digo que Dios, vuestro Padre, es el único camino hacia la vida eterna».

25 de junio: Aparición anual a Ivanka, que acababa de ser madre de su segundo hijo, Josip. La Virgen le dijo: «Os agradezco el hecho de dar vuestras vidas para permitir otras».

31 de julio: Segundo Festival de Jóvenes.

21 de octubre: Monseñor Komarica, presidente de la Comisión de Investigación, celebra Misa en Medjugorje y durante su homilía, dice: «La Comisión reconoce los buenos frutos de oración y de conversión en Medjugorje».

1991

Finales de marzo: Inauguración de la Comunidad del Cenáculo de Sor Elvira para hombres.

11 de abril: Los obispos yugoslavos celebran su Conferencia sobre Medjugorje, autorizando las peregrinaciones privadas pero prohibiendo las oficiales.

25 de junio: Multitudinaria peregrinación a Medjugorje con motivo del décimo aniversario de las apariciones. Croacia proclama su independencia.

26 de junio: Estalla la llamada «Guerra de los Diez días». El Ejército serbio invade Eslovenia y luego Croacia.

Agosto: El franciscano Jozo Zovko es nombrado guardián del Monasterio de Siroki-Brieg. El padre Iván Landeka sustituye al padre Orec como párroco de Medjugorje.

1992

7 de abril: Al inicio de la guerra civil, dos bombarderos del Ejército yugoslavo sobrevuelan la zona de Citluk y arrojan seis clases de bombas prohibidas por la convención internacional de Ginebra. Dos de los seis artefactos caen en los límites de Medjugorje, pero ninguno de ellos hace explosión.

8 de mayo: Los bombardeos sobre Medjugorje se repiten sin provocar una sola víctima, salvo un pequeño cráter en el centro del pueblo.

28 de mayo: El matrimonio Marek y Zofia Skwarnicki, gran amigo de Juan Pablo II, recibe una carta del pontífice, que dice: «Agradezco a Zofia todo lo concerniente a Medjugorje. Yo también visito a diario ese lugar cuando rezo: me uno a todos los que oran allí y reciben la llamada a la oración. Hoy comprendemos mejor esta llamada».

17 de junio: Encuentro del padre Jozo con Juan Pablo II. «Estoy con ustedes. Protejan Medjugorje», le dice el Santo Padre.

14 de septiembre: Monseñor Ratko Peric sustituye a monseñor Zanic como obispo de Mostar.

4 de noviembre: Los «cascos azules» se instalan en Medjugorje.

28 de noviembre: Vicka se encuentra de peregrinación en el Santuario de Nuestra Señora de Lourdes.

1993

Enero: El cardenal Glancy, de Sidney, invita a los obispos de Austria a brindar una buena acogida a Iván y al padre Slavko Barbaric durante su viaje apostólico por Oceanía.

2 de febrero: Marija viaja a Brasil con el padre Orec.

11 de abril: Boda de Jakov con Anna-Lisa Barozzi, de Mantua (Italia), en Medjugorje.

2 de julio: Ilija Barac, de veinte años, se convierte en el primer soldado de Medjugorje abatido en el campo de batalla.

8 de septiembre: Boda de Marija con el italiano Paolo Lunetti.

1994

25 de marzo: Monseñor Hnilica celebra en Medjugorje el XX Aniversario de la consagración del mundo y de Rusia al Inmaculado Corazón de María.

2 de mayo: Vicka viaja a Canadá para dar testimonio de las apariciones de Medjugorje.

17 de julio: Boda de Milka Pavlovic, hermana de Marija y vidente del primer día de las apariciones.

23 de octubre: Boda de Iván en Boston (Estados Unidos) con Laureen Murphy.

Diciembre: El padre Jozo inicia largas giras de predicación por el mundo.

1995

2 de febrero: Una imagen de la Virgen de Medjugorje, llevada por el sacerdote español Pablo Martín a un padre de familia de Civittavecchia (Italia), llora lágrimas de sangre. La talla será venerada luego por Juan Pablo II.

23 de marzo: Vicka acompaña a Roma a tres centenares de inválidos y mutilados de guerra, a quienes bendice Juan Pablo II.

10 de mayo: Monseñor Lagrange, de Gap (Francia), viaja a Medjugorje, seguido por el cardenal Wamala (Uganda) y el también cardenal Margéot (Islas Mauricio).

15 de junio: El piloto estadounidense Scott O'Grady, cuyo avión resulta abatido en Bosnia, declara a la prensa que se ha salvado gracias a la Virgen de Medjugorje.

17 de junio: Monseñor Girolamo Grillo, obispo de Citittavecchia, entroniza la estatua de Medjugorje, tras llorar sangre en su presencia, ofreciéndola para la veneración de los fieles.

25 de junio: Durante la aparición anual de la Virgen a Ivanka, esta le pide oraciones por las familias porque Satanás quiere destruirlas.

30 de agosto: Vicka acompaña a Roma a un millar de huérfanos de guerra para una audiencia con Juan Pablo II en la Basílica de San Pedro.

17 de octubre: Juan Pablo II convoca a los obispos de Bosnia-Herzegovina en Roma para hablar de la paz.

1996

Enero: Gira apostólica del padre Jozo en Italia, con el apoyo del cardenal Piovanelli, de Florencia.

29 de febrero: Concluye el cerco a Sarajevo.

Junio: Mirjana pierde al hijo que esperaba. Ella dice: «Señor, tú has dado, tú has quitado, gracias».

21 de junio: Concierto del tenor español José Carreras en Medjugorje. El presidente de Croacia, Franjo Tudjman, aprovecha la oportunidad para visitar Medjugorje.

13 de julio: Fray Marinko Sakota, párroco de Medjugorje en la actualidad, se ordena sacerdote en Frohnleiten.

31 de julio-6 de agosto: Festival Internacional de los Jóvenes.

1997

Principios de febrero: El diario italiano *Il Messagero* publica que, tras dos años de intensos estudios, el fenómeno de las lágrimas de sangre de la talla traída de Medjugorje ha sido declarado sobrenatural por un grupo de expertos teólogos.

15 de marzo: El presidente croata Tudjman viaja a Medjugorje para pedir su sanación.

12-13 de abril: Juan Pablo II visita Sarajevo, en cuyo estadio Kosevo se congregan más de cincuenta mil personas.

30 de junio-4 de julio: Primer Retiro Internacional para doscientos sacerdotes en Medjugorje.

1998

Cinco años después del nombramiento de monseñor Ratko Peric como obispo de Mostar, alineado con su antecesor Zanic en la postura contra las apariciones, hay un nuevo pronunciamiento de la Congregación para la Doctrina de la Fe, a cuyo frente está Tarsicio Bertone, quien dice: «En cuanto a lo que concierne a las peregrinaciones a Medjugorje que se organizan de modo privado, esta Congregación mantiene que están permitidas a condición de que no se consideren como una confirmación de los acontecimientos en curso y que aún requieren un examen por parte de la Iglesia».

2000

24 de noviembre: Fallece el padre Slavko Barbaric.

2001

25 de enero: La Virgen dice: «Hoy os invito a renovar la oración y el ayuno aún con mayor entusiasmo [...]. Hijos míos, quien ora no teme el futuro, y quien ayuna no teme el mal. Os lo repito una vez más: únicamente con la oración y el ayuno pueden detenerse las guerras [...]».

Primavera: Restauración de veinticinco confesonarios cerca de la estatua en bronce de San Leopoldo Bogdan Mandic.

2002

26 de enero: Boda de la vidente Vicka con Mario Mijatovic.

2010

17 de marzo: Constitución de la Comisión Ruini para pronunciarse sobre el carácter sobrenatural de las apariciones de Medjugorje.

2012

Abril: Los miembros de la Comisión Ruini visitan Medjugorje. La Comisión se reunió nada menos que en diecisiete ocasiones para evaluar toda la documentación depositada en el Vaticano, en la parroquia de Medjugorje y en los archivos secretos de la extinta Yugoslavia. Escuchó a todos los videntes y testigos.

2014

17 de enero: Concluyen los trabajos de la Comisión Ruini, plasmados en un informe que permaneció en secreto tras ser entregado entonces al Papa Francisco. Según este informe, las siete primeras apariciones tendrían signos de sobrenaturalidad.

2017

13 de mayo: El Papa Francisco se refiere a Medjugorje con motivo del centenario de las apariciones de Fátima. Recuerda, en este sentido, que Benedicto XVI estableció una Comisión «de buenos teólogos, obispos y cardenales», presidida por el cardenal Camillo Ruini, expresidente de la Conferencia Episcopal Italiana. Y asegura: «Al final de 2013 o inicio de 2014 he recibido del cardenal Ruini el resultado [...]. El informe Ruini es muy, muy bueno».

10 de septiembre: Fallece el célebre mariólogo francés René Laurentin, a los noventa y nueve años de edad. Laurentin había sido vituperado por su trabajo por parte de algunos petulantes teólogos que menospreciaban las apariciones marianas, tal y como advertía el conocido vaticanista Vittorio Messori.

2018

26 de febrero: Comienzo de mi primera peregrinación a Medjugorje.

1 de marzo: Entrevista con fray Marinko Sakota y con la vidente Vicka.

2 de marzo: Experiencia personal con Mirjana durante la supuesta aparición de la Virgen.

31 de mayo: El Papa Francisco confía al arzobispo polaco Henryk Hoser una misión como enviado especial de la Santa Sede para Medjugorje.

22 de julio: El obispo especial del Papa Francisco para Medjugorje pronuncia una elocuente homilía durante la cual dice: «Hagámonos una pregunta fundamental: ¿Por qué viene tanta gente a Medjugorje cada año? La respuesta es clara: viene aquí para encontrar a "alguien", para encontrar a Dios, para encontrar a Cristo, para encontrar a su Madre. Y descubrir entonces esa paz que conduce a la alegría de vivir en la Casa del Padre y de la Madre, y finalmente el camino mariano como el más seguro y cierto. Esta es la paz de la devoción mariana que ha tenido lugar aquí durante años».

2019

12 de mayo: El Papa Francisco autoriza las peregrinaciones a Medjugorje, que a partir de entonces pueden organizarse oficialmente por las diócesis y parroquias y ya no deben ser de carácter privado. El anuncio corre a cargo del Nuncio Apostólico en Bosnia-Herzegovina, Luigi Pezzuto, y del arzobispo Henryk Hoser, visitante apostólico especial de la Santa Sede en Medjugorje.

2020

18 de marzo: Mirjana anuncia que la Virgen le ha dicho que no volverá a aparecerse los días 2 de cada mes, como hasta entonces, sino ya solo una vez al año: el 18 de marzo, cumpleaños de la vidente, y durante el resto de su vida.

2021

18 de marzo: La Virgen le dice a Mirjana: «Os invito maternalmente a volver a la alegría y la verdad del Evangelio; a regresar al amor de mi Hijo, porque Él os espera con los brazos abiertos».

Índice onomástico

Otros títulos del autor en Booket:

Sergej Kraigher, tercer presidente de Yugoslavia tras la muerte del mariscal Tito en 1980, dirigía el aparato comunista que perseguía a los videntes.

Večernji list
BiH
Balkanski sindrom prijeti naraštajima
U eksploziji stradali muž i žena
Papa zahvalio fra Jozi za Medugorje!

Juan Pablo II recibió la visita del padre Jozo Zovko en el Vaticano. El Papa polaco le dijo: «Estoy con vosotros. Proteged Medjugorje».

Medjugorje constituye hoy una especie de «patria universal» para los peregrinos de todo el mundo que buscan el amparo maternal de María.

Los peregrinos tienen la oportunidad de revivir la Pasión de Cristo con el rezo del Vía Crucis en procesión.

El monte Podbrdo, también llamado colina de las apariciones, constituye hoy uno de los lugares más emblemáticos de Medjugorje. Allí se encuentra la blanca estatua de la Reina de la Paz.

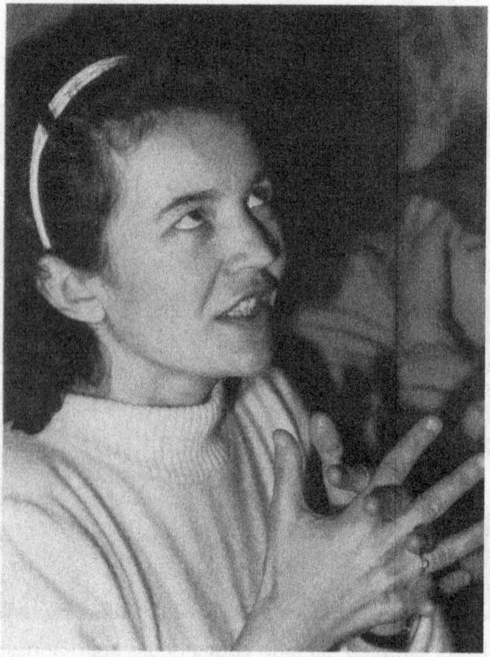

La vidente Vicka en pleno éxtasis. Nacida el 3 de septiembre de 1964 en Bijakovici, Vicka es, en realidad, su apodo. Su verdadero nombre, Vida, es la palabra croata que alude a visión, lo cual no es simple casualidad.

Desde el 2 de agosto de 1987, Mirjana afirmaba tener locuciones o apariciones de la Virgen el día 2 de cada mes.

Delgada y con melena castaña y recortada, el nombre de la vidente Marija es la versión eslava de María.

Nacido el 25 de mayo de 1965, el también vidente Iván Dragicevic se desposaría en 1994 con Laureen Murphy.

La primera vez que creyó ver a la Virgen, Ivanka vestía de luto tras el funeral de su madre, Jagoda, fallecida dos meses antes.

Jakov Colo, a punto de cumplir diez años entonces y primo de Mirjana, es el menor de los seis videntes de Medjugorje.

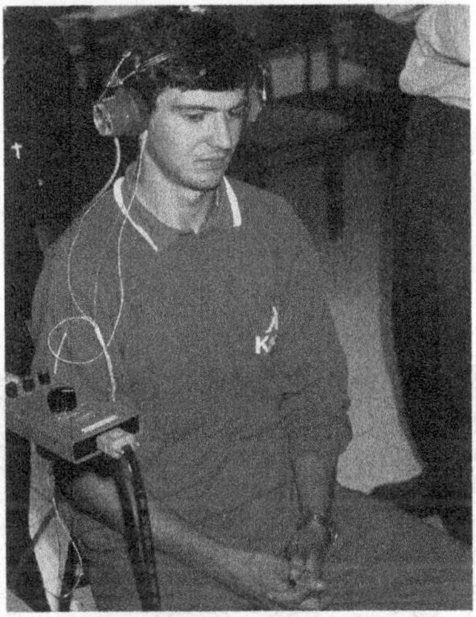

Iván, durante las pruebas médicas a las que fue sometido junto con los otros cinco videntes, en el momento del éxtasis y después.

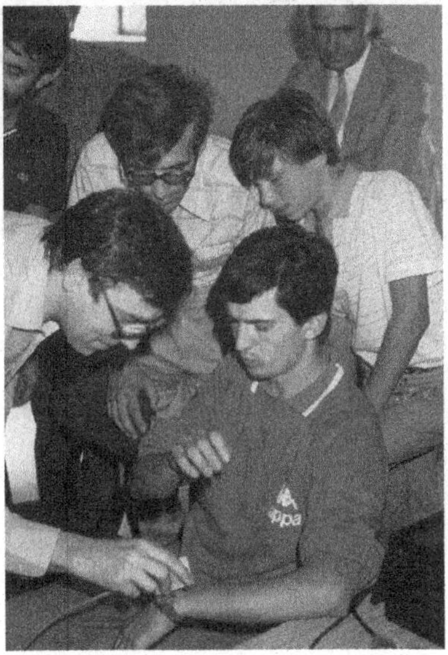

El médico comprueba su sensibilidad al dolor tras el éxtasis.

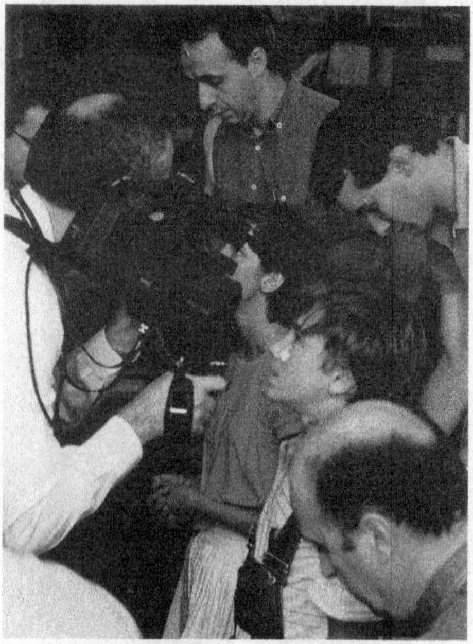

El doctor examina con una cámara la alteración de las pupilas de los videntes durante la presunta aparición.

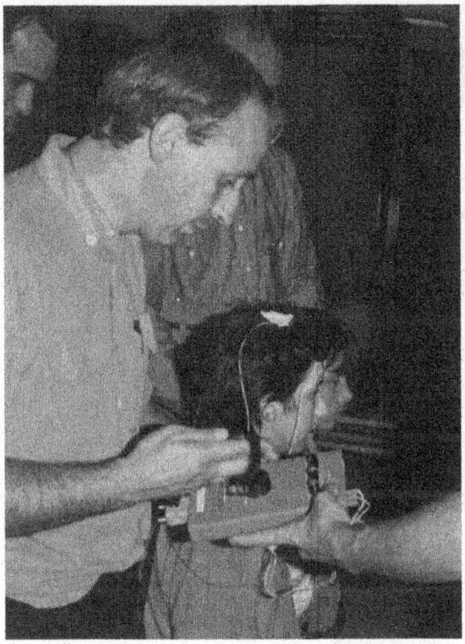

El doctor italiano Luigi Frigerio indaga las posibles alteraciones neurológicas de los videntes durante la visión.

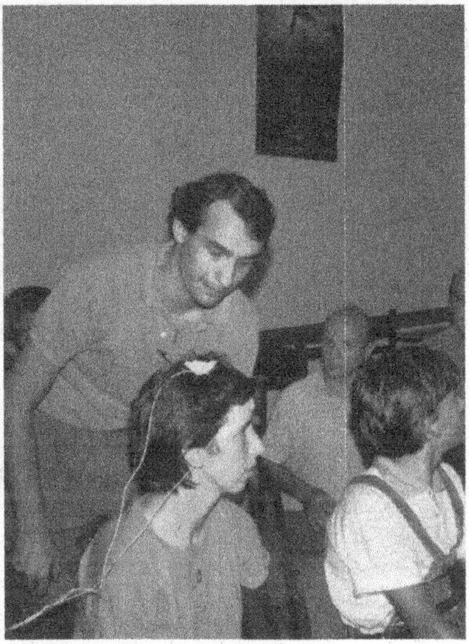

El doctor Giacomo Mattalia junto a Marija poco antes de iniciarse la supuesta aparición.

Marija, tras el éxtasis, junto a Frigerio y Mattalia.

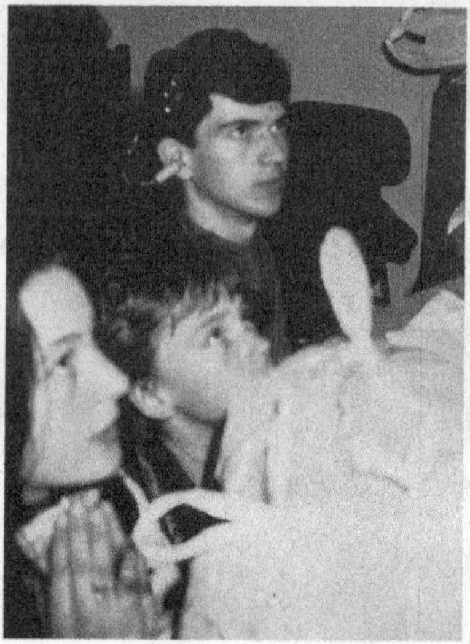

Ivanka, Jakov e Iván durante los exámenes del equipo médico italiano. Marzo de 1985.

Otro equipo médico francés examinó a los videntes el 6 de octubre de 1984 en la sacristía de la iglesia.

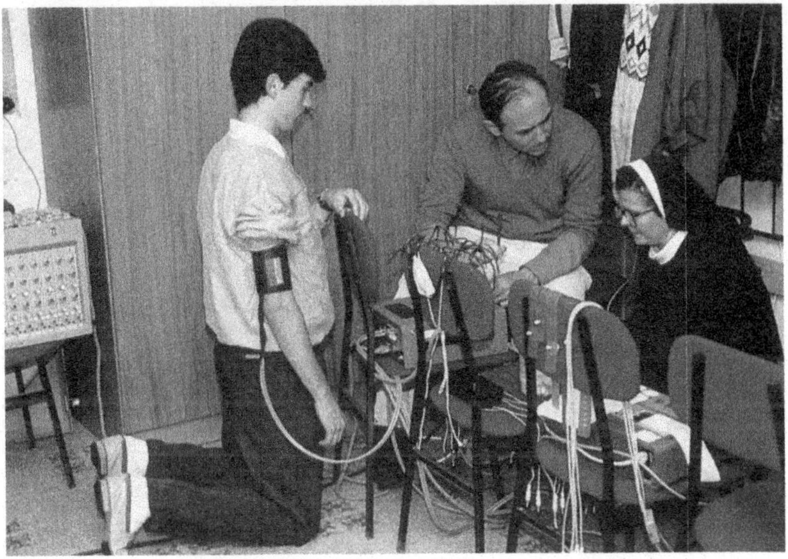

El profesor francés H. Joyeux instala los instrumentos para medir el ritmo cardíaco y la tensión arterial durante el éxtasis.

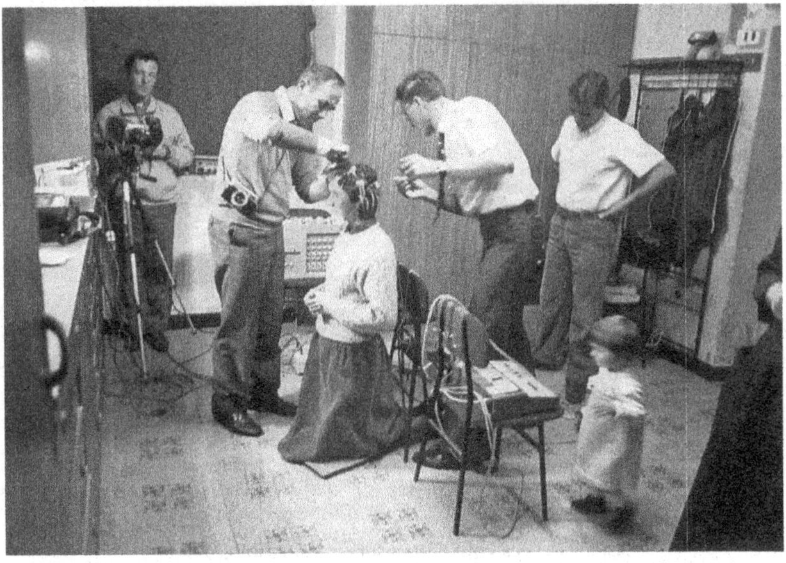

El doctor Joyeux coloca en la cabeza de Marija ocho electrodos para efectuar el encefalograma a la vidente.

Iván y Marija con los electrodos para el encefalograma realizado el 10 de junio de 1984, Domingo de Pentecostés.

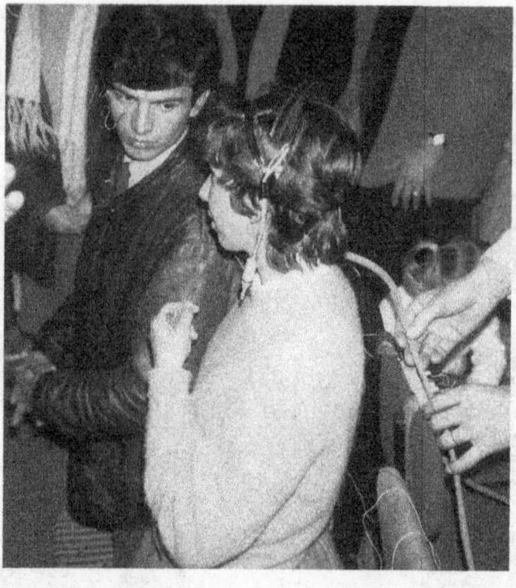

Los videntes volvieron a ser examinados el 28 de diciembre de ese mismo año, esta vez de la visión ocular.

Ivanka se sometió también a un encefalograma el 7 de octubre durante el éxtasis.

El médico efectuó luego el llamado «test de la pantalla» para comprobar si dificultaba la visión a Ivanka.

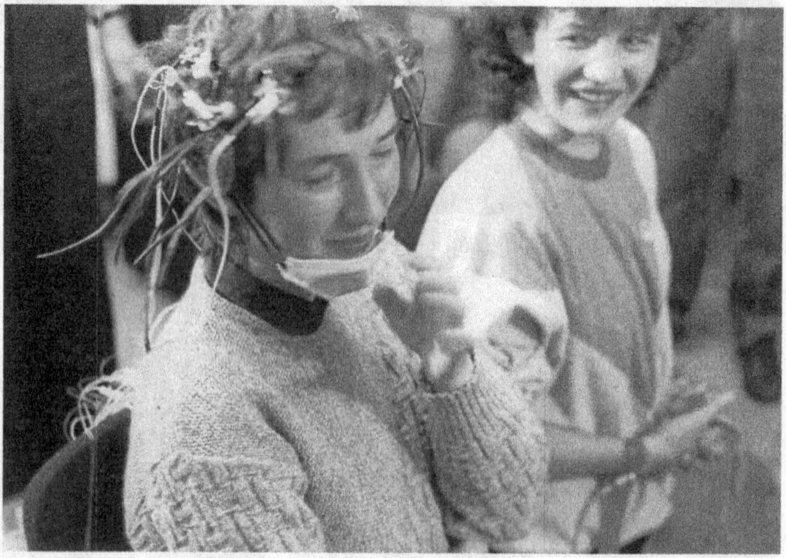

Vicka y Marija sonríen pese a la gran incomodidad de someterse a las pruebas médicas, cual conejillas de Indias.

Paloma, esposa del autor, en la explanada de la parroquia de Santiago Apóstol de Medjugorje el 1 de marzo de 2018.

Inés, hija del autor, en la nevada y remota aldea de Bosnia-Herzegovina.

Gabriel, Javier, Esther, Paloma, Inés y Borja (de izquierda a derecha), recién llegados a Medjugorje.

El autor, sentado en la escalinata de acceso a la Iglesia de Santiago Apóstol.

Gabriel, el autor, Javier, Esther, Inés y Borja en otro rincón de Medjugorje.

El autor arrodillado ante el impresionante Cristo de madera en el monte Podbrdo de las apariciones.

Junto al Cristo de bronce inaugurado en 1998, de cuyas piernas se desprende un líquido misterioso.

Detalle de las innumerables piedras amontonadas en la llamada colina de las apariciones.

Los peregrinos se detienen a rezar ante la estatua de la Reina de la Paz, en el monte de las apariciones.

Un peregrino recogido en oración ante la misma hermosa estatua, réplica fiel de la que preside la explanada de la iglesia.

Los presentes, incluido el autor, rezan junto a Mirjana antes de la aparición del 2 de marzo de 2018. Las cámaras no pierden detalle de las imágenes que luego darán la vuelta al mundo en las redes sociales.

Mirjana, situada justo delante del autor, se prepara con oraciones antes de entrar en éxtasis.

Su mirada elevada y resplandeciente indica que la aparición ya ha comenzado.

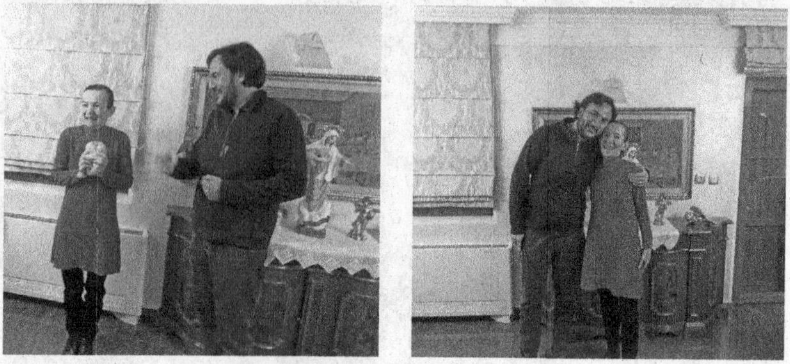

Dos momentos entrañables durante la entrevista del autor con la vidente Vicka en su acogedor hogar.

Vicka, «escoltada» por su marido Mario y el autor.

El autor con Goran Rasevic, el ex boina verde de la guerra de Sarajevo que se convirtió en Medjugorje.

Preciosa imagen de Santa Filomena, regalo de Mario a Inés, hija del autor, que guarda un asombroso parecido en ella.

La masiva afluencia de peregrinos de todo el mundo obligó a construir un altar exterior en 1989, circundado por cinco mil asientos, donde se celebra cada año el Festival Internacional de los Jóvenes.